Ma vie dans de nombreux États et à l'étranger, dictée au cours de ma soixante-quatorzième année

Train George-Francis

Writat

Cette édition parue en 2024

ISBN : 9789359946184

Publié par
Writat
email : info@writat.com

Contenu

PRÉFACE

Je suis resté silencieux pendant trente ans. Durant cette longue période, je n'ai pris que peu de part à la vie publique du monde, je n'ai écrit que des lettres occasionnelles et des articles de journaux, et j'ai conversé avec peu de personnes, à l'exception des enfants dans les parcs et les rues. J'ai trouvé des enfants toujours sympathiques et reconnaissants. C'est pour cette raison que je suis entré volontiers dans leur jeu et dans leurs humeurs plus sérieuses ; et c'est aussi pour cette raison que nous leur avons dédié, ainsi qu'à leurs enfants, ce livre.

Pendant de nombreuses années, j'ai été un reclus silencieux, isolé du monde, dans mon petit coin du Mills Hotel, réfléchissant et attendant patiemment. Si je brise ce silence maintenant, après tant d'années, c'est grâce à la suggestion d'un ami qui m'a dit que le monde d'aujourd'hui, comme celui de demain, serait intéressé à lire mon histoire. Je suis assuré que beaucoup des choses que j'ai accomplies resteront en mémoire de moi et que je devrais en rendre compte ainsi que de moi-même.

J'ai donc essayé de résumer l'histoire de ma vie dans ce livre. Avec modestie, je peux dire que toute l'histoire ne peut être racontée en un seul volume. J'ai essayé de ne pas être prolixe, gardant à l'esprit, en préparant ce compte rendu des événements, « que j'ai vu en totalité et dont j'ai été une partie », qu'il y a une limite à la patience des lecteurs.

Je prie mes lecteurs de se rappeler que ce livre a été parlé et non écrit par moi. C'est ma propre histoire de vie que j'ai racontée. Il se peut que cela ne concorde pas en tout point avec les souvenirs des autres ; mais je suis sûr que sa déclaration est aussi exacte que son objectif est irréprochable. Si je devais échouer à un moment donné, cela serait dû à une certaine perte de mémoire et non à une intention. Grâce à ma première formation méthodiste, je n'ai jamais menti sciemment ; et je ne commencerai pas à cette époque de la vie.

Bien que je puisse entreprendre d'autres volumes qui présenteront une autre facette de moi – mes vues et opinions sur les hommes et les choses – ce qui est ici enregistré est l'histoire de ma vie. Il a été dicté les matins de juillet et d'août de l'été dernier, une ou deux heures lui étant consacrées pendant deux ou trois jours de chaque semaine. Au total, le temps consacré à la dictée fait un total de trente-cinq heures. Avant de commencer la dictée, j'écrivis à la hâte un bref aperçu, ou un simple résumé, de mon histoire, afin d'avoir sous les yeux un guide qui m'éviterait de trop m'éloigner ou qui pourrait m'éviter des ennuis. Je le donne ici, en avant-goût du livre. Je l'ai appelé « Mon autobiographie résumée : 400 pages en 200 mots ».

"Né le 24 mars 2029. Orphelin à la Nouvelle-Orléans, 1933. (Père, mère et trois sœurs – fièvre jaune.) Est venu seul dans le Nord, à l'âge de quatre ans, chez sa grand-mère, Waltham, Massachusetts. Il a subvenu à ses propres besoins depuis l'enfance. Fermier jusqu'à 14 ans. Épicier, Cambridgeport, deux ans, commis à l'expédition, 16 ans. Directeur, 18 ans. Associé, Train & Co., 20 ans (revenu, 10 000 $ Boston, 22 ans (15 000 $).

"Création de GFT & Co., Melbourne, Australie, 1953. Agent, Barings, Duncan & Sherman, White Star Line (revenu, 95 000 $). Démarrage de 40 clippers en Californie, 1949. Flying Cloud, Sovereign of the Seas, Staffordshire. Construit A. & GWRR, reliant Érié à l'Ohio et au Mississippi, sur 400 milles.

"Premier chemin de fer urbain pionnier, Europe, Amérique, Australie. (Angleterre: Birkenhead, Darlington, Staffordshire, Londres, '60.) Construit le premier Pacific Railway (UP), '62-'69, par l'intermédiaire du premier Trust, Crédit Mobilier. Propriété cinq mille lots, Omaha, d'une valeur de 30 000 000 $ (A été dans quinze prisons sans crime.)

"Train Villa, construite à Newport, '68. Maison de fille, 156 Madison Avenue, '60. Commune française organisée, Marseille, Ligue du Midi, octobre '70, lors d'un voyage de retour autour du monde en quatre-vingts jours. Jules Verne, deux ans plus tard, j'ai écrit une fiction sur mon fait.

"A fait une course indépendante à la présidence contre Grant et Greeley, 1971-72. Des avocats, des médecins et des religieux acculés, en citant trois colonnes de la Bible pour libérer Woodhull-Claflin de prison, 1972. Désormais fou par la loi, devant six tribunaux.

"Vivant maintenant à Mills Palace, 3 $ contre 2 000 $ par semaine, à Train Villa. (Ma fille a toujours de la place pour moi à la campagne.) J'ai joué Carnegie quarante ans à l'avance. Trois générations vivant du Crédit Mobilier. Auteur d'une douzaine de livres épuisés (*vide* Who's Qui, Allibone, Cyclopædia d'Appletons).

"Quatre fois le tour du monde. Premièrement, deux ans. Deuxièmement, quatre-vingts jours, '70. Troisièmement, soixante-sept jours et demi, '90. Quatrièmement, soixante jours, record le plus court, '92. Par télépathie psychique, je double âge. Soixante-quatorze ans.

Certains lecteurs seront peut-être surpris d'apprendre que j'ai accompli tant de choses à un âge précoce, alors que nombre de mes entreprises les plus importantes étaient accomplies. Il ne faut cependant pas oublier que j'ai commencé jeune. J'étais un homme mûr à un âge où la plupart des garçons sont encore attachés aux cordons du tablier de leur mère. J'ai dû commencer à prendre soin de moi dans des années très tendres. Je suppose que mes expériences à la Nouvelle-Orléans, dans la vieille ferme du Massachusetts, dans l'épicerie de Boston et dans la maison d'expédition d'Enoch Train and Company m'ont mûri et endurci avant mon époque. Je n'ai jamais été vraiment un garçon. Il me semble avoir raté cette partie de ma jeunesse. J'ai été obligé de veiller très tôt sur moi-même et je me suis bientôt battu avec acharnement dans la bataille acharnée de la concurrence, où les faibles sont si souvent perdus.

Il vaut peut-être la peine de présenter ici quelques témoignages importants de la confiance que me témoignaient des hommes expérimentés, lorsque, dans ma jeunesse, j'entreprenais de vastes entreprises qui auraient pu faire hésiter des hommes plus âgés. Lorsque j'étais sur le point de quitter Boston en 1953 pour affaires en Australie et que j'ai organisé la maison Caldwell, Train and Company, j'ai été autorisé par les maisons bien établies suivantes de ce pays et d'autres pays à les utiliser comme références, et je l'ai fait. sur nos circulaires d'entreprise : John M. Forbes, John E. Thayer and Brother, George B. Upton, Enoch Train and Company, Sampson and Tappan, et Josiah Bradlee and Company, de Boston ; Cary and Company, Goodhue and Company, Josiah Macy and Sons, Grinnell, Minturn and Company, et Charles H. Marshall and Company, de New York ; H. et A. Cope and Company, de Philadelphie ; Birckhead et Pearce, de Baltimore ; JP Whitney and Company, de la Nouvelle-Orléans ; Flint, Peabody and Company, et Macondray and Company, de San Francisco ; George A. Hopley et compagnie, de Charleston ; Archibald Gracie, de Mobile ; et les maisons étrangères suivantes : Bowman, Grinnell and Company, et Charles Humberston, de Liverpool ; Russell and Company et Augustine Heard and Company, de Canton.

À cette époque, elles comptaient parmi les maisons commerciales les plus connues au monde. Tout homme d'affaires familier avec l'histoire commerciale du monde moderne devrait considérer cette liste comme une preuve suffisante de la confiance dont je jouissais parmi les hommes d'affaires. Permettez-moi de reproduire ici — en partie à titre de preuve allant dans le même sens, et en partie à cause de la valeur que j'y attache pour des raisons personnelles et amicales — la lettre suivante de M. DO Mills :

" NEW YORK , 30 septembre 1901 .

"L'honorable GEORGE FRANCIS TRAIN ,

" Hôtel Mills, rue Bleecker, New York .

" MON CHER CITOYEN :

"Les nombreuses notes d'appréciation qui sont parvenues à mon attention concernant vos talents distingués de vos premières années m'amènent également à vous adresser une ligne d'appréciation, particulièrement en ce qui concerne le rôle joué par vous dans certaines des grandes entreprises commerciales qui ont si visiblement marqué le XIXe siècle, notamment dans la marine marchande, et dans la construction de l'Union Pacific Railroad, à la conception et à la construction de laquelle vous avez joué un rôle si distingué.

"La génération actuelle, avec ses commodités de voyage et de communication, ne peut pas se rendre compte quelles étaient les difficultés et les expériences du commerçant et du voyageur de ces premiers jours où vous étiez engagés dans le commerce avec la Chine et où vos navires Clipper étaient souvent vus dans le port. de San Francisco.

"Le long voyage autour du Horn, le danger encouru par une attaque soudaine des Indiens alors qu'il traverse le pays sauvage et inhabité situé entre Omaha et la côte du Pacifique, sont des expériences que même un vieux voyageur comme moi remet en question alors qu'il traverse le continent à toute vitesse, privilégié de profitez du confort d'une voiture Pullman et d'un service ferroviaire qui a raccourci le voyage de New York à San Francisco de quelques mois à quelques jours. En rappelant les nombreuses années de notre agréable connaissance par mer et par terre, le souvenir n'est pas le moindre. de votre esprit aimable et génial, et je suis heureux de voir que vous n'avez rien perdu de votre désir sincère de faire le bien .

" Cordialement.
" Très sincèrement vôtre ", DO MILLS . "

M. Mills m'a connu dans de nombreux domaines. Nous avons parfois marché côte à côte. Dans d'autres, les océans ont rugi entre nous. C'est mon ami, et j'ai été heureux de recevoir ce mot aimable de sa part, après de longues années de connaissance.

Même si je suis un ermite aujourd'hui, je ne l'ai pas toujours été. Tous ceux qui lisent ce livre doivent le constater. J'ai passé de nombreuses années heureuses dans la société – et jamais une année malheureuse nulle part, que ce soit en prison ou sous la persécution sociale ; et j'ai vécu de nombreuses années avec ma famille dans mon propre pays et à l'étranger. Ma femme, dont j'ai parlé dans les pages suivantes, est passée au pays de l'ombre en 1977. J'ai des enfants qui sont désormais très dispersés. Mon premier enfant, Lily, est née à Boston, en 1952, et est décédée à l'âge de cinq mois, à Boston. Ma deuxième fille, Susan Minerva, est née en 1955 et a épousé Philip Dunbar Guelager, qui a été pendant trente-six ans chef du département de l'or et de l'argent du sous-trésor de cette ville. Elle vit maintenant à « Minerva Lodge », à Stamford, dans le Connecticut, avec mon petit-fils de sept ans. Mon premier fils, George Francis Train, Jr., est né en 1956 et est maintenant en affaires à San Francisco. Elsey McHenry Train, mon dernier enfant, vit maintenant à Chicago. Il est né en 1957. J'ai pu voir ces enfants bien éduqués, chez moi et à l'étranger, et leur donner une chance de découvrir le grand monde que j'avais connu.

Un dernier mot pour moi. Les lecteurs de ce livre penseront peut-être que je me suis parfois pris trop au sérieux. Je ne peux guère être d'accord avec eux. J'essaie de ne rien prendre trop au sérieux, pas même de moi-même. Alors que je menais un combat désespéré pour la présidence en 1972, j'ai fait la déclaration suivante dans l'un de mes discours :

"Beaucoup de personnes m'attribuent simplement une impulsivité et une impressionnabilité, comme si j'étais une comète erratique, se précipitant follement à travers l'espace, émettant des étincelles aux couleurs fantaisistes, sans système, règle ou objet défini. C'est une erreur populaire. Je prétendre être un observateur analytique attentif des événements qui passent, appliquant le creuset de la Vérité à chaque nouvelle matière ou sujet présenté à mon esprit ou à mes sens.

Je pense que cette estimation peut être utilisée aujourd'hui dans cette enceinte. Mais peu importe ce que j'ai pu penser de moi-même ou ce que je pense maintenant de moi-même. Ce qui compte, c'est ce que j'ai pu faire. Je reste fidèle à ma réussite.

Et avec cela, je confie l'histoire de ma vie à l'aimable considération des lecteurs.

Citoyen George Francis Train.

Le Mills Palace,
22 septembre 2002 .

CHAPITRE I

QUAND J'avais QUATRE ANS

1833

Mon grand-père était le révérend George Pickering, de Baltimore, propriétaire d'esclaves. S'étant rapproché des premiers méthodistes, bien avant que Garrison, Phillips et Beecher n'aient adopté l'idée de l'abolition, il libéra ses esclaves et se mit à prêcher l'Évangile. Il est devenu un prédicateur méthodiste itinérant, avec un salaire pitoyable de 300 dollars par an. La vente d'un de ses « meilleurs » esclaves noirs lui aurait rapporté plus d'argent que quatre années de prédication. Il se serait retrouvé très vite bloqué s'il n'avait pas eu le bon sens d'épouser ma belle grand-mère, qui possédait une ferme de mille acres à Waltham, à dix milles de Boston. Mon grand-père pouvait ainsi prêcher dans le quartier, puis revenir auprès de la famille à la maison. Mon père a épousé la fille aînée de mon grand-père prédicateur méthodiste, Maria Pickering.

Je suis né au n°21 de High Street, à Boston, pendant une tempête de neige, le 24 mars 29. Quand j'étais bébé, mon père est allé à la Nouvelle-Orléans et a ouvert un magasin. Peu de temps après mon arrivée dans cette ville, j'étais assez vieux pour observer les choses et me souvenir. Je me souviens de presque tout ce qui s'est passé dans ma vie depuis ma quatrième année. Depuis l'âge de trois ans jusqu'à aujourd'hui – une longue période de soixante-dix ans, limite de la vie humaine fixée par le Prophète – je me souviens de presque tous les événements de ma vie avec la plus grande précision. Ce livre sera un test assez juste de ma mémoire.

Je me souviens des belles fleurs du Sud. Comme ils se sont profondément imprimés dans mon esprit ! Je me souviens du jardin avec sa merveilleuse richesse florale, cadeau du soleil du Sud. Je me souviens exactement à quoi ressemblait la vieille corde à linge, avec sa charge de linge – le lieu de repos des insectes au corps long que nous appelions « aiguilles à repriser du diable », ou faucons moustiques – et comment nous, les enfants, frappions la corde avec perches, pour effrayer les insectes et les voir s'envoler sur leurs ailes vaporeuses. Et je me souviens d'être descendu au magasin de mon père, d'avoir rempli les poches de ma petite robe de groseilles séchées, que je trouvais délicieuses, et de l'avoir observé là-bas à son travail.

Révérend George Pickering, grand-père de George Francis Train.

Puis vint la terrible année de la fièvre jaune. On l'appelle encore là-bas l'année de la fièvre ou de la peste. Cette terrible épidémie a balayé la ville et en a fait une ville de morts. C'était une catastrophe que me rappelait celle de la Martinique. Ma famille a souffert avec le reste de la ville. Je me souviens bien de l'horreur de l'époque. Il n'y avait pas de corbillards. Les médecins et les entrepreneurs de pompes funèbres étaient allés au tombeau avec leurs patients et leurs clients. La ville ne pouvait pas se permettre d'enterrer décemment autant de ses habitants morts. Et la peur de la peste avait tellement ébranlé l'âme humaine que les hommes se tenaient à distance, consternés, et ne faisaient que ce qu'ils avaient à faire : un enterrement grossier, brutal et rapide des morts.

Il n'y avait pas de cercueils, et personne n'aurait pu les obtenir s'il y en avait eu suffisamment. Les cadavres étaient enterrés, tous pareils, dans des caisses en pin grossier, rassemblés à la hâte dans les maisons, et souvent par les mains mêmes, des proches des morts. Un jour, ils ont apporté chez nous une grosse caisse en pin. Je ne savais pas ce que c'était ni à quoi cela signifiait. Puis je les vis prendre le cadavre de ma petite sœur Joséphine et le mettre en toute hâte dans la caisse en pin brut. J'étais trop jeune pour tout comprendre, mais je ne pourrai jamais oublier cette scène ; ça commence à pleurer même maintenant. Après avoir cloué la boîte et l'avoir marquée comme étant « Vers les coffres du train », la famille s'est assise et a attendu l'arrivée du « chariot mort ». La ville envoya des charretiers pour ramasser les nombreux morts, tout comme elle envoyait autrefois des charrettes de charognards pour emporter les ordures.

Nous pouvions entendre le « wagon mort » à mesure qu'il approchait. Nous le savions au cri douloureux du chauffeur. Il se rapprochait de plus en plus de notre maison. Tout cela me paraissait si terrible et pourtant je ne parvenais pas à le comprendre. J'ai entendu le chariot s'arrêter sous notre fenêtre. Maintenant, toute la scène me revient, et elle rappelle le grondement et le râle de ces tumultes de la Terreur française : seulement c'était la fièvre, au lieu de la guillotine, qui réclamait ses victimes. Le conducteur n'entrerait pas dans les maisons infestées de parasites. Il resta dans sa charrette et cria, dans un cri déchirant, aux détenus de lui apporter leurs morts. En s'approchant de notre fenêtre, il a mis ses mains autour de sa bouche, comme le fait un chasseur en faisant un halloo, et a crié : « Faites sortir, faites sortir vos morts !

Le long cri douloureux remplissait les rues vides de leurs habitués : « Sortez, sortez vos morts ! De nouveau chez nous, le cri a été entendu ; et j'ai vu mon père et d'autres soulever la grosse caisse en pin, avec le corps de ma petite sœur enfermé à l'intérieur, la porter jusqu'à la fenêtre et la jeter dans le « chariot mort ». Et puis le chariot s'éloigna dans la rue, et de nouveau, alors qu'il s'arrêtait sous la fenêtre de la maison voisine, au-dessus de la ville condamnée retentit le cri étrange : « Faites sortir, faites sortir vos morts !

Quelques jours plus tard, une autre boîte en pin brut a été apportée chez nous. Encore une fois, je ne l'ai pas compris; mais j'en savais plus sur le mystère de la mort qu'auparavant. Dans cette boîte ils ont déposé le corps de ma petite sœur Louise. Ensuite, nous avons attendu l'approche du « chariot mort ». Je savais qu'il reviendrait chez nous pour récupérer son fret de mort. Je suis allé à la fenêtre, j'ai regardé de haut en bas dans la rue et j'ai attendu. Au loin, j'entendis crier : « Sortez, sortez vos morts !

Le chariot est enfin arrivé. La fenêtre fut ouverte, la caisse grossière fut soulevée, portée à la fenêtre et jetée dans le chariot, qui était déjà chargé de caisses similaires. Ils étaient très pressés, me semblait-il, de se débarrasser de la pauvre petite boîte. Et le charretier continuait sa route vers d'autres maisons sinistrées en criant : « Faites sortir, faites sortir vos morts !

Je commençais maintenant à ressentir la perte de mes sœurs. Deux étaient partis. Il ne m'en restait qu'une, ma petite sœur Ellen, une fleur aussi fragile et aussi belle que jamais. Quand la boîte suivante arriva, et qu'elle, morte de la peste, y fut mise, je crus qu'il était temps pour moi d'intervenir. Je suis allé à la fenêtre et j'ai monté la garde. De nouveau retentit le cri terrible : « Sortez, sortez vos morts ! Et ma dernière petite sœur a été emmenée dans le « chariot mort ».

J'étais trop jeune pour tout comprendre, mais je me souviens d'aller en calèche avec mon père et ma mère chaque fois qu'ils transportaient une de mes sœurs au cimetière.

La prochaine chose étrange qui se produisit fut l'arrivée dans la maison d'une boîte beaucoup plus grande que les autres. Je ne savais pas à quoi cela pouvait servir. La boîte était très grossière. Il était fait de planches non rabotées. Mon infirmière m'a dit que c'était pour ma mère. De nouveau, je me plaçai près de la fenêtre. « Faites ressortir… faites ressortir vos morts ! » résonnait tristement dans la rue, juste en dessous de la fenêtre où je me tenais. J'ai regardé dehors et il y avait le « chariot mort ». C'était venu pour ma mère.

J'ai été étonné de constater qu'ils n'avaient pas jeté la boîte contenant ma mère dans le chariot. C'était trop grand et trop lourd. Quatre ou cinq hommes ont dû entrer dans la maison et sortir la boîte. Il portait la mention « Vers les coffres du train » et était placé dans le wagon avec les autres cartons contenant des cadavres. Seuls mon père et moi étions assis dans la voiture qui allait au cimetière et aux caveaux ce jour-là. Il y avait ma mère et mes trois petites sœurs ; tout m'avait été balayé à la manière de Saint-Pierre, dans ce volcan de fièvre jaune.

Finalement, arriva un jour une lettre de ma grand-mère, l'épouse du vieux prédicateur méthodiste itinérant de Waltham : « Envoyez quelqu'un de la famille avant qu'ils ne soient tous morts. Envoyez George. C'est pourquoi mon père s'est préparé à me renvoyer au Massachusetts. Je me souviens maintenant du texte exact de la carte qu'il a écrite et épinglée sur mon manteau, tout comme l'étiquette d'un sac de café. On y lisait :

"Voici mon petit fils George Francis Train. Âgé de quatre ans. Consigné à bord du navire Henry à John Clarke, Jr., Dock Square, Boston ; pour être envoyé à sa grand-mère Pickering, à Waltham, à dix milles de Boston. Prenez bon prends soin du Petit Bonhomme, car il est le seul qui reste parmi nous onze dans la maison, y compris les domestiques [esclaves]. Je viendrai dès que je pourrai arranger mes affaires.

Je me souviens comment nous sommes descendus vers le bateau dans la rivière. Elle gisait dans le large et boueux Mississippi, et sept autres navires se trouvaient entre elle et le rivage. Des planches étaient posées sur la rive, ou « digue », comme on appelait le rivage à la Nouvelle-Orléans, et jusqu'au côté du navire le plus proche. Nous escaladâmes ces planches, passâmes au-dessus des sept vaisseaux et arrivâmes au Henry. Mon père m'a embrassé et m'a laissé à bord du navire.

J'étais là, à bord de ce grand navire — car c'était ce qu'elle me semblait alors — un petit garçon, sans nourrice ni tuteur pour s'occuper de moi. J'étais juste tellement de fret. Je faisais partie de la cargaison. Nous avons lentement descendu le Mississippi et flotté encore et encore vers le Golfe. Nous flottions dans les grandes eaux, dans le grand monde, flottions à travers les eaux du Golfe et de l'océan, flottions dans le Gulf Stream et flottions vers ma maison du Nord.

Ainsi je flottais, quand je recommençai ma vie ; et je flotte depuis soixante-dix ans !

Quand mon père me dit au revoir en m'embrassant tandis que nous passions sur le dernier des sept navires entre le Henry et le rivage, je le vis mettre un mouchoir sur son visage, comme pour me cacher les larmes qui coulaient dans ses yeux. ses yeux. Il craignait que mon petit cœur ne se brise sous la tension. Mais je n'ai pas pleuré. Tout était si nouveau pour moi. J'étais trop petit pour réaliser tout ce que signifiait cette séparation et tout ce qui y avait conduit. Je ne sentais pas que je laissais derrière moi tous les membres de ma famille, dans les caveaux du cimetière. Le navire me semblait un nouveau monde. Je n'avais pas les yeux pour les larmes, seulement pour l'émerveillement.

Pendant de nombreuses années, je n'ai plus entendu parler de mon père. Il était tombé au-dessous de l'horizon lorsque je flottais sur le Mississippi, et je ne l'ai plus vu ni entendu. Comme ma mère et mes trois sœurs avaient été enterrées ensemble à la Nouvelle-Orléans, nous avions tenu pour acquis que mon père les avait suivies jusqu'à la tombe, victime de la même peste. Mais on n'en savait rien pendant de nombreuses années.

Nous avions hâte que tous les corps soient rassemblés dans un cimetière du Nord et enterrés côte à côte. Le cimetière familial était à Waltham, où dormaient alors huit générations, c'est-à-dire huit générations de Pickering et de Bemises. Il y avait les corps de mon arrière-grand-mère et d'ancêtres appartenant aux premières époques coloniales. Mon cousin, George Pickering Bemis, maire d'Omaha, fit ériger par la suite un monument à l'endroit où tant de Bemises et Pickering reposaient pendant leur longue repos, pour préserver leur mémoire. Mais le corps de mon père ne devait jamais y reposer ; et aucun de ses proches ne l'a jamais vu.

Mon oncle, John Clarke Jr., qui m'avait fait sortir de la Nouvelle-Orléans et m'avait sauvé de la peste, essaya de retrouver la trace de mon père ; mais aucune trace ni vestige de lui n'a pu être trouvé dans cette ville. Toute trace de lui avait été balayée. Son existence même y avait été oubliée, effacée. Personne n'a pu trouver quelqu'un qui ait jamais entendu parler de lui ou qui connaisse son magasin. La peste avait ainsi accompli complètement son terrible travail de destruction et d'effacement. Cette période étant antérieure à l'invention du daguerréotype, nous n'avions aucune photographie de lui. Les seules représentations réalisées à l'époque étaient de coûteuses miniatures sur ivoire. Je n'ai aucune photo de lui, sauf celle que je garde à jamais dans ma mémoire.

Soixante ans se sont écoulés. Un jour, j'ai reçu une lettre d'une de mes cousines, Louisa Train, qui vivait dans le Michigan. Elle m'a dit que son père et sa mère étaient morts et que les meubles de la vieille maison dans laquelle ils avaient vécu avec ses grands-parents lui étaient tombés. « En déplaçant un vieux bureau, écrit-elle, il est tombé en morceaux et, à ma grande surprise, deux documents ont roulé sur le sol. Ces papiers vous concernent. L'un d'eux était une lettre de votre père à sa mère, écrite de la Nouvelle-Orléans peu avant que vous quittiez cette ville, il y dit :

"'Vous pouvez imaginer ma solitude d'être dans cette grande maison, toujours aussi animée, avec onze personnes dedans, y compris ma propre famille, maintenant toute seule. George est avec son précepteur. C'est un garçon très extraordinaire, quoique seulement quatre ans. vieux. L'autre jour, il a répété quelques vers, dont je me souviens de ces lignes :

"'Je suis le monarque de tout ce que j'examine ; Mon droit, personne ne le conteste ; Du centre tout autour jusqu'à la mer, Je suis le seigneur de la volaille et de la brute.'"

Je devais recevoir un autre message de mon père. Depuis que j'ai commencé à écrire cette autobiographie, ma vieille tante, Abigail Pickering Frost, maintenant dans sa quatre-vingt-dixième année, a découvert une lettre que mon père lui avait écrite ainsi qu'à sa sœur, ma tante Alice, qui épousa plus tard Henry A. Winslow, le le jour où il m'a placé sur le navire Henry et m'a envoyé chez ma grand-mère à Waltham, Massachusetts. Tante Abigail, après la mort de tante Alice, qui fut l'une des victimes de l'épave du Lexington, en janvier 1940, a caché la lettre dans le grenier de l'ancienne ferme de Waltham, où elle l'a découverte plus tard. Elle me l'envoie maintenant depuis son domicile à Omaha, Neb., où il avait de nouveau été perdu et retrouvé après une longue recherche, car elle savait que je l'apprécierais comme faisant partie de l'histoire de ma vie.

La lettre m'est venue comme un gémissement d'un mort. J'étais très jeune, enfantin et irréfléchi lorsque je me séparai de lui pour toujours ; mais sa lettre me rappelait en crue l'amertume de notre vie à la Nouvelle-Orléans, la solitude de mon père dans son grand chagrin, et me faisait souffrir, près de soixante-dix ans après, de la douleur que j'étais alors trop jeune pour comprendre. ou ressentir. Je remets cette lettre, qui m'est indiciblement chère, telle qu'elle a été écrite.

" LA NOUVELLE-ORLÉANS , *le 10 juin 1833* .

" CHÈRES SŒURS ABIGAIL ET ALICE :

"Cela fait juste deux ans que j'ai quitté cet endroit pour New York et que je suis arrivé à Boston le soir du 3 juillet. J'espère que MON CHER GARÇON arrivera sain et sauf et passera le 4 juillet avec vous. Il est maintenant à bord du navire (et le bateau à vapeur à côté du navire) au Balize. J'ai écrit plusieurs lettres à bord du navire et j'ai découvert que j'avais quelques instants à perdre que j'améliorerai en vous adressant. Je vous renvoie aux lettres à Mère

Pickering pour *plus de détails* . — comme je n'ai pas le temps de dire grand-chose, je peux seulement dire, mes chères filles, que je suis très malheureuse ici pour des raisons que vous connaissez bien, *je me sépare de George comme si je me séparais de mon œil droit* — mais c'est pour le sien. bon et le bonheur de tout ce qu'il devrait aller ; emmenez-le dans votre propre maison, sous vos soins et sous votre protection ; *ce n'est pas un garçon ordinaire, mais il est destiné à un grand érudit* .

"Je me retrouve ici sans ami autre que mon Dieu ! dans une ville où le choléra sévit à un degré considérable - 100 personnes meurent chaque jour ! et parmi eux certains des citoyens les plus précieux. Une douce petite fille de l'âge d'Ellen, et une connaissance intime de George, qui marchait bras dessus bras dessous avec lui, est morte ce matin du choléra, et un grand nombre d'autres parmi nos connaissances les plus intimes sont décédées en six heures ! cela vaut-il ma peine ? Oh, mes chères sœurs ! pourrais -je quitter cet endroit terrible et mourir parmi mes amis ! Les pensées de ma chère Maria et de Ellen m'ont rempli de tristesse sur leurs tombes ! avec eux dans mes rêves, et souvent je les rencontre dans ma chambre et je parle avec eux comme si j'étais vivant. Quand te verrai-je, Dieu seul sait que j'ai soulagé mon cœur lourd d'un fardeau, d'un poids. c'était presque insupportable.

"En me séparant de mon *adorable garçon,* je l'ai légué à Mère Pickering en héritage - c'est tout ce que je possède ! Vous prendrez une part des soins, et je sais que ce sera tout ce que les mères pourraient être pour le bien de votre chère sœur Maria. !

"Donne mon amour à grand-père Bemis, au père Pickering et à tout le reste de la famille. Dites-leur que *mon esprit est constamment avec eux* et le sera toujours. J'ai écrit en toute hâte et très mal, alors que je le suis. montez à bord et *tout est confusion* , avec le bateau à vapeur à bord. Adieu, mes chères sœurs ! Si vous saviez combien j'apprécie une lettre de vous, vous m'écririez souvent adieu, et croyez-moi votre affectueux frère. ,

" OLIVIER TRAIN.

"A Mademoiselles ABIGAIL et ALICE PICKERING ,
Waltham, Mass. "

L'autre document mentionné par ma cousine Louisa était l'acte de propriété d'une ferme par mon grand-père paternel, faisant d'un certain médecin fiduciaire de la propriété. Je ne suis jamais entré dans cette propriété ! C'était mon premier legs. J'avais commencé, dès mon enfance, à donner mes biens, et je les ai jetés depuis. Ce premier « legs », cependant, n'était pas de ma faute, même si je l'acceptais, sans chercher à le remettre en question.

Un autre « legs » involontaire de mon enfance a été ainsi réalisé. Ma mère, lorsqu'elle était petite, était fiancée à Stebbins Fiske. C'est par pur hasard qu'ils n'étaient pas mariés — et c'est pourquoi je m'appelle « Train » par un simple accident qui a changé le sort de ma mère et de son fiancé. Mon père était un ami chaleureux de Stebbins Fiske, et lorsque Fiske fut soudainement appelé à la Nouvelle-Orléans, juste avant le jour fixé pour le mariage, il laissa sa fiancée, Maria Pickering, à la charge de mon père. Le résultat aurait pu être prévu. C'est le thème commun de la romance dans le monde entier. Ma mère et mon père sont tombés amoureux l'un de l'autre et se sont mariés. Il n'y avait aucune pensée d'infidélité ; c'était simplement inévitable. Fiske a compris la situation, leur a pardonné à tous les deux et est resté l'ami fidèle des deux.

Dans son testament, Fiske a laissé une petite somme – 5 000 $ – à la mère de ma mère. C'était la manière la plus délicate de laisser une partie de son argent afin que sa vieille amie puisse le récupérer. Les termes du testament prévoyaient que cet argent serait partagé au décès de ma grand-mère. C'était ainsi divisé, et une certaine partie aurait dû me revenir ; mais je n'ai jamais reçu un sou. C'était mon deuxième legs, car je permettais aux autres de prendre librement ce qui m'appartenait.

Mon troisième legs a été fait les yeux ouverts. Alors que j'étais sur le point de partir pour l'Australie en 1953, un autre oncle, George W. Frost, que j'ai ensuite nommé acheteur de l'Union Pacific Railway, un gentleman remarquable et un ecclésiastique, est venu vers moi et m'a dit : « Votre Tante Abbie » (sa femme) « et moi-même allons prendre soin de votre vieille grand-mère à la ferme. Avez-vous des objections à renoncer à votre intérêt dans l'ancien endroit ?

J'ai dit que, bien sûr, je le signerais. J'allais bien. J'allais dans le grand monde pour faire fortune. Et je l'ai signé, comme si ce n'était rien.

Ces incidents, je les mentionne ici comme des illustrations de toute ma vie. Depuis ma quatrième année, j'ai donné – jeté – de l'argent. J'ai rendu les autres riches. Mais je n'ai jamais encore obtenu ce qui m'était dû des autres.

CHAPITRE II

MON VOYAGE DE LA NOUVELLE-ORLÉANS À BOSTON

1833

Je me suis retrouvé comme une partie de la cargaison, expédiée comme fret, sur 2 000 milles, des tropiques jusqu'à la région arctique, sans ami pour prendre soin de moi. J'étais seul. Ce sentiment, cependant, ne m'a pas trop opprimé. Tout le monde à bord essayait de faire de moi un animal de compagnie et, en plus, il y avait tant à faire, tant à voir, tant à ressentir. De cabane en fo'cas'le, j'ai été bien accueilli.

Il n'y avait qu'un seul passager de cabine à part moi. J'étais assis à table en face de ce passager, et je me souviens qu'au premier repas ils avaient apporté des "flapjacks" (nos galettes de blé actuelles). Je les aimais beaucoup et je les mangeais avec du sirop ou de la mélasse. J'ai remarqué que mon compagnon de cabine n'utilisait pas de mélasse avec la sienne. Je ne comprenais pas pourquoi on mangeait ses flapjacks sans mélasse.

Je trouvai cet étranger trop ignorant pour savoir que la mélasse était de mise avec les flapjacks, et j'essayai de l'aider à mieux connaître les ressources de la table. J'ai tendu la main et j'ai essayé de verser de la mélasse dans son assiette. À ce moment-là, une forte mer frappa le navire et je fus projeté en avant avec une embardée. Tout le contenu du pot de mélasse s'est déversé sur le pantalon de l'homme ! Bien sûr, il était furieux et n'appréciait pas mes efforts pour lui apprendre. Je m'attendais à ce qu'il me frappe, mais il ne l'a pas fait. Il ne m'est pas venu à l'esprit de lui demander pardon, car je faisais ce que je pensais être un pur acte de gentillesse. Nous sommes ensuite devenus de bons amis.

Nous avons fait vingt-trois jours de voyage. Avant que nous soyons restés longtemps à bord, je me suis lié d'amitié avec tout le monde à bord, et eux avec moi. J'étais très actif et j'avais le contrôle du bateau. J'étais comme un perroquet, une chèvre ou un singe, ou les trois. Il n'y avait pas d'hôtesse de l'air sur le bateau et comme je n'avais personne pour s'occuper de moi, je menais une vie sauvage. J'habitais au fo'cas'le, ou avec les matelots sur le pont ou dans les agrès. J'ai préféré les fo'cas'le. Je me suis vite senti chez moi là-bas. Parfois j'étais dans la cabane avec mon ami qui détestait la mélasse, mais le fo'cas'le me faisait plaisir, et j'étais là à toute heure. Pendant les vingt-trois jours du voyage, je ne me suis pas lavé une seule fois ! Je portais les mêmes vêtements jours et nuits et je suis devenue une petite sale sauvage !

On conçoit aisément que la communication avec ces marins rudes, grossiers, honnêtes, mais vulgaires, eut sur moi un effet terrible. Tout ce qui est mal connu des marins, ces marins le savaient, et très vite je l'ai su. J'ai tout observé, tout appris. J'ai vite juré et juré aussi ouvertement que n'importe lequel d'entre eux, utilisant ces mots aussi innocemment que s'il s'agissait de citations de la Bible.

L'un des jeux auxquels les marins jouaient avec moi était de monter dans le gréement et de me dire qu'il y avait là-haut une grande plantation que je ne pouvais pas voir. Ensuite, ils me jetaient des morceaux de sucre en me disant qu'ils venaient de la plantation dans le gréement, et des singes me les lançaient. Bien sûr, j'ai tout cru. Comment pouvais-je savoir qu'ils me mentaient ? Je n'avais que quatre ans. Ils ont marqué dans mon esprit tout le fo'cas'le, sa vie rude, sa gaieté, ses serments et ses mensonges.

Dès que notre navire a jeté l'ancre, un bateau avec mon oncle est arrivé. Je me souviens qu'il y avait aussi un petit chien dans le bateau. Mon oncle m'a emmené au quai, puis à son bureau de tabac de Dock Square. Là, je trouvai une chaise à l'ancienne qui nous attendait, et mon oncle me dit qu'il m'emmènerait directement chez ma grand-mère, à Waltham. Le trajet nous a fait traverser deux ou trois villages et plusieurs bandes de forêt. Finalement, nous sommes arrivés à une petite porte qui se trouvait à environ un demi-mile de l'ancienne ferme et avons séparé la place voisine de la ferme de ma grand-mère. Il y avait mes tantes, toutes m'attendaient.

Imaginez l'étonnement de ma grand-mère et de mes tantes en voyant le sale petit Arabe des rues qui venait les voir ! J'étais aussi intolérablement sale que n'importe quel gamin sortant d'un égout. Je puais assez les odeurs et la saleté du fo'cas'le ! À la poussière et à la crasse de la Nouvelle-Orléans, j'avais ajouté la poussière et la crasse du navire, car je n'avais pas été à proximité d'eau et de savon depuis mon départ de la Nouvelle-Orléans. Envie d'aller voir ces vieilles dames propres et soignées dans un tel sort ! Mais j'étais au moins en bonne santé et magnifiquement vivant.

La première chose qu'ils firent fut de convoquer une sorte de réunion municipale pour que je raconte les événements de mon voyage. Mais avant de me présenter devant mon public, je devais être lavé et avoir des vêtements de rechange. Cette partie du programme a été reportée à cause d'un accident. Les dames m'ont entendu jurer ! Cela a choqué incommensurablement leurs esprits doux. Mais je ne savais pas ce que signifiait jurer.

Qu'est-ce qui est mauvais pour un garçon qu'un garçon ne peut pas apprendre en trois semaines ? Je suppose que j'ai dû capter toute la méchanceté du fo'cas'le sans savoir ce que c'était. Cela me semblait bien ; mais pas à ma bonne grand-mère et à mes tantes.

Ils voulaient me purifier extérieurement et intérieurement et se préparaient à commencer extérieurement. Ils ont insisté pour que je change de vêtements et que je me fasse un bon gommage. Mais avant de commencer, je leur ai raconté certaines de mes expériences à bord du navire. Je leur ai parlé des marins qui récupéraient le sucre de la plantation dans les cordages et des singes qui me le jetaient. Ils m'ont dit qu'il n'y avait pas de champs là-haut, pas de singes et pas de sucre, sauf ce que les marins avaient emporté avec eux.

J'étais indigné. "Si vous ne croyez pas mon histoire, dis-je, sur la plantation dans le gréement et sur les singes et le sucre, vous ne pouvez pas me laver ni me changer de vêtements."

La ligne de bataille était désormais tracée. S'ils ne voulaient pas croire mon histoire, je ne les laisserais pas faire quoi que ce soit pour moi. Cette histoire de singe et de sucre était mon ultimatum. Ils ont refusé de l'accepter. Pendant trois jours, ils m'ont assiégé, mais j'ai refusé d'être lavé ou vêtu d'un costume propre et frais jusqu'à ce qu'ils croient à mon histoire. Je sentais que je disais la vérité et je ne supportais pas qu'on mette en doute ma parole. Finalement, ils ont dit qu'ils croyaient à mon histoire.

Il y a une vieille histoire d'un garçon à qui ses parents, qui ne voulaient pas qu'il s'accroche plus longtemps au vieux mythe du Père Noël, racontaient que ce n'était pas le Père Noël qui lui apportait toutes les bonnes choses à Noël, mais que eux, ses parents, lui offraient des cadeaux année après année. Le garçon se tourna vers sa mère et lui dit : « Est-ce que tu m'as aussi trompé sur la question de Dieu ?

CHAPITRE III

MON ENFANCE DANS UNE FERME

1833-1843

La vieille maison où j'ai passé ces années de mon enfance et de mon enfance a maintenant plus de deux cents ans. C'était la demeure des anciens méthodistes de cette section et c'était le quartier général de la secte pendant cent ans avant qu'elle ne commence à tenir des « conférences » régulières. Ici vivait le propriétaire d'esclaves Pickering, qui épousa ma grand-mère, la fille du fermier. Sans cette maison, qui servait de refuge et d'asile au prédicateur itinérant, le grand-père Pickering serait mort de faim. La ferme était son point d'ancrage. Sinon, il serait parti à la dérive.

Une atmosphère religieuse imprégnait les lieux. Cela m'a laissé la plus profonde impression. Le seul journal que nous avons pris était le Zion's Herald, un hebdomadaire religieux publié par Stevens, de Boston. La différence entre cette vie calme et religieuse des méthodistes et la vie turbulente, rude et jurante des fo'cas'le était très marquée. Mais il m'a fallu beaucoup de temps pour sortir de l'atmosphère des fo'cas'le et entrer dans celle des méthodistes. Même le bain et les vêtements propres ne semblaient pas beaucoup me changer. J'ai découvert que la propreté n'est pas si proche de la piété, après tout.

Bien sûr, les vieux méthodistes priaient le matin et le soir, et ils avaient la grâce à chaque repas. Tout le monde s'agenouillait pour prier. Mais ils ne pouvaient pas me faire agenouiller. Je ne fléchirais pas le genou. Je n'avais pas surmonté les manières des marins, des singes et le fait de jeter du sucre de la plantation dans les voiles – le rôle du Père Noël dans tout ça. Je m'en suis toujours souvenu.

Bien sûr, j'ai été emmené à la petite église, à un kilomètre et demi dans les bois, où mon grand-père prêchait. C'était dans son « circuit ». Comme nous rentrions un jour, et que je conduisais, la chaise heurta une pierre, et le vieux monsieur fut considérablement bousculé. Il m'a saisi avec impatience les rênes et a donné un coup sec au cheval avec elles, et a conduit lui-même le reste du chemin. Ce petit incident m'a profondément marqué. Je me suis dit : « Si les chrétiens agissent ainsi, je ne veux rien avoir à faire avec eux. »

Les Pickering étaient une ancienne famille du Sud – et avant cela, une famille anglaise. Certains membres vivaient en Caroline du Sud, d'autres en Virginie et d'autres dans le Maryland. L'un d'eux siégeait dans le premier cabinet de Washington. Comme mon grand-père, ils étaient tous propriétaires d'esclaves. Le juge Gilbert Pickering était président du comité de Cromwell qui a coupé la tête du roi Charles. Le grand-père Pickering était un homme libéral à bien des égards. J'ai déjà parlé de la libération de ses propres esclaves. Il a choisi la vocation de prédicateur méthodiste itinérant, alors que cela impliquait d'énormes sacrifices financiers et la perte du rang social. Il en mourait presque de faim, mais il s'y tenait avec une grande noblesse d'esprit. Cela lui a donné une sorte de liberté religieuse.

Autrefois, il aurait pu être évêque dans la branche méthodiste de la Nouvelle-Angleterre ; mais il refusa le titre ambitieux. Il ne croyait pas aux évêques pour leur église. Et ainsi, mettant de côté toute offre d'avancement, toute opportunité de s'élever ou de progresser dans le monde, il a choisi de travailler à sa simple vocation, comme un martyr. Et il aurait bientôt trouvé le martyre dans la famine, sans ma charmante grand-mère, avec son économie et ses soins.

La branche des méthodistes à laquelle appartenait mon grand-père était très libérale. C'était si libéral, en effet, que ma mère et ses cinq sœurs avaient toutes fait leurs études au couvent des Ursulines de Charlestown, Massachusetts, qui fut détruit par la foule en 1942. Je me souviens qu'après que la foule ait incendié ce couvent, les méthodistes ont voulu acheter le site et se sont adressés à l'archevêque catholique de Boston, qui a répondu : « Nous achetons parfois, mais nous ne vendons jamais.

Un autre incident de mon enfance peut être rappelé ici, car il illustre l'orgueil obstiné qui avait déjà commencé à se manifester. Un jour, une élégante calèche arriva jusqu'à la vieille maison et une jeune femme, joliment habillée, en descendit et demanda à voir George Train. Je suis allé vers elle et elle m'a dit qui elle était.

"Vous devez vous rappeler, quand vous serez grand", dit-elle, "que je suis Miss Sallie Rhoades. Nous sommes l'une des rares familles du Maryland", a-t-elle ajouté avec une fierté qui était évidente même à mes yeux d'enfant, "que ont pu soutenir leurs voitures pendant cent cinquante ans. Elle parlait avec un air de *grande dame* , ce qui piquait vivement mon propre orgueil.

"Bien que je sois très heureux de rencontrer ma parente du Sud", dis-je avec la même fierté, même si je ne pouvais pas égaler ses manières, "nous avons gardé notre char à bœufs sur la vieille ferme depuis deux cents ans." Je m'attendais à ce que le demi-siècle supplémentaire la stupéfie. Mais cela ne semblait pas arriver chez nous ; et elle est partie. Ce fut la dernière fois que je vis « Miss Sallie Rhoades, du Maryland ».

À cette époque, en Nouvelle-Angleterre, nous devions dépendre en grande partie de nous-mêmes à la ferme et nous faisions autant de provisions que possible. Je suis devenu un adepte de la fabrication de vin de groseille, de cidre, de sucre d'érable, de bonbons à la mélasse et de saucisses. Je fabriquais aussi les bougies que nous brûlions sur place, en les moulant par demi-douzaine à la fois dans le vieux moule à bougies, qui n'était jamais absent d'une maison de campagne de cette époque. Ainsi, au cours de ma vie, je suis passé de la période du suif à la lumière électrique.

De quatre à dix ans, je gagnais ma vie dans l'ancienne ferme. Je crois que c'est le seul cas au monde où un enfant de quatre ans subvenait à ses besoins de cette façon. Ce que je veux dire par gagner ma propre vie, c'est que même si les dépenses nécessaires pour entretenir un petit jeune comme moi étaient très minimes, j'ai gagné plus que suffisant pour payer mes frais. Je me suis habillée. Personne ne s'est occupé de moi. Je suis resté à peu près seul, sauf pour recevoir des conseils religieux. Je faisais toujours des courses pour les hommes et les femmes du lieu. Il y avait constamment quelque chose à faire pour moi.

De plus, j'étais très ambitieux. Je voulais savoir tout ce qui se passait chez moi. Cela a toujours été ma caractéristique. Je suis né curieux. Je n'ai jamais eu peur de poser des questions. Si jamais je voyais quelque chose que je ne comprenais pas, je le posais ; et l'information est restée dans mon esprit, comme une bavure. Je n'ai jamais oublié. J'ai vite appris tout ce qu'il y avait à apprendre à la ferme.

La chambre dans laquelle je dormais était très grande et je dormais seul. Je n'avais pas peur; mais je me souviens de la grande taille et de la profondeur de cette pièce froide de la Nouvelle-Angleterre.

La vie à la ferme était déjà assez chargée. Je mets souvent la table et je fais d'autres choses que la jeune fille engagée fait, et je peux bientôt tout faire aussi bien qu'elle, depuis mettre la table jusqu'à préparer un repas. Tout cela, je l'ai appris avant l'âge de dix ans. Je mentionne ces petits détails simplement pour montrer la différence entre la vie que j'ai dû mener dans l'ancienne Nouvelle-Angleterre et la vie que mènent depuis lors mes enfants et petits-enfants.

Une bénédiction et une gloire étaient que j'avais l'atmosphère universelle. Les bois et les champs m'appartenaient. Je pouvais me promener à volonté dans la forêt et dans les champs. La grande ferme me faisait un délice. Je n'ai jamais eu peur nulle part. À cette époque, il n'y avait pas de « vagabonds » ou de « voyous » dans le pays. Nous n'avions pas de serrures à nos portes ni de fermoirs aux fenêtres. Tout était ouvert.

A la ferme comme à la maison, j'ai vite appris tout ce que je pouvais. J'ai appris à semer et à récolter, à planter diverses cultures, à labourer, biner, tondre, récolter. Et j'avais mon propre jardin spécial, où je cultivais un peu de tout : des oignons, de la laitue, des concombres, des panais et d'autres légumes. Je connaissais leurs saisons, le moment de les planter et le moment de les récolter. J'étais un observateur dès le berceau. Peu de choses m'ont échappé. Et j'ai pris pour habitude tout au long de ma vie de tout maîtriser au fur et à mesure que j'y arrivais.

De livres, je voyais peu à cette époque. Les seuls que nous avions sur la ferme, dans ce qu'on appelait par courtoisie la « bibliothèque », étaient les romans de Waverley, les Scottish Chiefs de Jane Porter, les hymnes de Watts et la Bible. Il y avait bien sûr le Zion's Herald, l'hebdomadaire religieux de Boston dont j'ai déjà parlé. C'était notre littérature. J'ai lu tout ce que je pouvais trouver et j'ai vite épuisé les petites ressources de la bibliothèque agricole.

Nous étions si loin du village et des routes les plus fréquentées que les seules personnes qui venaient chez nous étaient les colporteurs, qui nous vendaient des ustensiles de cuisine, comme des casseroles et des seaux en fer blanc, et le pêcheur solitaire, qui klaxonnait toujours. à un kilomètre pour nous avertir de son approche.

La vieille maison avait le salon ou salon habituel de la Nouvelle-Angleterre, la salle de cérémonie, jamais aérée jusqu'à ce qu'un invité vienne l'occuper, ou qu'il y ait des funérailles ou un baptême. Je n'ai jamais trouvé d'agriculteurs, nulle part dans le monde, qui aient la moindre idée de la ventilation. Ils dormaient dans des pièces fermées, sans aucun souci de santé ou de propreté, car rien n'est plus purifiant que l'air frais et pur. Il y avait la vieille cheminée, avec les grands chenets qui pouvaient supporter le poids d'un arbre forestier, et c'était souvent le cas. Tout était vieux d'un siècle, et d'autant plus en retard ; mais c'était alors le cas partout dans les sections rurales de la Nouvelle-Angleterre.

Et quels feux nous avions dans cette cheminée caverneuse ! Nous placions une énorme bûche sur les chenets et allumions un feu autour. Bientôt, il se dégagerait une chaleur épouvantable, mais elle ne suffisait pas à réchauffer la grande salle, où l'air froid pénétrait par mille fissures et interstices. Nos visages, penchés sur la bûche flamboyante, seraient assez boursouflés, tandis que nos dos seraient glacés de froid. L'autre extrémité de la pièce serait glaciale, car les dames avaient libre cours. La maison était mal construite en ce qui concerne le confort, même si elle était suffisamment solide pour durer deux siècles. Non seulement les vents mais aussi la neige ont trouvé une entrée facile. S'il neigeait pendant la nuit, je trouvais une traînée de neige à travers la pièce le lendemain matin, y mettant souvent mes pieds nus lorsque je me levais dans l'obscurité.

L'ignorance des agriculteurs puritains de la Nouvelle-Angleterre était l'ignorance la plus profonde que j'aie jamais vue, même parmi les agriculteurs. Ils ne savaient rien, et semblaient s'en moquer, des lois de la santé ou de l'économie. Ils se contentaient de vivre exactement de la même manière que leurs ancêtres avaient vécu pendant des générations. Ils n'ont rien appris et n'ont rien oublié, comme les Bourbons.

Cela me suggère le fait que le climat de la Nouvelle-Angleterre a énormément changé depuis que je suis enfant. La plupart des personnes âgées disent quelque chose comme ça. Quand j'étais petit, il y avait de la neige chaque hiver et tout l'hiver. Aujourd'hui, il y a relativement peu de neige. Ensuite, cela commençait en novembre et nous étions pratiquement enfermés dans nos fermes, souvent même dans nos maisons, pour l'hiver. Pendant six mois, la neige a recouvert la terre. Quand nous voulions sortir, nous devions nous frayer un chemin en traîneau à bœufs. L'ancien climat de la Nouvelle-Angleterre a disparu.

Quand j'avais dix ans, j'ai commencé à me rendre en camion au vieux marché de Quincy à Boston. C'était à dix kilomètres de là, mais je me suis vite habitué à y aller seul et à vendre les produits de la ferme et les légumes. Je devais me lever à quatre heures du matin pour m'occuper du cheval et l'atteler. Il s'appelait « Old Tom » et était un animal fidèle et digne de confiance.

J'arrivais au marché avant l'aube, j'appuyais le chariot contre le marché et j'attendais la lumière. Je nourrissais le cheval et, de temps en temps, si le temps était particulièrement mauvais, je le mettais dans une écurie pendant quelques heures, au prix de cinquante cents, et je le nourrissais d'avoine.

Après avoir fermé le « camion », je me rendais à Cambridgeport, où j'achetais les produits d'épicerie et autres fournitures pour la ferme. Ma grand-mère m'a confié tout cela. Après cela, j'ai eu un déjeuner, qui m'a coûté une « part de shilling », comme on l'appelait alors : douze cents et demi. Ensuite, je rentrais chez moi en voiture et je pouvais donner à grand-mère un récit complet et détaillé de tout, sans avoir écrit un mot ou un chiffre sur papier. Cela a duré deux ou trois ans.

Pour m'amuser, comme je l'ai dit, j'avais l'atmosphère universelle, et j'avais la grande vieille ferme, la forêt et les champs. Je les avais tous pour moi. Je les parcourais, et à travers eux, à volonté. J'avais l'habitude de poser des pièges à lapins et des pièges à perdrix. J'avais aussi un petit fusil et un petit chien avec lequel je chassais les lapins ou les écureuils. Le chien que j'ai toujours considéré avec émerveillement. Il pouvait apercevoir un écureuil gris au sommet d'un arbre à 800 mètres de là. Certaines personnes pensent qu'il a senti l'écureuil, mais je suis certain qu'il l'a vu. Et ce n'était qu'un bâtard, en plus. Il me conduisait jusqu'à un arbre et je tirais sur l'écureuil. Le petit chien – une sorte de fox-terrier – était le seul véritable ami que j'aie jamais eu. Il était mon compagnon constant, chaque fois que je pouvais l'atteindre ou lui me rejoindre. En hiver, je l'utilisais comme poêle chauffante. La vieille ferme était froide, très froide. Nous n'avions aucun moyen de le chauffer. La nuit, je trouvais les draps de mon lit aussi froids qu'une banquise. Ensuite, j'envoyais mon petit chien sous la couverture et il y restait jusqu'à ce qu'il ait réchauffé le lit.

Puis il y a eu le filet aux pigeons. C'est un vieux sport qui, je suppose, a disparu en Nouvelle-Angleterre. Cependant, dans mon enfance, de grands troupeaux de pigeons sauvages venaient dans les bois et les forêts de la Nouvelle-Angleterre. Le dispositif permettant d'en capturer un grand nombre au filet était assez primitif, mais efficace.

Mon oncle Francis (qui m'a donné mon nom), avec qui j'aidais les pigeons au filet, était plutôt sportif. Il aimait la pêche et était un excellent manieur de filets. Nous disposions de deux endroits pour étendre les filets, l'un dans le "vigne" et l'autre dans une "colline brûlée" de la forêt. Tout le feuillage a été enlevé de plusieurs arbres rapprochés. Ensuite, nous disposions le filet de manière à ce qu'il puisse être rassemblé au bon moment, nous l'étalions sur le sol et l'appâtions. Ensuite, nous plantions nos pigeons. Dès que nous voyions approcher une volée de pigeons, nous remuions les pigeons en tirant sur une ficelle à laquelle ils étaient attachés. Ils se déplaçaient comme s'ils étaient réellement vivants. Les pigeons tournaient sur place, attirés par les pigeons flottants, puis apercevaient le grain et redescendaient. Lorsque le filet en était rempli , nous tirions les ficelles, et parfois nous en attrapions jusqu'à une centaine à la fois. Ils furent ensuite tués et vendus.

Grâce à un tel travail, je gagnais mon propre soutien. Ceci est un échantillon de ma vie à la ferme de quatre à dix ans. Je portais un costume par an, et le costume ne coûtait pas plus de 10 dollars à l'origine et était confectionné à la maison. J'avais un peu d'argent de poche de temps en temps. Il m'était permis de vendre les lapins et les perdrix, le butin de mes pièges et de mon fusil. Ces petites ressources me permettaient généralement de garder quelques centimes, parfois quelques dollars, dans mes poches.

Il n'y a rien de plus extravagant et de véritable gaspillage qu'un garçon avec quelques dollars en poches. Il peut gaspiller sa mince fortune avec une magnifique bravade. Un été, j'avais accumulé 17 $ et, naturellement, j'avais hâte de les dépenser. L'homme à gages se rendait à Concord pour aider à célébrer le « Cornwallis Day » (le 19 octobre), et j'ai obtenu le consentement de l'accompagner. Il devait y avoir une foire, et j'ai emporté mon argent avec moi, très bêtement. Le souvenir en fut bientôt tout ce qui en resta.

Mon premier pas dans l'extravagance a été l'achat d'un tas de pétards. Cela m'a coûté, apparemment, dix cents ; mais en réalité, cela a entraîné ma perte financière et m'a coûté 17 $. J'ai commencé à faire éclater les crackers et j'ai vite eu une foule de garçons autour de moi. Ils m'enviaient. Ils n'avaient pas d'argent pour acheter des crackers. Je suis parti avec une grande nonchalance, mais en ménageant mes munitions et en n'éclatant qu'un seul cracker à la fois. C'était une stratégie de haut niveau ; mais je ne pouvais pas continuer. Je ne connaissais pas l'ingéniosité de la nature masculine. Tout à coup, j'entendis un garçon murmurer juste derrière moi, à l'un de ses compagnons : « Attendez une minute, et vous le verrez toucher toute la meute !

C'était irrésistible. Mon sang était brûlant d'ambition. J'ai viré tout le groupe d'un coup ! Les hourras et les cris étaient formidables et me rendaient fou. Je suis allé en acheter un autre paquet et j'ai tout déclenché en même temps, comme si les pétards n'étaient pas quelque chose de nouveau pour moi. Mais mon imprudence ne devait pas s'arrêter là. J'avais été emporté par le hourra, comme beaucoup de personnes âgées l'ont été auparavant.

Notre employé est venu me voir et m'a dit qu'il se passait une très jolie chose dans les environs. Je l'accompagnai et vis un homme jouant à un jeu avec trois dés à coudre, un pois et un coussin vert. Le jeu consistait à deviner sous lequel des dés se cachait le petit pois. L'homme à gages pensait savoir et insistait sur le fait qu'il savait, et le joueur voulait lui parier que non. Au bout d'un moment, un autre homme s'est approché et s'est essayé à deviner. Il a également raté. La perte de son argent l'indigna et il prit un autre dé à coudre. Le pois n'était pas là.

La chose parut alors si facile à notre employé qu'il demanda à essayer un dollar sur le jeu. Puis l'homme en colère qui avait perdu son argent prit l'autre dé et enleva le petit pois du coussin. Notre employé, qui ne laissait rien échapper à ses yeux de ce qui se passait autour du coussin vert, vit le pois emporté et paria avec empressement au marchand qu'il n'y avait pas de pois du tout là-bas. Le marchand l'a pris dans ses bras et a levé le dé à coudre, et voilà ! il y avait le petit pois. Cela ne satisfaisait pas le salarié, qui continuait à parier et à perdre jusqu'à ce qu'il ne lui reste plus d'argent. Ainsi nos économies s'éparpillaient en fumée de poudre et en devinettes sur l'endroit où se trouvait un pois éphémère. Je n'ai pas joué à l'époque et je n'ai pas joué depuis.

Mais la journée des pétards a eu ses leçons pour moi. Cela m'a appris certaines choses sur l'argent et son pouvoir, et cela m'a intéressé à Cornwallis. J'ai commencé à lire l'histoire américaine.

CHAPITRE IV

LES ÉCOLES ET UN DÉBUT DANS LA VIE

1840-1844

J'allais à l'école, bien sûr, car cela faisait partie des affaires sérieuses de la vie en Nouvelle-Angleterre. Notre école était à trois kilomètres et demi de distance, et le chemin qui y menait traversait une demi-douzaine de fermes et traversait la forêt sur un kilomètre. Là, on m'a appris les « trois R » et rien d'autre. On ne pensait ni au latin ni au grec et, hormis la petite «rithmétique», pas de mathématiques. J'ai appris à chiffrer, à lire et à écrire ; mais j'ai appris très rapidement ces branches rudimentaires. Le soir, dans la vieille ferme, mes tantes révisaient avec moi les tâches de la journée.

Nos principales distractions étaient l'hiver, lorsque nous faisions de délicieuses parties de traîneau. Les écoliers faisaient toujours un superbe pique-nique. Il y aurait un traîneau à six chevaux et le professeur serait responsable de la fête. Nous avons visité les villes environnantes, et ce fut pour nous une grande affaire. Nous l'attendions avec impatience dès la rentrée. Le jour de l'examen, à la fin du trimestre, nous, les enfants, devions nettoyer l'école. Il n'y avait pas de concierge, comme aujourd'hui. Mais nous aimions ce travail et en tirions une certaine fierté enfantine.

Je me souviens qu'une de mes premières ambitions fut satisfaite à l'époque où je fus choisi comme chef de l'école. J'étais à la tête de tout. Et ce n'était pas un vain compliment. Les garçons ne sont pas, comme leurs aînés, influencés par l'envie ou la jalousie. Ils essaient invariablement de sélectionner le meilleur « homme » parmi eux pour leur chef. Les jalousies, l'envie et les brûlures d'estomac viennent ensuite.

En lisant le récit de la collision entre le Priscilla et le Powhatan dans le Sound au large de Newport, cette année, et le péril qui menaçait cinq cents passagers, je me suis rappelé d'une catastrophe survenue il y a soixante-deux ans, et comment la nouvelle m'a été apportée. Je peux revivre l'horreur de cette journée. Je me souviens que c'était en janvier 1940.

C'était une journée orageuse et amère, et j'étais dans la petite école de Pond End, à trois kilomètres et demi de la ferme. La neige tombait depuis longtemps et tout en était recouvert. À mesure que la journée avançait et que la neige s'accumulait de plus en plus profondément autour de la petite maison et recouvrait les forêts et les champs d'une épaisse couverture blanche, nous commencions à nous inquiéter. De temps en temps, un traîneau avançait dans la neige soufflée et volante, et le père et la mère d'un enfant de l'école entraient et emmenaient le petit garçon ou la petite fille et disparaissaient dans la tempête. J'ai commencé à penser, avec effroi, à la façon dont moi, un petit garçon, je pourrais retrouver mon chemin pour rentrer chez moi à travers la neige aveuglante, quand soudain on a frappé à la porte. Le professeur s'est dirigé vers la porte et m'a appelé : « George, ton oncle Emery Bemis vient d'arriver de Boston dans son traîneau et veut te ramener chez lui.

Quand je suis monté dans le traîneau, il avait l'air très triste. Il est resté silencieux pendant un moment, puis s'est tourné vers moi et m'a dit : " George, j'ai de terribles nouvelles pour ta grand-mère. Elle est maintenant à la ferme, attendant de voir sa plus jeune fille, ta tante Alice. Ta grand-mère m'attend. pour l'amener. Elle venait de New York sur le paquebot Lexington, avec le cadavre de son mari [et de son frère et de son père], qu'elle voulait enterrer dans le cimetière familial. Il y avait trois cents passagers sur le navire. Le Lexington a fait naufrage et a brûlé dans le Sound, et trois cents personnes ont été perdues – brûlées ou noyées. Seuls cinq passagers ont été sauvés.

Telles étaient les horribles nouvelles que mon oncle apportait à ma grand-mère et à mes tantes, au lieu de la présence vivante qu'elles attendaient. Cet incident a laissé dans mon esprit une impression ineffaçable. Il y avait une chose particulière dans l'accident du Lexington qui m'a semblé étrange et inoubliable à l'époque. Lorsque le navire s'est effondré, le poste de pilotage a été brisé, et une partie de celui-ci s'est envolée et s'est logée contre les rochers près du rivage. La cloche elle-même n'était pas blessée et se balançait toujours sur ses tentures, et elle restait là, sonnant douloureusement à tous les vents. Il me semblait, dans mon imagination d'enfant, que l'on sonnait perpétuellement le glas des morts du Lexington.

Des années plus tard, alors que je prononçais un discours lors d'une campagne politique, j'ai profité de cet incident. J'ai dit que le parti démocrate de l'époque était à la dérive de ses anciennes amarres et qu'il évoquait toujours quelque chose d'un passé lointain. C'était comme la cloche du Lexington, accrochée aux rochers qui avaient fait naufrage du navire et sonnant à jamais pour les morts.

George Ripley, qui était le dirigeant de Brook Farm et, longtemps après, fut associé à Charles A. Dana dans la préparation de l'American Cyclopedia, fut autrefois mon professeur à Waltham Plains. Le général Nathaniel P. Banks, qui avait quelques années de plus que moi, était président de notre comité de bibliothèque. Nous avions l'habitude de donner des conférences à Rumford Hall. (À propos, cette salle porte le nom du comte Rumford, que la plupart des gens considèrent comme un Allemand ou un autre étranger, en raison de son titre étranger ; mais il était américain.) La soirée de conférences était toujours un grand événement à Waltham. . Un jour, un homme est venu vers moi et m'a dit : « Voici une lettre remarquable. » Il me l'a lu, et c'était le suivant :

" *Au comité de la bibliothèque, Waltham :*

"Je viendrai donner une conférence pour 5 dollars pour moi, mais je vous demanderai quatre litres d'avoine pour mon cheval.

" RALPH WALDO EMERSON. "

La conférence que M. Emerson a prononcée pour nous, les garçons du comité de la bibliothèque de Waltham, était intitulée « Nature ». Nous lui avons payé 5 dollars et quatre litres d'avoine pour cela. Il l'a livré à plusieurs reprises par la suite, alors que son nom était sur toutes les lèvres du monde civilisé, et il a reçu de 150 à 500 dollars pour chaque livraison. Il était tout aussi grand à cette époque-là, dans la petite vieille ville de Waltham ; c'était la même conférence, avec la même pensée exquise et la même sagesse merveilleuse ; mais il a fallu des années pour que le monde reconnaisse sa grandeur, sa beauté et sa sagesse, et les valorise à leur plus haute valeur. Le monde a payé pour le nom, pas pour la conférence ou pour la vérité et la beauté.

Pendant cette période, j'ai fréquenté l'école pendant trois mois chaque été. Mes grands-parents voulaient faire de moi un ecclésiastique. Mais ce genre de choses n'était pas en moi. J'ai été envoyé chez M. Leonard Frost, à Framingham, à dix milles de distance, et j'ai vécu avec lui. Certes, ma pension ne pouvait pas dépasser 2 dollars par semaine, et les frais de scolarité s'élevaient à peine à rien. J'étais avec M. Frost à peine trois mois, pour une dépense totale à des fins éducatives d'environ 25 $! Cela constituait ma formation universitaire. J'avais alors quatorze ans ; et c'est toute l'éducation scolaire que j'ai jamais reçue.

Le jeu principal auquel nous jouions quand j'étais enfant était ce que nous appelions le « ballon rond », qui est maintenant devenu le jeu national du baseball. J'étais un adepte de ce jeu, car je m'intéressais toujours beaucoup à tous les sports et j'y excellais facilement. J'avais aussi un penchant pour la chimie, et ma première expérience fut le résultat d'une séance assise sur une bouteille de produits chimiques. Cela m'a coûté certaines parties de mes vêtements et m'a fait une impression durable. Cela a effectivement mis fin à mon désir d'approfondir mes études en chimie.

À cette époque, un changement radical s'est produit dans ma vie. Un jour, j'ai entendu mes tantes parler de mon avenir. Les bonnes dames étaient arrivées à la conclusion que la vie d'ecclésiastique n'était pas faite pour moi ; ils débattaient donc de la question de m'envoyer apprendre un métier. Ils disaient qu'il était évident que je ne serais ni ecclésiastique, ni médecin, ni avocat ; je dois donc être forgeron, ou charpentier, ou maçon. Maintenant, je ne voulais plus être aucune de ces choses.

Dès que j'en ai eu l'occasion, j'ai dit à mes tantes que je n'avais pas l'intention de devenir charpentier, maçon ou forgeron. J'ai dit que j'allais à Boston, non pas au marché, mais pour trouver un poste quelque part. Ils étaient stupéfaits. Ils n'en croyaient pas leurs oreilles. Mais j'y suis allé.

La ville semblait plus grande que jamais, maintenant que je devais lui faire face et la conquérir, ou la laisser me conquérir. Mais je n'ai pas été battu avant le combat. J'ai commencé à marcher dans les rues avec un cœur aussi audacieux que possible, et j'ai continué à fouiller les fenêtres et les portes à la recherche de tout signe de « Garçon recherché ». J'avais vu de telles affiches collées sur les fenêtres lorsque je venais en ville pour des voyages de marketing.

Finalement, j'ai vu une telle enseigne dans une pharmacie de Washington Street et je suis entré. J'ai dit au pharmacien que j'aimerais aller travailler. Il m'a offert ma nourriture et mon logement pour entretenir les lieux. Je lui ai demandé quel genre de vêtements il voulait que je porte, et il a répondu que le costume que je portais – mes vêtements du dimanche – conviendrait pour tous les jours. J'étais plutôt content et j'ai commencé à travailler.

La première nuit, j'ai dormi dans le même bâtiment que le magasin, mais au-dessus. Vers une heure du matin, la cloche sonna. Quelqu'un voulait immédiatement voir le médecin. J'ai dit que je n'étais pas médecin et que le médecin n'était pas là. Le messager s'est enfui. C'était déjà assez grave d'être acheminé de cette façon au milieu de la nuit. Le lendemain, le pharmacien quitta le magasin pour quelques affaires. J'ai goûté à tout ce qui est comestible sur place. J'ai essayé différentes sortes de bonbons et de sirops, puis je suis sorti acheter de la limonade et une douzaine d'huîtres crues. Le résultat peut être imaginé. Après quelques minutes sur la Montagne Pelée, j'ai décidé que j'en avais assez du business de la drogue. J'ai fait part de ma décision au pharmacien, j'ai fermé la porte et j'ai quitté le magasin, un petit garçon déçu et seul.

J'ai hésité quant à ma prochaine étape. Mais il y avait la vieille ferme, et elle m'invitait alors très tendrement à revenir. Je n'étais pas encore conquis, mais je continuerais à me battre. Je me tournai, comme par instinct, vers Cambridgeport, théâtre de mes trafiquants avec l'épicier. Mon oncle Clarke vivait là, l'oncle qui m'avait amené de la Nouvelle-Orléans ; mais je ne pouvais pas non plus me décider à aller vers lui. La famille se moquerait de moi. Non ! Je trouverais bien un autre endroit, mais ce ne serait pas dans une pharmacie !

Puis j'ai eu une inspiration. Il y avait l'épicier nommé Holmes ! Pourquoi ne pas l'essayer ? Je voudrais. Je me suis donc rendu au magasin de Joseph A. Holmes, au coin de Main Street et Brighton Road. À ma demande enthousiaste, M. Holmes a répondu : « Vous êtes arrivé juste à temps. Nous voulons un garçon. Puis il m'a demandé quel salaire je voulais. "Juste de quoi vivre", dis-je. « Vous pouvez vivre avec nous », dit-il ; "et je te donnerai un dollar par semaine." Cela signifiait 50 $ par an. C'était une belle somme pour moi. J'ai commencé à travailler immédiatement.

C'était l'hiver 43-44 et j'avais quatorze ans. Mon travail consistait à conduire le chariot d'épicerie jusqu'à Old Cambridgeport, à prendre les commandes et à les remplir. Je devais me lever à quatre heures du matin pour soigner le cheval, comme je l'avais fait à la ferme, et tout préparer pour le voyage. J'avais les commandes de la veille à remplir et à livrer au collège. De plus, j'ai dû travailler dans le magasin après mon retour d'Old Cambridgeport. Le soir, je devais entretenir les lampes, balayer, monter les volets et m'occuper d'une foule d'autres petites choses pour le magasin. Le magasin était fermé à dix heures du soir. Ensuite, j'éteignais les lumières, qui étaient des lampes à huile à l'ancienne.

C'était une longue journée pour un garçon… ou pour un homme. Je travaillais dix-huit heures par jour. Et les ouvriers des mines de charbon de Pennsylvanie sont désormais en grève pour une journée de huit heures ! J'avais six heures de nuit pour me coucher et trouver le sommeil que je pouvais. Cette vie a duré environ deux ans. À cette époque, j'avais appris à faire presque tout ce qu'il fallait faire dans une épicerie. J'avais vraiment appris cela au cours des six premiers mois.

L'une de mes nombreuses petites tâches consistait à fabriquer des sacs en papier. J'ai dû couper le papier et le coller ensemble. Une autre tâche consistait à prendre une tête de jambon, à mettre chaque jambon dans un sac et à le recoudre. Ensuite, j'ai dû blanchir chaque jambon en particulier. C'était une belle affaire ! Cela allait à l'encontre de ma nature plus que toute autre partie de mes multiples travaux dans le magasin.

M. Holmes était diacre baptiste, mais la seule chose chez lui à laquelle mes goûts de jeunesse s'opposaient, c'était qu'il chiquait du tabac tout le temps. Oui, il y a eu une autre objection. Il a insisté pour que je participe au cours biblique de son école du dimanche. Cela, je ne le ferais pas. Je ne pouvais pas tout lui expliquer ; mais l'affaire du Père Noël n'était pas encore sortie de mon esprit.

Un jour, à l'épicerie, M. Holmes a amené un homme âgé et m'a dit : « George, je veux que tu emmènes ce monsieur » (le nommant) « jusqu'au collège et que tu te promènes avec lui ». Ce monsieur me parut avoir une soixantaine d'années. M. Holmes m'a mis en garde contre tout danger, car il n'allait pas très bien. « Ne lui parle pas, m'a-t-il dit, à moins qu'il veuille te parler.

C'était comme des vacances pour moi. J'ai marché avec lui jusqu'au collège et partout autour, autant qu'il le voulait ; et il ne m'est jamais venu à l'esprit, pendant tous les jours où j'ai été ainsi avec lui, de découvrir qui il était, ni d'y penser du tout.

Il s'agissait de John Jacob Astor, Jr., fils aîné du fondateur de la grande maison des Astors. Il était pratiquement invalide. Il était alors à la charge d'un certain M. Dowse, qui le laissait généralement aux soins de M. Holmes, et qui, à son tour, me le laissait. Après cela, il vient à New York, où il est pris en charge par son frère, William B. Astor.

CHAPITRE V

LE MÉTHODISME DU DÉBUT DE LA NOUVELLE-ANGLETERRE

Avant de quitter mon enfance, je voudrais dire quelque chose sur la manière dont j'ai été élevé au sein du vieux méthodisme de la Nouvelle-Angleterre. J'ai été élevé dans la morale la plus stricte, conformément à l'ancien système. Grand-mère m'a dit que je ne devais pas jurer, que je ne devais pas boire de boissons enivrantes, que je ne devais pas mentir, que je ne devais pas consommer de tabac sous quelque forme que ce soit. Il me semblait qu'elle étendait un peu la loi morale et qu'il y avait quinze commandements au lieu de dix dans le schéma religieux du méthodisme. Et chaque commandement m'était présenté comme un précepte infaillible qui ferait de moi un homme. Je me disais que je serais quinze fois homme, puisque je comptais les garder tous.

Mais pendant que cette formation se déroulait et qu'on me mettait en garde contre la consommation d'alcool et de tabac, d'étranges incohérences côtoyaient les préceptes. Ma vieille grand-mère fumait ce qu'on appelait du tabac « à tête de nègre », dans une petite pipe en terre. Les tuyaux coûtent environ un centime pièce. Je coupais ce tabac pour elle. Mais en fumant, elle ne perdait aucune occasion de me faire comprendre l'horreur de l'habitude du tabac.

J'ai osé un jour lui demander pourquoi elle fumait, et pourtant je m'ai dit de ne pas fumer. Elle se toucha le côté droit et dit : « Le médecin m'a dit de fumer à cause d'un problème ici. Mais c'était une très charmante vieille dame, et je n'écrirais ni ne prononcerais jamais un mot qui puisse nuire au cher souvenir de la mère de ma mère.

A cette époque aussi, son père vivait. Je me souviens maintenant du vieux monsieur, avec son bonnet rouge, qui était alors une merveille pour moi, mais qui est ensuite devenu très familier à Constantinople et en Orient sous le nom de fez turc. Il était très âgé, alors âgé d'environ 80 ans. Chaque soir, je montais dans sa chambre et lui préparais un grog. Il a toujours voulu que je lui prépare cette boisson, car j'avais appris à la préparer exactement à son goût. Il a eu la rare régularité de ne jamais rien me dire sur l'immoralité de la consommation d'alcool, et je ne lui ai jamais parlé non plus de ce sujet. Mais un jour, j'ai interrogé ma grand-mère à propos de ce « grog ». Elle toucha son côté gauche et dit : « C'est pour quelque chose ici.

Je ne pouvais pas le comprendre, mais il y avait ici des « quelque chose » mystérieux dans le côté droit de ma grand-mère et dans le côté gauche de son père, qui annulaient le système religieux méthodiste et mettaient à néant les commandements supplémentaires « Tu ne boiras pas » et « Tu ne boiras pas ». je ne fumerai pas."

Mais le schéma moral s'est avéré une bonne chose pour moi et m'a servi à me guider correctement dans toutes mes pérégrinations à travers le monde et dans ses déplacements. Je pense que c'est un très bon témoignage de la solidité et de la vertu de ma formation morale que d'avoir erré quatre fois autour du monde, d'avoir vécu de toutes les manières connues de l'homme, d'avoir été jeté avec les hommes les plus dissolus et les plus imprudents, et J'ai traversé presque toutes les vicissitudes de la fortune, je n'ai jamais goûté une goutte d'alcool enivrant et je n'ai jamais fumé. J'ai gardé tous les commandements, ceux du Sinaï et ceux des méthodistes.

Au cours de ma période de richesse et de prospérité, j'ai reçu des milliers d'hommes, j'ai vu des milliers de personnes boire et s'enivrer à ma table – et en dessous ; mais je n'ai jamais touché une goutte de mon propre vin ni de celui des autres. J'ai payé beaucoup d'argent pour l'achat de toutes sortes de tabac et pour toutes sortes de pipes, narguilés, narguilés, chibouks, comme cadeaux pour les autres ; mais je n'ai moi-même jamais touché au tabac. J'ai été dans tous les trous à rats du monde, mais je n'ai jamais touché aux rats. C'est pour ces raisons que j'ai soixante-treize ans, que je suis aujourd'hui en bonne santé et fort, et que je vis à nouveau ma vie comme un jeune.

Des années plus tard, alors que je donnais une conférence, mon cousin, George Pickering Bemis, ancien maire d'Omaha, ainsi que ma tante Abbie et ma cousine Abbie, assistaient à celui que je donnais à Omaha, et tous se sentaient un peu blessés par mes allusions au vieux méthodistes, ainsi qu'à ma grand-mère et à son père. Bemis m'a écrit qu'ils étaient horrifiés. Mais ils oublièrent que ce que je disais des méthodistes et de mes ancêtres était leur éloge. Je ne les ridiculisais pas, mais je les exaltais. J'ai raconté ces incidents de mon enfance, parce que je parlais de mon enfance, et c'étaient des faits. L'un des commandements les plus stricts de l'ancien méthodisme était de dire la vérité. Ils n'étaient pas satisfaits de la légère négative du commandement sinaïtique : « Tu ne mentiras pas ». Ils ajoutèrent un décret positif : « Tu diras la vérité ». C'était tout ce que je faisais. Je disais la vérité sur mon enfance et mon enfance. Je n'ai jamais dit autre chose que la vérité de toute ma vie. Cela aussi, je le dois à la formation précoce aux vertus et aux préceptes méthodistes, ainsi qu'à l'exemple et aux conseils de ma chère vieille grand-mère.

Je n'ai pas pu participer au cours biblique, à la demande urgente de l'épicier, M. Holmes, parce que je ne voyais pas la nécessité de Dieu, et personne n'a jamais pu m'expliquer la raison pour laquelle il devrait y avoir, ou est, un Dieu. . Je n'ai jamais pu en reconnaître la nécessité. Moralité et éthique, je pouvais en voir la nécessité et la raison élevée et faisant autorité ; mais la religion n'a jamais fait appel à mon intelligence ni à mes émotions. L'histoire du fils prodigue m'a seulement appris que pour être chrétien, il faut faire quelque chose pour être pardonné et se repentir ; et je ne voyais pas la force d'un tel argument. L'« éthique » claire et solide du méthodisme, en dehors de la « foi » et de la « croyance », m'a toujours semblé être plus élevée et meilleure que cela.

Je pense que dans une autobiographie, je devrais en dire autant sur ma croyance et mes principes moraux. Plus tard dans ma vie, la Bible m'a causé bien des ennuis, m'a impliqué dans des persécutions et m'a finalement conduit en prison – tout cela dont je parlerai en temps voulu.

Les enfants naissent sauvages et tricheurs. Seule la formation fait d'eux des hommes et des femmes véritables et honnêtes. Quand j'étais enfant de cinq et six ans, je dormais avec ma tante Alice, celle qui s'est ensuite perdue sur le Lexington. Une nuit, j'ai vu quatre pence dans son portefeuille. Quand j'ai vu qu'elle dormait, je me suis levé tranquillement, je suis allé vers son portefeuille où il était posé sur la table et j'en ai retiré les quatre pence. Mais je n'ai pas pu le retenir. Cela a gravé ma conscience. Avant qu'elle ne se réveille, je suis retourné aussi doucement au sac à main et j'ai placé les quatre pence exactement là où je l'avais trouvé. Ma formation méthodiste m'a sauvé.

À une autre occasion, ma grand-mère m'a emmené à Watertown pour m'acheter un costume. Dans le magasin, j'ai remarqué, pendant que ma grand-mère parlait avec le vendeur, un joli couteau dans la vitrine. Je le voulais. Tous mes instincts d'enfant se sont tournés vers ce couteau. Je n'avais jamais eu de couteau et j'en avais faim. J'ai regardé autour de moi, avec toute la ruse héritée des ancêtres sauvages, barbares et prédateurs dans mille forêts et pendant cent siècles. Personne ne m'observait. Tranquillement, furtivement, je me suis rendu au dossier. J'ai soulevé le dessus, j'ai pris le beau couteau et je l'ai mis dans ma poche. C'était fait. J'avais le couteau, et personne ne serait jamais plus sage. J'étais en sécurité avec mon butin. Mais encore une fois, ma conscience méthodiste s'est réveillée. Cela m'a fait retourner à la vitrine et remplacer le couteau volé. En fait, je me sentais mieux – pendant un certain temps.

Puis l'attrait de la nature est revenu plus fort qu'avant. J'avais envie du couteau. Il n'y avait aucun moyen de résister à l'impulsion prédatrice. De nouveau, je me suis glissé derrière le comptoir, j'ai ouvert l'étui, j'ai sorti le couteau et je l'ai placé en toute sécurité dans ma poche. Encore une fois, cela a été fait sans aucune chance d'être détecté. Mais encore une fois, ma conscience méthodiste est revenue au premier plan. Encore une fois, cela m'a évité d'être un voleur. Je revins à la caisse et remis le couteau à sa place, mais avec beaucoup de réticence. Une troisième fois encore, je sortis le couteau de l'étui et le cachai dans ma poche. Une fois de plus, la conscience méthodiste se révéla plus forte que la nature humaine et je remit le trésor à sa place. J'ai enfin pu quitter le magasin sans le couteau et en toute bonne conscience.

Ce sont les seuls cas où j'ai commencé à faire une mauvaise chose, et dans les deux cas, je n'ai pas poussé jusqu'au bout, mais j'ai restauré la propriété que je convoitais. Depuis lors, et à ces exceptions près, pendant toute la durée de ma vie, je n'ai jamais triché, volé ou menti. Et pourtant, j'ai été dans quinze prisons. Pour quoi?

Lorsque j'étais commis à l'épicerie de M. Holmes, j'étais responsable du tiroir-caisse. Je n'ai reçu aucun salaire de M. Holmes, mais j'ai retiré le dollar par semaine qui m'était accordé et j'en ai tenu un compte. On m'a fait confiance et je n'ai pas trahi le moins du monde cette confiance de mon employeur. Chaque centime que je retirais ou mettais dans le tiroir-caisse était inscrit sur mon livre de comptes, et j'étais prêt à tout moment à montrer exactement où en était mon compte dans le magasin.

CHAPITRE VI

DANS UNE MAISON MARITIME À BOSTON

1844-1850

Le prochain changement dans ma vie et le véritable début de ma carrière d'homme d'affaires allaient bientôt arriver. J'avais tiré tout ce que l'épicerie pouvait me rapporter et j'aspirais à un changement et à un champ de travail plus large.

Un jour, un monsieur s'est rendu au magasin dans une calèche tirée par un élégant attelage de chevaux et a demandé s'il y avait là un garçon nommé Train. M. Holmes m'a alors appelé et a dit à l'étrange gentleman : « Voici George Francis Train. » Il m'a alors dit que l'étranger était le colonel Enoch Train et qu'il voulait me parler.

La première chose que dit le colonel Train fut : « Je suis surpris de vous voir, George. Je pensais que toute votre famille était morte à la Nouvelle-Orléans. Votre père était un de mes très chers amis, et votre mère aussi. Il dit, comme s'il se répétait, comme une sorte de formule : « Oliver Train, marchand de Merchants' Row. Puis il reprit : "C'était mon cousin. Mais nous avions entendu dire que vous étiez tous morts. Où étiez-vous ?" Je lui ai raconté où j'avais vécu ces dix dernières années, avec ma grand-mère à Waltham, et comment mon oncle Clarke m'avait ramené de la Nouvelle-Orléans.

Après m'avoir interrogé à plusieurs reprises et après lui avoir donné toutes les informations dont je disposais, le colonel Train retourna à Boston. J'ai regardé la voiture s'éloigner, et des pensées courageuses et inquiétantes me sont venues.

Le lendemain, je suis allé à Boston. Je n'avais pas de plan d'action très précis, mais je savais que lorsque le moment et l'occasion se présenteraient, je trouverais ma voie, comme d'habitude. Et je me rendis donc directement à la grande maison de navigation de Train & Co., au 37 Lewis Wharf. Le grand bâtiment de granit me paraissait alors titanesque, comme s'il contenait le monde entier des affaires et de l'entreprise. Quand je suis retourné à Boston des années et des années plus tard, cela me semblait être une affaire simple et ordinaire. À première vue, l'endroit était tout simplement en avance et plus grand que tout ce que j'avais vu. Quand je l'ai devenu trop grand, il m'a semblé petit.

Lorsque je suis arrivé au bâtiment, mon objectif était immédiatement clair. Je suis entré et j'ai demandé à voir le colonel Train. Le colonel me serra cordialement la main et me dit qu'il était très content de me voir. "Où est-ce que j'entre ?" J'ai demandé.

"Entrez?" il haleta presque devant cette effronterie. "Eh bien, les gens n'entrent pas dans une grande maison de transport comme celle-ci de cette façon. Vous êtes trop jeune."

"Je vieillis chaque jour", répondis-je. "C'est la raison pour laquelle je suis ici. Je veux me frayer un chemin dans le monde." "Eh bien," dit le colonel en me souriant, "tu viens me voir quand tu auras dix-sept ans."

"Ce sera l'année prochaine", répondis-je. "J'ai seize ans maintenant. Autant commencer cette année, tout de suite." Il a essayé de me rebuter d'une manière après l'autre ; mais il ne fallait pas se débarrasser de moi. J'étais là et je comptais rester.

"Je viendrai demain", dis-je. Puis je suis parti, tout à fait content de moi et de la tournure qu'avait prise mon entreprise. Sur le problème, je n'avais aucun doute.

Tôt le lendemain, je me rendis au bureau des expéditions et pris place à l'un des bureaux. Je me suis assis là et j'ai attendu. Au bout d'un moment, le colonel Train est entré. Il a été étonné de me voir assis là, prêt à travailler.

"Vous ici?" balbutia-t-il. "As-tu quitté l'épicerie ?" "Oui, monsieur," dis-je; "J'ai appris tout ce qu'il y avait à apprendre là-bas et je l'avais fait avant même d'y être six mois. Je veux travailler dans un domaine plus vaste."

"Tu ne veux pas dire que tu es venu ici sans avoir été invité ?" "Comme je n'étais pas invité, c'était à peu près le seul moyen pour moi de venir", dis-je. "Puisque je suis ici, autant rester." Et je me suis installé sur le siège du bureau.

Le colonel Train regarda le comptable avec une profonde perplexité. Mais j'ai vu qu'il admirait plutôt ma persévérance et ma bravade. J'avais gagné la première épreuve des armes.

"Eh bien," dit-il au bout d'un moment en se tournant de nouveau vers le comptable, "nous verrons si nous pouvons trouver quelque chose à faire pour vous." "Je trouverai quelque chose à faire", dis-je. Il sourit cordialement et dit : « Je ferai de toi un homme. "Je ferai de moi un homme", répondis-je.

Ensuite, le colonel a demandé à M. Nazro, qui avait été le comptable de l'entreprise pendant de nombreuses années, d'essayer de me trouver quelque chose à faire.

Il se trouve que le navire anglo-saxon venait d'arriver de Liverpool, le capitaine Joseph R. Gordon, avec des marchandises pour 150 destinataires. M. Nazro m'a remis la facture de portage indiquant le montant à percevoir auprès de chacun des 150 destinataires. Les sommes étaient fixées en monnaie anglaise, et M. Nazro me demanda de les mettre en monnaie américaine ou fédérale. J'avais l'impression qu'il me confiait une tâche qui s'avérerait impossible : se débarrasser de moi pour toujours. Mais il a fait une gaffe, si tel était son but. J'avais eu une certaine expérience de l'argent anglais à l'épicerie, devant souvent le changer en argent américain.

J'ai froidement demandé à M. Nazro quel était le taux de change en vigueur, et il m'a répondu qu'il était de 4,80 dollars la livre. "C'est juste 24 cents par shilling, deux cents par centime", ai-je dit, et je me suis mis au travail. Il était alors midi. Il aurait fallu une semaine à quelques commis pour accomplir cette tâche ; mais je l'avais terminé à six heures cet après-midi-là.

Lorsque je lui ai rendu la liste, il m'a demandé, d'un air étonné, si je l'avais terminée. "Vous pouvez voir par vous-même", répondis-je. "Le voilà, tout est bien et correctement fait." "Comment sais-tu que c'est vrai ?" a-t-il dit. "Parce que je l'ai prouvé", répondis-je.

Cette petite tâche a décidé de mon sort. M. Nazro m'a dit que les heures de bureau étaient de huit à six heures, le reste du temps, les soirées, étant entièrement à moi.

Le lendemain matin, je suis arrivé rapidement au bureau et j'ai demandé à M. Nazro ce que je devais faire. Il m'a tendu un paquet de factures. J'ai vu qu'il s'agissait des billets sur lesquels j'avais travaillé la veille, changeant l'anglais en monnaie américaine. Ils étaient 150. Chacun devait contenir le montant qui devait être collecté auprès de chacun des destinataires. Je me mis aussitôt au travail sur cette nouvelle tâche, et je l'accomplis en moins de temps qu'il ne m'en avait fallu pour changer l'argent. Je suis allé avec les factures chez M. Nazro et lui ai demandé ce que je devais faire ensuite. Il m'a donné un portefeuille de collectionneur dans lequel mettre les billets et m'a dit d'aller chercher les sommes dues. C'était stupéfiant, mais je me suis lancé dans cette entreprise difficile sans aucun sentiment de découragement.

A cette époque, Boston était une ville étrange pour moi. Il est vrai que je vivais à la limite depuis des années ; mais mon travail incessant à l'épicerie m'avait empêché de parcourir la ville et d'en apprendre quoi que ce soit. Le seul quartier que je connaissais était le quartier du vieux Quincy Market, où j'avais conduit tant de chariots remplis de « camions » de jardin et de ferme au cours de mon enfance. J'étais aussi vert qu'un véritable compatriote venu en ville pour la première fois de sa vie. Je ne connaissais personne dans la ville. Mais je me mis en route, sans honte, le gros portefeuille de billets sous le bras. J'avais l'intention de réussir cette tâche.

J'ai rapidement choisi mon parcours à travers la ville. J'ai travaillé rue après rue et j'ai collecté au fur et à mesure. Je ne me suis pas arrêté, mais j'ai continué d'avancer et, dans l'après-midi, je me suis retrouvé en fin de liste. J'avais récupéré presque toutes les factures.

Je suis retourné au bureau et j'ai remis le portefeuille et l'argent à M. Nazro. Une fois de plus, il fut étonné. Il m'a demandé si j'avais rassemblé toutes les factures, et quand je lui ai presque tout dit, il m'a demandé la liste. J'ai dit que je n'en avais pas fait, car ce n'était pas nécessaire. Il y avait tout l'argent ; il pouvait le compter et comparer avec la liste de ses livres. Il fut très surpris, mais il compta l'argent et le trouva exact au centime près. Je n'avais pas besoin d'une liste, lui dis-je, car je pouvais tout avoir dans ma tête.

Depuis ce jour, j'ai fait tout ce que j'avais entrepris à ma manière et j'ai découvert que c'était la meilleure – du moins pour moi.

Ma tâche suivante était de veiller à ce que chacun des 150 destinataires reçoive les marchandises qui lui étaient facturées. Cela m'a donné l'occasion de rencontrer un grand nombre de personnes importantes. Parmi les autres, j'ai rencontré Nathaniel P. Banks, qui était alors fonctionnaire de la douane, et le grand écrivain Nathaniel Hawthorne, que j'ai vu à la douane lors d'une visite de Salem. Il avait été nommé par le président Polk. Bien sûr, je ne savais rien de lui à l'époque, même s'il écrivait alors sa plus grande œuvre et se tournait peut-être dans son esprit La Lettre écarlate. Il commençait tout juste à être célèbre, fait assez intéressant, mais que je n'appris que longtemps après. Il semblait très modeste et ne vivait pas dans une situation très riche. Je suppose que son salaire du gouvernement à l'époque ne dépassait pas 1 000 dollars par an.

Ma vie dans l'ancienne maison de transport Train & Co., à Boston, a duré environ quatre ans. Le premier navire qui est arrivé, après que j'ai commencé à travailler avec l'entreprise, était le Joshua Bates, du nom du partenaire américain de la célèbre maison Barings. C'était un navire de 400 tonnes, un assez gros navire pour l'époque. Le suivant était le Washington Irving, de 500 tonnes ; et le troisième était l'Anglo-Saxon, dont j'avais établi les factures lors d'un voyage précédent lors de mon procès sous M. Nazro. L'Anglo-Saxon fut perdu l'année suivante — c'était en 1946 — au large du cap de Sable, avec plusieurs passagers, le capitaine et l'équipage en fuite. Après cela, les Anglo-Américains sont arrivés, puis le Parlement, l'Ocean Monarch et le Staffordshire. Tous ces navires étaient célèbres à leur époque.

En 48, j'étais un jour sur le quai à la recherche de l'Ocean Monarch. Bien que le télégraphe ait été établi en 1944, il n'avait pas été importé de la Nouvelle-Écosse à Boston et nous n'avions que le sémaphore pour la signalisation. Lorsqu'un navire entrait dans le port, le capitaine prenait un porte-parole et, debout sur le pont, criait les nouvelles les plus intéressantes ou les plus importantes afin que la nouvelle parvienne à la ville avant que le navire ne soit amarré. Le Persia était également attendu, avec le capitaine Judkins, et il est arrivé devant l'Ocean Monarch. Trois ou quatre mille personnes étaient sur le quai et attendaient avec impatience les nouvelles du capitaine. J'étais au bout de la jetée et j'ai vu le capitaine Judkins porter la trompette à ses lèvres et je l'ai entendu crier la nouvelle. Et voici ce que j'ai entendu :

"L'Ocean Monarch a été incendié au large d'Orm's Head. Quatre cents passagers ont brûlé ou se sont noyés. Le capitaine Murdoch a été enlevé d'un espar par le yacht de Tom Littledale. Un bateau à vapeur à destination de l'Irlande est passé par là et a refusé d'offrir de l'aide. Épave totale et perte totale. "

Le capitaine a crié d'une voix rauque, comme une phrase de malheur du « dernier atout ». Tout le monde était abasourdi. La scène était indescriptible, tant le silence de mort avec lequel la terrible nouvelle fut reçue que l'excitation sauvage qui éclata bientôt.

J'ai profité du silence émerveillé des gens et je me suis précipité vers le bout de la rue de la jetée. Là, j'ai sauté sur mon cheval qui m'attendait et je suis parti au galop. En traversant le ferry, j'ai traversé Commercial Street, remonté State Street et me suis rendu au Merchants' Exchange. Là, je montai sur une chaise et, dans un grand silence, j'annonçai la nouvelle, mot pour mot, et avec presque l'exacte intonation utilisée par le capitaine.

Un jour, un monsieur ressemblant à un agriculteur est entré dans le bureau et a demandé à voir M. Train. Je me souviens que c'était le 5 octobre 1947. J'ai répondu à sa question que je m'appelais Train. "Je veux dire le vieux monsieur", dit-il.

Je lui ai dit que le colonel Train était absent du bureau à ce moment-là, mais que comme j'étais responsable des navires, je pourrais peut-être m'occuper de ses affaires. Mais j'ajoutai que j'étais pressé, car le Washington Irving devait appareiller dans une heure. "C'est exactement pour cela que je suis ici", dit-il. "Je veux naviguer sur ce navire ; je veux un passage pour l'Angleterre."

Je lui ai dit qu'il restait une cabine et qu'il pouvait avoir les deux couchettes pour le prix d'une, 75 $, mais qu'il devait monter à bord en toute hâte, car tout était prêt et le navire attendait les dernières commandes. Il a dit qu'il était prêt et j'ai commencé à remplir une fiche de passager. "Quel est ton nom?" J'ai demandé. "Ralph Waldo Emerson", répondit-il.

Puis il sortit de sa poche un vieux portefeuille entouré de ficelle quatre ou cinq fois, l'ouvrit soigneusement et compta 75 $. J'avais hâte de voir si c'était exact, mais je l'ai jeté dans le tiroir et je l'ai embarqué.

M. Emerson commençait alors sa célèbre visite en Angleterre, au cours de laquelle il devait rendre visite à Carlyle. Il a ensuite mentionné l'événement dans ses English Traits, où il a déclaré : « J'ai pris ma place sur le paquebot Washington Irving. » À partir du moment où j'ai ainsi rencontré Emerson pour la deuxième fois, j'ai commencé à m'intéresser beaucoup à lui, à le lire attentivement et j'ai continué à le lire tout au long de ma vie. Il a eu plus d'influence sur moi que n'importe quel autre homme au monde.

Nous avons un jour affrété le navire Franklin pour prendre une cargaison de goudron, de poix et de térébenthine de Wilmington, en Caroline du Nord, destinée aux Baring Brothers de Londres, et revenir avec une cargaison de fret. Elle était sur le point d'arriver d'Angleterre, trente-cinq jours s'étant écoulés depuis qu'elle avait commencé son retour. À ce moment-là, j'avais été chargé de toutes les expéditions et j'étais à la recherche du Franklin. Un jour, la nouvelle arriva par sémaphore qu'un grand navire avait fait naufrage juste à côté du phare, alors qu'il entrait dans le port de Boston. On ne savait pas de quel navire il s'agissait. L'expéditeur du message a demandé si Train & Co. avait un navire à rendre. J'ai tout de suite pensé qu'il s'agissait peut-être du Franklin, qui effectuait un passage un peu plus rapide que prévu.

Le lendemain, une partie de l'épave arriva dans le port et, curieusement, un morceau de bois flottant portait le nom de Franklin. J'étais sur le quai lorsque cette découverte fut faite et je me précipitai aussitôt au bureau des assurances pour voir si la police couvrant le fret avait été conclue. Tout allait bien. Le lendemain, au grand étonnement de tout Boston, la valise d'un des officiers du Franklin fut échouée à Nantasket. Il contenait de nombreuses lettres, parmi lesquelles des instructions expliquant comment « couler le navire hors du phare, car il était entièrement assuré ». Lorsque le navire a coulé, le capitaine s'est noyé avec le reste de l'équipage et les passagers.

Je vis tout de suite qu'il s'agissait là d'un cas de barratrie du maître, et que la lettre mettrait en péril toute l'affaire de l'assurance. C'était une question qui nécessitait un travail juridique rapide et compétent. Je me suis précipité au bureau de Rufus Choate, l'avocat le plus célèbre de la Nouvelle-Angleterre de l'époque. J'ai expliqué à la hâte à M. Choate que nous avions perdu un navire et que nous avions besoin d'un avocat. « Accepterez-vous une provision de 500 $? J'ai ajouté. Il l'accepta aussitôt et se tourna vers son bureau pour rédiger un reçu. J'ai dit qu'il n'était pas nécessaire d'avoir un reçu, car le chèque suffirait, et je me suis dépêché.

Je me suis ensuite rendu directement de l'autre côté de la rue au bureau de Daniel Webster, qui pratiquait alors le droit à Boston. J'avais particulièrement hâte que M. Webster soit retenu. Je me souviens maintenant du rugissement de sa voix grave et grave alors qu'il répondait à mon coup par un « Entrez » qui ressemblait à un carillon de bataille. Et je me souviens bien de l'image du grand homme, tel que je l'ai vu pour la première fois. Il était assis à son bureau plat, magnifique exemple de virilité, sa tête massive posée carrément et solidement sur ses épaules. Il n'avait pas beaucoup d'affaires à cette époque et les clients qui parvenaient à son bureau étaient peu nombreux.

"M. Webster," dis-je, "nous avons besoin de vos services dans une affaire très importante. Accepterez-vous ceci comme provision ?" Je lui ai remis un chèque de 1 000 $. Il l'accepta très promptement, et il me sembla sur le moment que le chèque lui paraissait énorme. De telles sommes arrivaient rarement.

Un incident survenu au cours du procès m'a profondément impressionné. C'est la manière magistrale avec laquelle M. Choate a interrogé les témoins. Il avait la réputation d'être le contre-interrogateur le plus efficace de la Nouvelle-Angleterre. Devant lui, à la barre des témoins, se tenait l'un des propriétaires. M. Choate voulait le confondre dans son témoignage quant à la manière dont il avait fait telle ou telle chose. Il a commencé par poser la question la plus longue et la plus complexe que j'ai jamais entendue. Elle s'étendait tout autour de l'affaire et s'étendait dans toutes les rues de Boston. "Vous dites", commença M. Choate, "vous dites que vous avez fait ceci et cela, que vous êtes allé à tel et tel endroit, qu'après cela vous avez fait ceci et cela, et ceci et cela", et il a continué à demander lui si après avoir fait ceci et cela si tel ou tel n'était pas le cas, jusqu'à ce qu'il n'y ait plus de réponse à la question, ni de compréhension.

Mais pour une fois, M. Choate s'était trompé de personne. Cet homme était irlandais et la personne la plus nonchalante que j'aie jamais vue. Rien ne semblait le troubler. Pendant que M. Choate lui lançait ses questions compliquées, il restait parfaitement impassible, inébranlable. Il semblait avoir tout compris. Puis, lorsque l'astucieux avocat eut fini, le témoin le regarda calmement et dit : « M. Choate, est-ce que vous voudrez encore rapatiner ça ?

Le bar, le banc et les spectateurs éclatèrent de rire. Pour une fois, M. Choate était confus. Mais nous avons gagné le procès, comme il fallait s'y attendre, grâce à nos compétences juridiques inégalées.

Nous avions deux navires engagés dans ce qu'on appelait « le parcours triangulaire » : de Boston à la Nouvelle-Orléans, de la Nouvelle-Orléans à Liverpool et de Liverpool à Boston. C'étaient le Saint-Pétersbourg, construit en 1940 pour le commerce du coton, et ayant pour figure de proue la tête et les épaules de l'empereur Nicolas ; et le gouverneur Davis, du nom du gouverneur de l'État de la Baie, dont le fils vit maintenant à Newport. Un jour, nous nous attendions à ce que le gouverneur Davis arrive à la Nouvelle-Orléans, où les tarifs du fret étaient plus élevés qu'ils ne l'avaient été depuis de nombreuses années : trois farthings la livre. Le navire devait être chargé de coton pour Liverpool. Nous étions ravis à la perspective de gros profits lorsqu'un télégramme nous arriva de notre agent, Levi H. Gale, à la Nouvelle-Orléans. On y lisait : « Le gouverneur Davis est brûlé. »

Nos cœurs se sont serrés. Une fortune avait été perdue, ou du moins l'opportunité d'en faire une. Je me suis immédiatement rendu au bureau des assurances pour vérifier que les polices allaient bien et je les ai trouvées en bon état. Ensuite, j'ai pensé qu'il pouvait y avoir une erreur dans le message. Avide de réflexion, je me précipitai au bureau du télégraphe et demandai que le message soit répété soigneusement, quel qu'en soit le prix. Au bout d'un moment, ce qui avait été un message terrifiant revint sous cette nouvelle forme : « Le gouverneur Davis est ligoté. » Le navire était en sécurité, tout comme nos bénéfices.

Mes relations avec les lignes de paquets m'ont mis en contact avec de nombreux hommes d'affaires éminents de Boston. Très souvent, je parvenais à faire quelque petite chose pour eux, et un jour un incident très amusant se produisit à propos de la tentative de M. Milton, de la maison Milton, Cushman & Co., d'acquérir des porcs anglais pour l'élevage. J'étais chargé de la restauration de nos navires et effectuais les achats. M. Milton m'a demandé de lui apporter des cochons anglais, et j'ai promis que nous en apporterions par le prochain navire. Comme les navires étaient en mer pendant un certain temps, nous transportions fréquemment à bord des animaux vivants pour nous nourrir, et généralement des porcs et des porcs. Il se trouve que lors de ce voyage, alors qu'elle se dirigeait vers l'est, une des truies a donné naissance à une portée de porcelets. Ils ont été emmenés à Liverpool. Par erreur, ils ont été ramenés et livrés à M. Milton. Il les appréciait beaucoup, jusqu'à ce qu'il découvre plus tard qu'il s'agissait de porcs américains, nés sous pavillon américain en haute mer. Cette erreur l'a soumis à de nombreuses plaisanteries bon enfant. Personne n'a oublié l'incident au cours de la vie du vieux monsieur.

Bien sûr, la tentation de faire quelques affaires à mon propre compte était toujours présente, lors de ma relation avec les Train Packet Lines. En effet, le désir de le faire et l'expérience que j'y ai acquise ont été les fondements de mon succès commercial ultérieur. Il était inévitable que j'aie mes propres engagements.

Ma première spéculation fut l'expédition d'une cargaison d'oignons Danvers à Liverpool en consignation de Baring Brothers. J'avais hâte que ma première entreprise soit un succès. Les oignons étaient soigneusement emballés dans des fûts et j'ai pu constater par moi-même qu'ils étaient dans les meilleures conditions avant leur expédition. J'avais l'impression d'avoir pris toutes les précautions et d'être assuré d'une assez bonne chose. Puis vint la nouvelle d'Angleterre : « Les oignons sont arrivés ; pas en bon état. Débit, £3 17s. 6d.

C'était le résultat décevant de ma première entreprise. J'étais un perdant. Des années plus tard, alors que je lançais des lignes maritimes entre l'Australie et l'Amérique, j'ai cité cette petite expérience comme exemple de ce à quoi pouvaient s'attendre ceux qui envoyaient des marchandises à l'autre bout du monde.

Ma deuxième entreprise s'est avérée plus fructueuse. Il s'agissait du transport de poisson sur glace vers la Nouvelle-Orléans. Cela m'a bien payé. Mais ma véritable carrière de chargeur a commencé d'une manière tout à fait différente. J'ai honte d'avouer comment j'ai commencé cette carrière, qui a fait de moi un transporteur de marchandises à l'autre bout du monde. Mais comme j'étais trop ignorant à l'époque pour en savoir beaucoup plus, ou même pour y réfléchir, je ferai, dans l'intérêt de la vérité, une confession complète. Je suis devenu un trafiquant d'opium en Chine !

Cela s'est passé de cette façon. Un de nos capitaines, qui était sur le point de partir avec une cargaison pour l'Orient, m'a demandé si je ne voulais pas envoyer quelque chose à vendre, car il pensait qu'on pourrait faire un bon profit sur l'expédition d'un article très demandé là-bas. "Qu'est-ce qui serait une bonne chose à envoyer ?" J'ai demandé. "Opium", dit-il laconiquement.

L'opium ne signifiait alors rien pour moi. Je n'y avais jamais pensé autrement que comme un produit commercialisable et un objet dans une cargaison. Je suis donc allé chez Henshaw, à Boston, et j'ai acheté trois boîtes d'opium, le meilleur qu'il ait. J'en ai confié la garde au capitaine, qui l'a introduit clandestinement en Chine et en a obtenu un bon prix, à notre profit et à celui de moi.

Mais la contrebande ne s'arrête pas là. Je lui avais chargé de faire une réserve de bibelots, de soieries et d'autres objets orientaux et de les apporter à Boston. Cette partie de l'entreprise a eu autant de succès que la première, et j'ai gagné une somme assez modeste. C'était mon premier bénéfice considérable. C'était en 46-47.

Je ne pense pas qu'une personne en règle dans le monde des affaires ait aujourd'hui l'idée de tromper le gouvernement en lui faisant payer des droits de douane. Je n'avais pas, à ce moment-là, la moindre idée que j'avais tort. Je me sentais totalement innocent d'avoir fraudé deux gouvernements et je ne réalisais pas que j'étais un contrebandier. Le tort de la transaction, je l'ai pleinement compris par la suite.

Mais je crains que le sens moral de la contrebande, pour employer un terme laid, n'était pas si délicat à cette époque. Même les hommes patriotes et bons pensaient que ce n'était pas très mal de faire venir des articles d'Europe et d'Orient sans cesser de payer les droits perçus par les États-Unis. Il n'y a pas eu de tentative systématique de frauder le Gouvernement. Il n'y avait absolument aucune pensée, sauf à s'offrir quelques luxes pour lesquels cela ne semblait pas valoir la peine de payer les droits de douane. Je me souviens de quelques exemples de cette manière laxiste de traiter la réglementation tarifaire. Il s'agissait d'actes d'hommes d'une grande importance sociale et commerciale. Si cela était fait aujourd'hui, cela choquerait tout le pays, même la partie démocrate et les droits de douane bas, voire pas de droits de douane.

Un jour, un banquier, personnage célèbre de Boston et leader dans le monde des affaires, me demanda si je ne pouvais pas lui apporter de l'argent qu'il avait fait envoyer aux bureaux du Train à Liverpool. J'ai consenti. Peu de temps après, le steward de l'Ocean Monarch m'a dit qu'il avait un colis très lourd adressé au « George Francis Train ». Je lui ai demandé de l'apporter au bureau. Puis j'ai vu que le lourd colis était adressé, dans le coin, par les expéditeurs à ce célèbre banquier de Boston. Et ainsi, sans aucune intention de frauder le gouvernement de ma part, et, je suppose, sans aucune intention de la part du grand banquier de commettre un acte manifestement répréhensible, nous avions en fait conspiré pour introduire clandestinement une assiette d'argent exquise pour les plus riches. banquier de la Nouvelle-Angleterre, pour économiser quelques dollars de droits de douane !

Un jour, alors que j'étais à Paris, en 1950, je voulais acheter des cadeaux pour la jeune femme avec qui j'étais fiancé, Miss Davis, qui vivait alors à Louisville, Kentucky. J'ai appelé au bureau parisien d'un célèbre maison américaine de bijouterie, et l'agent résident m'a emmené dans un magnifique établissement, où j'ai vu la richesse d'un monde en pierres précieuses.

Il s'est produit une chose amusante que je raconterai avant de terminer le récit de cet incident de contrebande. Je demandai aussitôt à voir les plus belles choses que contenait la boutique, les plus récentes et les plus charmantes. Imaginez ma surprise et mon horreur lorsque la jeune fille qui me faisait visiter le magasin m'a montré un paquet de photos qui m'auraient soumis à une arrestation et une incarcération immédiates si elles avaient été trouvées sur moi dans cette ville. Elle m'a expliqué que c'était la partie de l'affaire qui lui était confiée et qu'elle pensait que, étant américaine et nouvelle à Paris, je voulais mettre la main sur des photos surprenantes à rapporter aux États-Unis.

Ayant traversé cette tentation indemne, j'ai finalement accédé aux bijoux et pierres précieuses de toutes sortes et j'en ai sélectionné pour ma fiancée. J'ai acheté pour environ 1 000 $. Soudain, l'agent d'une maison américaine s'est retourné vers moi et m'a dit qu'il envisageait d'envoyer un cadeau à son entreprise de New York et m'a demandé si je ne voulais pas m'en charger et le livrer, ou le faire livrer directement. Bien sûr, je ne savais pas ce que cela signifiait : qu'il voulait que j'apporte un paquet de bijoux à son entreprise sans payer les droits de douane. J'ai cependant consenti avant d'aborder la question éthique et j'ai peut-être apporté un paquet de diamants splendides et coûteux pour l'une des maisons les plus riches du monde.

Lorsque j'étais responsable des navires de la maison à Boston, j'avais un petit yacht, appelé The Sea Witch, que j'utilisais pour aborder les navires dans le port. Un jour arriva un très grand homme, à mon avis une tour de force dans le domaine financier : Thomas Baring, plus tard Lord Revelstoke, qui succéda à Lord Ashburton comme représentant de l'Angleterre dans ce pays. J'étais prêt à l'emmener faire un tour autour du port, et tout était prêt pour le départ le lendemain, lorsqu'il fut soudainement appelé à Washington et m'envoya une note qui disait ce qui suit :

" CHER MONSIEUR TRAIN :

« En partant demain matin pour Washington, je regrette qu'il ne me soit pas possible de vous accompagner sur le Sea Witch pour voir le port de Boston. Je me souviens avec plaisir des canards à dos toilé que vous m'avez envoyés à Londres et qui m'a fait tellement plaisir, à moi et à mes amis. J'espère vous revoir à mon retour.

" THOMAS BARING. "

Le grand développement des clippers, ces bateaux qui firent bientôt la réputation des États-Unis sur les mers, fut dû principalement à la découverte de l'or en Californie. Cela rendit nécessaire l'envoi d'un grand nombre de navires sur la côte du Pacifique, et je vis qu'il était essentiel au succès du commerce d'envoyer de gros bateaux capables de faire des profits sur ce long voyage.

L'or a été découvert en 1948. A cette époque, nos paquets atteignaient la taille de seulement 800 tonnes. À l'époque, ils étaient considérés comme de grands bateaux, mais on les appellerait désormais de simples cuves. J'ai compris que si nous voulions entrer dans le commerce avec le Pacifique, nous devions nous doter de navires plus gros. Nos premiers paquets avaient été construits à East Boston par Donald Mackay : le Joshua Bates, 400 tonnes ; le Washington Irving, 500 tonnes ; l'Anglo-Saxon, 600 tonnes ; l'Anglo-Américain, 700 tonnes ; l'Ocean Monarch, 800 tonnes. En quelques années, nous avons fait passer le coupe-paquets d'un navire de 400 tonnes à un navire de 800 tonnes, soit deux fois sa taille. L'Ocean Monarch était considéré comme un véritable monstre des mers.

Alors que la fièvre de l'or rendait le pays frénétique et que tout le monde voulait apparemment aller en Californie, j'ai dit à Mackay : « Je veux un grand navire, qui sera plus grand que l'Ocean Monarch. » Mackay a répondu : « Deux cents tonnes de plus ? "Non", dis-je, "je veux un navire de 2 000 tonnes." Mackay faisait partie de ces hommes qui se contentent de demander ce qui est nécessaire. Il a dit qu'il construirait le genre de navire que je voulais. "Je l'appellerai le Flying Cloud", dis-je. C'est l'histoire de ce célèbre navire, destiné à marquer une nouvelle ère dans la construction navale dans le monde entier.

Longfellow m'a envoyé une copie de son poème, The Building of the Ship, qu'il avait écrit pour commémorer la construction d'un navire beaucoup plus petit. Non seulement les constructeurs navals, mais le monde entier parlait du Flying Cloud. Son apparition dans le monde du commerce fut un grand événement historique.

A peine le Flying Cloud fut-il construit que de nombreux armateurs voulurent l'acquérir. Entre autres, la maison Grinnell, Minturn & Co., de la Swallow-Tail Line, de Liverpool, a demandé ce que nous prendrions pour elle. J'ai répondu que je voulais 90 000 $, ce qui représentait un beau profit. La réponse est revenue immédiatement : « Nous allons la prendre. » Nous avons envoyé le navire à New York sous les ordres du capitaine Cressey, tandis que je continuais par chemin de fer. C'est là que j'ai conclu la vente et le moment le plus fier de ma vie, jusqu'à ce moment-là, a été lorsque j'ai reçu un chèque de Moses H. Grinnell, le directeur de la maison new-yorkais, d'un montant de 90 000 $.

Le Flying Cloud a été envoyé de New York à San Francisco et a effectué le voyage en quatre-vingt-six jours, avec une cargaison complète de fret et de passagers, payant lui-même lors de ce seul voyage aller et retour. Son record n'a été battu par aucun voilier au cours des cinquante-trois années qui se sont écoulées depuis.

La construction de ce navire a constitué un formidable pas en avant dans la construction navale ; mais je n'étais pas satisfait. J'ai dit à Mackay que je voulais un navire encore plus grand. Il a dit qu'il pouvait le construire. C'est ainsi que nous avons lancé un autre vaisseau qui devait dépasser en taille et en capacité le grand Flying Cloud.

J'avais envie de nommer ce navire Enoch Train, en l'honneur du chef de la maison de Boston, et je l'avais dit à Duncan MacLane, qui était le journaliste maritime du Boston Post. MacLane avait l'habitude de rédiger une chronique dans son journal sur le lancement de nos navires. Il voulait avoir quelque chose à écrire sur le nouveau navire. Je lui ai raconté l'histoire de la vie du colonel Train et que nous allions baptiser le nouveau navire de son nom. Je n'ai pas consulté le colonel Train, pensant que tout allait bien.

Le Post a publié un long récit du navire et a donné le nom de train Enoch. Lorsque je descendis au bureau ce matin-là, le colonel Train n'était pas encore arrivé, mais il entra bientôt, marchant droit comme le canon d'un fusil et paraissant un peu raide. "Avez-vous vu le Post ce matin ?" J'ai demandé. "Prématuré", a-t-il répondu. C'est tout ce qu'il a dit. Il ne voulait pas discuter de la question. J'étais vexé qu'il n'apprécie pas l'honneur que je pensais lui accorder. Ce n'était pas pour rien que le nom d'un homme devait être porté par le plus grand navire des mers. Je me suis dit qu'il fallait changer de nom tout de suite. Le navire devait peser 2 200 tonnes, soit plus grand que le Flying Cloud et le Staffordshire, tous deux de 2 000 tonnes, et j'ai décidé de l'appeler le Souverain des Mers.

La nouvelle que nous construisions un navire encore plus grand se répandit rapidement dans le monde entier. De nombreuses compagnies maritimes voulaient l'acheter avant qu'il ne quitte la route. Les expéditions des compagnies maritimes de New York demandant des renseignements sur les prix arrivaient presque quotidiennement. J'ai invariablement répondu que nous prendrions 130 000 $. Mais c'était un prix un peu trop élevé à l'époque, même si le Flying Cloud s'était rentabilisé en un seul voyage. Je l'ai finalement vendue à Berren Roosen, Jr., de Hambourg, en Allemagne, par l'intermédiaire des courtiers Funch & Menkier, de New York, pour 110 000 $. Elle était inscrite à mon nom, alors que j'avais alors seulement dix-neuf ans. J'étais très fier d'avoir le plus grand navire alors à flot sur toutes les eaux associées à mon nom. Elle a été envoyée à Liverpool.

Les affaires californiennes s'étaient développées régulièrement et la maison Train y avait joué un rôle de premier plan. L'un de nos plus grands navires a été construit spécialement pour cela et utilisé pendant une longue période de Boston à San Francisco. Il s'agissait du Staffordshire, que nous avions baptisé du nom des grandes poteries d'Angleterre d'où nous obtenions une grande partie de nos marchandises d'importation. Elle avait la même taille et le même tonnage que le Flying Cloud : 2 000 tonnes. Nous l'avons envoyé en Californie lors de son premier voyage sous les ordres du capitaine Richardson, plein de fret et de passagers. Il y avait trois cents passagers, chacun payant 300 dollars pour le trajet autour du Horn. Cela nous a rapporté 90 000 $, couvrant entièrement le coût de la construction et de l'équipement, avec l'argent en main, avant son départ.

Le Flying Cloud et le Staffordshire furent suivis par une quarantaine de clippers rapides lors de la grande fièvre de l'or de 1949. J'étais encore adolescent et je considère que ce n'est pas une chose anodine d'avoir réalisé l'initiation de ce magnifique service de clipper qui a révolutionné les voiliers du monde entier et a donné à l'Amérique la réputation de construire les navires les plus rapides sur les mers.

Lorsque l'entreprise californienne a ouvert ses portes, j'avais décidé de me rendre moi-même dans la Corne d'Or. Je sentais qu'il y aurait là un grand développement du commerce et des affaires permanentes, et je voulais "entrer au rez-de-chaussée". Mais cela ne devait pas être le cas, et mon destin me retint à Boston pour prendre part à la construction de clippers rapides et au développement du commerce du côté atlantique du continent. J'ai vu que

MacKondray & Co. et Flint, Peabody & Co., qui se rendaient en Californie à cette époque, faisaient fortune grâce aux commissions. J'ai également vu des hommes y aller plus tard pour devenir millionnaires en quelques années – des hommes comme John W. Mackay, le pionnier, décédé récemment à Londres, valant environ 100 000 000 \$, la majeure partie provenant du Comstock Lode, le dernier des " Big Four"—Mackay, Flood, Fair et O'Brien—qui sont tous morts. Mais ma fortune a pris une autre direction. Je devais aller vers l'Est et non vers l'Ouest.

A propos du service de clipper vers la Californie, je dois mentionner ici le début de l'immigration irlandaise dans ce pays, qui a commencé à l'époque de la fièvre de l'or. J'ai vu que ce pays était très peu peuplé, qu'il y avait de vastes zones entièrement inoccupées et qu'il y avait non seulement de la place, mais aussi un besoin pour davantage de personnes. J'avais également l'intention d'augmenter notre propre activité, car nos navires revenaient de Liverpool avec très peu de passagers. En cherchant à créer des affaires, je me suis rendu compte que les Irlandais, particulièrement réticents et désireux de venir en Amérique, pourraient devenir des passagers de nos bateaux et des colons de nos déserts.

Ma première étape a été de faire appel aux services du plus grand nombre possible de débardeurs et de débardeurs irlandais. Ceux-ci parlaient toujours de leurs amis en Irlande, et leurs amis du vieux pays leur demandaient des informations sur les États-Unis. J'ai demandé aux débardeurs et aux débardeurs de diffuser dans toute l'Irlande des informations sur ce pays et sur la manière d'y arriver. Je me mis alors au travail pour faire en sorte que les immigrants irlandais pauvres disposent d'un moyen de passage bon marché et pratique.

J'ai inventé le certificat de passager prépayé, ainsi que la petite lettre de change d'une livre (monnaie anglaise). Pour diffuser l'information sur le projet, j'avais inséré dans le Boston Pilot, l'organe catholique de l'époque, l'annonce suivante, il s'agissait d'une lettre de l'archevêque catholique :

"La Boston and Liverpool Packet Line d'Enoch Train & Co. a pris des dispositions pour émettre des certificats de passagers prépayés et de petites lettres de change d'une livre et plus. Cette entreprise est très respectable et a créé des agences dans toute l'Irlande au profit des immigrants irlandais. — ✝ FITZPATRICK , archevêque de Boston."

Cette publicité, et l'appui d'une haute autorité catholique, donnèrent une impulsion marquée au flux d'immigrants irlandais vers l'Amérique.

CHAPITRE VII

UN TOUR DE VACANCES

1850

En 1950, il fut décidé que j'irais à Liverpool pour y prendre en charge la maison. J'ai demandé au colonel Train si je ne pouvais pas d'abord prendre des vacances pour découvrir un peu mon propre pays. Il m'a dit de prendre deux mois et de voir autant de choses que possible pendant cette période. Mon navire devait appareiller le 25 juillet 1950. C'étaient les seules vacances que j'avais eues depuis quatre ans.

Je suis parti pour New York. Après un bref séjour là-bas, je me rends à Cape May. Mes souvenirs de cet endroit, qui était alors la grande station balnéaire de la côte atlantique, incluent une célèbre partition que j'avais composée en faisant rouler des quilles. Ce match était mon point fort, et je me souviens que j'ai vaincu un groupe de Philadelphiens, marquant frappe après frappe, et laissé mon score, 290, marqué sur le mur. Elle est restée inégalée pendant des années.

Je me suis précipité vers Washington depuis Cape May. Le voyage s'est ensuite effectué en bateau, en train et en étape. Dès mon arrivée à Washington, j'ai fait appel à Daniel Webster, alors secrétaire d'État. On me fit entrer dans son bureau, je lui donnai des nouvelles de la Nouvelle-Angleterre et je lui dis que tout le monde discutait de son grand discours du 7 mars de cette année. Il m'a regardé d'un air interrogateur. « Certains sont hostiles à vos sentiments, » dis-je ; "mais la plupart des gens sont avec toi." "Ils en parlent, n'est-ce pas ?" C'est le seul commentaire qu'il a fait.

Ensuite, il m'a présenté à son épouse, Mme Leroy Webster, et m'a demandé si je souhaitais rencontrer le président. J'étais ravi et je l'ai dit. "Attendez un instant", dit-il avant de s'asseoir à son bureau, de prendre une plume et d'écrire sur une feuille de papier bleu de près d'un pied carré : "Au président des États-Unis, je présente un jeune de mes amis. de Boston, George Francis Train, marchand maritime, qui souhaite simplement présenter ses respects au président. — DANIEL WEBSTER . Les grandes écritures couvraient presque toute la page. Je l'ai remercié et je me suis immédiatement dirigé vers la Maison Blanche.

En arrivant sur place, je fus immédiatement introduit en présence du général Taylor, assis à son bureau. Les pieds présidentiels reposaient sur une autre chaise. Je l'ai prié de ne pas se lever, mais de me laisser me sentir chez moi, et je lui ai remis la lettre de M. Webster.

A sa demande, je m'assis en face de lui et, de ce point d'observation, j'étudiai rapidement son apparence. Il portait une chemise autrefois blanche, mais qui ressemblait alors à la carte du Mexique après la bataille de Buena Vista. Il était taché et éclaboussé de jus de tabac.

Directement derrière moi, comme je m'en suis vite rendu compte, se trouvait un crachoir vers lequel le président dirigeait le flux de jus de tabac. J'étais dans une terreur mortelle, mais j'ai vite compris qu'il n'y avait aucun danger. Avec une visée aussi infaillible que le célèbre cracheur sur le bateau dans les Notes américaines de Dickens, il n'a jamais manqué le crachoir ni mis ma personne en danger.

Ma conversation — parce que, je suppose, elle était nouvelle pour lui — l'intéressait et il ne me laissa pas partir pendant une demi-heure. Je lui ai raconté des nouvelles de la Nouvelle-Angleterre et de mon voyage à Liverpool et de son objectif. Cela l'intéressa particulièrement et il me posa une centaine de questions sur le commerce maritime et les perspectives de développement du commerce avec l'Angleterre.

Comme j'étais sur le point de partir, je lui dis que j'appréciais beaucoup la lettre de M. Webster et que je serais très heureux de pouvoir la garder ; "et je l'apprécierais encore plus, Monsieur le Président, si vous vouliez y ajouter votre autographe." "Certainement", répondit-il, puis il prit une plume et écrivit "Z. Taylor". Il m'a poliment demandé de le rappeler avant mon départ pour l'Angleterre.

De la Maison Blanche, je me suis rendu directement à l'Hôtel National, où j'ai demandé à voir M. Clay. On me conduisit dans sa chambre et je me trouvai bientôt en présence du grand orateur du Sud. J'ai observé que sa chemise portait également les mêmes marques que celle du Président : tachée et enduite de jus de tabac.

Je lui ai dit que j'étais sur le point de partir pour l'Angleterre et que, comme j'avais une lettre signée par M. Webster et le président, je voudrais également ajouter sa signature. "Je crois que deux signatures sont habituellement nécessaires sur le papier de M. Webster", a déclaré M. Clay en souriant. Il a ensuite ajouté son autographe au journal.

Avant de partir pour Liverpool, j'ai bien sûr visité Mount Vernon, tandis qu'à Washington, j'ai vu le couvent de Georgetown et, bien sûr, tout ce qui intéressait la capitale à cette époque. Ensuite je suis retourné à New York et j'ai remonté l'Hudson jusqu'à West Point.

Ma visite à West Point a été particulièrement agréable. J'ai sympathisé avec les cadets, qui m'ont invité à dormir dans leur tente sur le campus. Parmi les jeunes gens qui étaient là à l'époque, qui étaient très agréables et amicaux, se trouvait Alfred H. Terry, plus tard l'un des plus distingués de nos officiers.

J'ai assisté au bal des cadets à l'hôtel Cozzens, je me suis moqué d'eux et j'ai participé à tous leurs sports et à leur routine quotidienne. Je fus étonné de constater que le matin le rugissement du canon ne troublait pas leur sommeil, bien qu'il me tirât du sommeil. Mais le moindre coup de tambour les éveillait instantanément. C'était la force de l'habitude qui, je l'apprendrai plus tard, permet aux hommes de dormir au milieu du rugissement de l'artillerie sur le champ de bataille ou au milieu du hurlement des tempêtes sur l'océan. Dans le sommeil, comme pendant nos heures d'éveil, l'esprit entraîné et discipliné entend ce qu'il veut entendre.

De West Point, je suis allé à Saratoga Springs. C'était ma première visite à ces célèbres sources et je l'ai énormément apprécié. Sur le bateau qui remontait l'Hudson, j'ai rencontré une belle dame, Mme Carleton, qui était avec sa sœur. Mme Carleton était l'épouse d'un riche marchand new-yorkais qui possédait une villa à Staten Island. Je me suis arrêté à l'hôtel Marvin's United States. C'était il y a cinquante-deux ans, et l'hôtel est toujours là, tandis que Marvin, qui me recevait il y a plus d'un demi-siècle, est décédé l'année dernière, son âge se situant dans les années quatre-vingt-dix. J'ai apprécié chaque instant de mon séjour à Saratoga, car je n'avais jamais rien vu de vie sociale, et tout était nouveau et délicieux. L'énorme caravansérail, avec ses foules d'invités, sa ronde de gaieté incessante et sa vie libérale, me fascinait. Les manières semblaient moins formelles qu'au célèbre spa, et les dames étaient ravies de rencontrer n'importe qui de la manière la plus non conventionnelle et la plus charmante.

Comme je l'ai dit, j'étais très simple. Je ne connaissais presque rien du « grand monde », et j'ai été complètement horrifié un soir lorsqu'une des dames m'a dit à voix basse : « Ne pouvez-vous pas m'offrir un verre de cognac ? Je n'avais jamais touché une goutte de cognac, de whisky ou même de vin, et voir cette dame magnifiquement habillée et raffinée me demander un verre de cognac fut pour moi un choc décisif. Je comprends que maintenant, cependant, il n'est pas très rare que les femmes boivent du vin, du whisky et du brandy.

J'ai vu récemment dans les journaux que les eaux de Saratoga ont pour effet de diminuer la soif d'eaux plus ardentes de nature spiritueuse. Je n'ai pas observé un tel effet des eaux lorsque j'y étais il y a un demi-siècle. La consommation d'alcool était assez générale et ne faisait certainement l'objet que de peu de retenue.

J'ai constaté que dans la société, comme ailleurs dans les grandes affaires de la vie, le leadership faisait défaut. Les gens restaient là et attendaient que quelqu'un prenne l'initiative. Un soir, une des dames me dit que le bal n'était pas prévu. J'ai demandé quel ballon, et elle a répondu le ballon de saison régulière. Pour une raison quelconque, cela n'avait pas été organisé par les gens de l'hôtel et personne ne semblait disposé à s'en emparer. J'ai dit : "Cela devrait être arrangé immédiatement." J'ai vu quelques dirigeants, j'en ai discuté avec eux et je les ai réunis. Nous avons lancé le bal – ma première expérience dans ces eaux profondes de la vie sociale – avec beaucoup de succès. J'étais alors à Saratoga depuis seulement deux jours. Pendant que j'étais là-bas, j'ai eu l'honneur de rencontrer la dirigeante sociale de Boston, Mme Harrison Gray Otis, et la dirigeante sociale de Philadelphie, Mme Rush. Étaient également présents au Springs de nombreux représentants des familles les plus en vue de la vie sociale de New York.

J'ai vu à Saratoga le premier « enfer du jeu » que j'aie jamais vu, et j'étais si vert à propos de telles choses – un autre hommage à ma chère vieille grand-mère de Pickering et au méthodisme de la Nouvelle-Angleterre – que je ne savais pas ce qu'était un « enfer du jeu ». lorsqu'on m'a demandé si j'aimerais en voir un. Bien que je sois de nature curieuse, j'ai trouvé une bonne règle de ne pas poser trop de questions, jusqu'à ce que vous ayez essayé de découvrir les choses sans trahir votre ignorance. Je suis allé en « enfer » et j'ai été véritablement choqué. La scène me faisait penser au jeu de Monte-Carlo. J'ai vu un certain nombre d'hommes assis autour d'une table jouer aussi intensément que si leur vie dépendait de la chute d'une carte.

Mon attention fut attirée sur un jeune homme, apparemment âgé d'environ vingt-cinq ans, qui se trouvait dans une situation désespérée. L'agonie était visiblement gravée dans chaque trait et dans chaque ligne de son visage. J'ai demandé qui il était et j'ai entendu le nom d'une famille distinguée du nord de New York. « Qu'est-ce qu'il a ! » J'ai demandé. Mon cicerone parut étonné de ma prodigieuse ignorance. "Pourquoi, tu ne vois pas qu'ils le 'traversent' ?" dit-il à son tour. Le terme expressif était suffisant même pour mon esprit peu sophistiqué. Il racontait toute l'histoire, comme un « effrayant » dans un journal « jaune ».

Ensuite, je suis passé de la victime aux joueurs prédateurs à son sujet. Qui étaient-ils? À ma grande surprise, les noms étaient ceux d'hommes célèbres dans le monde entier en tant que banquiers, commerçants et financiers. Il y avait un homme qui m'intéressait particulièrement. C'était le représentant américain d'une maison anglaise dont notre maison utilisait fréquemment le papier commercial. Je me suis dit : « Je vais retirer son nom de notre liste », et je l'ai fait – pendant un temps. J'ai appris par la suite que les opérations bancaires n'étaient qu'une forme de jeu. Les grands financiers sont souvent des joueurs intelligents – des joueurs pour des enjeux désespérés, mais des joueurs infiniment meilleurs que leurs victimes. Ce monde de la finance est un grand Monte Carlo. Il était vain d'entretenir un préjugé contre un seul des joueurs.

Il me fallait maintenant retourner en toute hâte à Boston pour rejoindre le Parlement, sur lequel j'avais déjà engagé le passage. Mais avant de quitter l'Amérique, je voulais voir quelque chose du Canada et je résolus de faire un voyage rapide à Montréal, d'autant plus que je trouvais que je pouvais ainsi retourner à New York presque aussi rapidement que traverser l'État. Je suis allé jusqu'à Niagara, puis j'ai navigué vers Montréal et j'ai eu la nouvelle expérience de photographier La Chine Rapids, un Indien qui pilotait le bateau. C'était une grande chose à cette époque, et j'étais étonné de voir avec quelle habileté l'Indien guidait le bateau entre les rochers, sans jamais douter de sa route, sans jamais toucher les bords des récifs et des rochers, sans jamais mettre en péril la vie humaine. J'ai compris que pendant des années ces pilotes guidaient les bateaux dans les rapides sans le moindre accident.

Sur le bateau sur lequel je descendais le Saint-Laurent, j'ai rencontré le capitaine Stoddard, du Crescent City Steam Packet, New York et La Havane, et M. Dinsmore, de la Adams Express Company, avec les dames de leurs familles. Nous avons tous vu Montréal ensemble et certains membres du groupe ont fait des excursions ailleurs. L'un d'eux concernait le célèbre couvent Gris, dont les portes étaient fermées au monde extérieur. Mais ces Américains, dotés d'un véritable esprit américain, s'attendaient à ce que toutes les portes s'ouvrent à eux et n'accepteraient pas cette situation.
Lorsqu'ils m'ont raconté qu'ils n'avaient pas réussi à entrer dans le couvent, j'ai dit que j'étais étonné que le représentant d'une grande compagnie de bateaux à vapeur et d'une grande compagnie de transport express ne puisse entrer dans aucun des bâtiments dans lesquels ils souhaitaient entrer. "Je vais vous montrer ce que je peux faire", dis-je. J'avais déjà pensé à la lettre talismanique de Daniel Webster, contresignée par le président et M. Clay, les trois hommes les plus importants, selon l'opinion populaire, aux États-Unis à cette époque. Comme je le raconterai plus tard, cette lettre m'a rendu service plus tard en Écosse, m'ouvrant des portes qui étaient fermées à presque tout le monde. C'était maintenant pour bien me servir ; mais c'était la première fois que je trouvais une occasion de le servir depuis mon départ de Washington.
Je me rendis immédiatement au couvent, où je demandai à voir la dame supérieure. Je lui ai dit que j'avais visité le couvent du Sacré-Cœur à New York et à Georgetown et que je voulais voir comment ils se comparaient à ce couvent le plus célèbre du Canada. Cela ne l'impressionna pas beaucoup, me semble-t-il, et j'eus aussitôt recours à ma lettre. « Comme vous ne me connaissez pas, dis-je, cette lettre peut vous servir comme une sorte d'introduction. Puis j'ai sorti avec brio ma lettre Webster-Taylor-Clay. Les portes s'ouvrirent aussitôt devant moi ! Après avoir visité l'intérieur du couvent, j'ai dit à la Dame Supérieure que j'avais un groupe d'amis à l'hôtel qui aimeraient beaucoup voir le bâtiment et que si elle me le permettait, j'aimerais les emmener dans le couvent. matin. Elle a consenti et le

lendemain, j'ai emmené tout le groupe au couvent et nous avons été accompagnés par la Dame Supérieure.

Mon temps était désormais compté et je devais rentrer en toute hâte à New York si je voulais assister au Parlement. J'ai traversé le lac Champlain, Ticonderoga et le lac George, et j'ai encore vu un peu de Saratoga et de l'Hudson. À Ticonderoga, j'ai eu la chance de rencontrer l'évêque Spencer de la Jamaïque et son gendre, l'archidiacre Smith, et nous avons voyagé ensemble jusqu'à Saratoga. Ici, nous avons rencontré le commodore Trescot, du Bermuda Yacht Club. Je les ai tous invités à dîner avec moi au George Hotel, au bord du lac Saratoga. J'ai été frappé par l'habit de l'évêque, car c'était la première fois que je voyais la culotte noire et le chapeau à trois coins. Je ne parle pas du dîner – qui n'était pas une grande affaire – simplement pour faire référence aux culottes ou au chapeau, mais parce que l'évêque m'a pressé de m'inviter spécialement à lui rendre visite lorsque je viendrais à Londres.

CHAPITRE VIII

UN PARTENAIRE DE LA MAISON DE LIVERPOOL

1850-1852

De Saratoga, je descendis l'Hudson jusqu'à New York, et de là à Boston, où j'arrivai à temps pour emmener le Parlement, le capitaine Brown, le 25 juillet. J'avais vécu vite pendant les huit semaines de mes vacances. C'étaient les seules vacances que j'avais eues depuis que j'avais commencé ma vie professionnelle comme épicier dans le magasin Holmes, et j'avais travaillé dur pendant cette longue période. Le résultat fut que je reculai trop loin, comme l'arc lâché, et que je devais bientôt en constater les effets. Comme mon temps était si limité, j'avais essayé d'en profiter au maximum, je m'étais précipité d'un endroit à l'autre, j'avais vécu dans toutes sortes d'hôtels et mangé toutes sortes de nourriture. De plus, le voyage, qui s'était déroulé dans un tourbillon d'excitation, a contribué à perturber mon système physique.

Quelques jours de bateau ont suffi pour achever l'épave. J'ai été aussi secoué que la Montagne Pelée et j'ai été malade pendant la majeure partie du voyage. Quand je suis arrivé à Liverpool, j'avais perdu trente livres et j'ai dû être descendu du bateau à vapeur et transporté jusqu'à la maison de M. Thayer, l'associé de Liverpool du colonel Train. Il m'a fallu deux ou trois mois avant de complètement récupérer.

A peine étais-je arrivé en Angleterre que je me suis rendu compte que les gens là-bas utilisent une version de la langue anglaise quelque peu différente de celle à laquelle nous sommes habitués en Amérique. Mon médecin était le Dr Archer. Il vint me voir un matin, juste après que j'eus pris mon petit déjeuner, et se plaça immédiatement devant le feu, lui tournant le dos. "Je suis à moitié affamé", dit-il. J'ai immédiatement sonné et, lorsque le domestique est arrivé, je me suis tourné vers le médecin et lui ai demandé ce qu'il aurait pour le petit-déjeuner. Il a dit qu'il avait pris son petit-déjeuner et qu'il ne voulait rien de plus. "Mais," dis-je, "vous avez dit que vous étiez à moitié affamé ; vous devez sûrement avoir faim." Il éclata de rire. "Je voulais dire que j'étais à moitié affamé par le froid."

C'est avec cela comme début que j'ai commencé à acquérir le vocabulaire propre à l'anglais moderne. Ma prochaine acquisition était « méchante ». On m'informa qu'une journée plutôt désagréable était une journée très « moche », et que le temps était tout simplement « bestial ». Après avoir maîtrisé ces trois mots, qui étaient entièrement nouveaux pour moi, et ajouté ceux que je pouvais tirer du discours quotidien des hommes que je rencontrais, je fus bientôt capable de m'entendre d'une manière ou d'une autre avec les Anglais d'Angleterre.

Mes premières vacances britanniques ont eu lieu en Écosse, où je suis resté une semaine. Quand j'étais à Balmoral, la reine s'y trouvait. En quittant Balmoral, je me rendis à Braemar, en route vers Aberdeen. Plusieurs jeunes étudiants étaient présents à ce moment-là et j'ai passé quelques instants à discuter avec eux. Soudain, il y a eu un énorme tumulte et une excitation énorme, et j'ai vu arriver un groupe de quatre personnes. Les étudiants m'informèrent qu'il s'agissait du premier ministre, Lord John Russell, qui revenait tout juste d'une audience avec la reine à Balmoral. J'ai vu qu'il y avait une chance de faire du sport. Me tournant vers les étudiants, avec un sourire, je dis : « Je me demande comment Sa Seigneurie a su que j'étais venu à Braemar ! J'espère avoir le plaisir de parler avec lui.

Les étudiants ont ri de manière satirique. L'un d'eux a dit : « Écoutez, hé, M. Train, ce genre de chose ne marchera pas, hé, vous savez. Nous ne faisons pas les choses comme vous le faites en Amérique. Un autre a suggéré que je ne devrais pas être traité très poliment si j'essayais d'approcher Lord John Russell.

En guise de réponse, j'ai sorti une carte et j'ai écrit dessus : « Un Américain, dans les Highlands d'Écosse, est ravi de savoir qu'il se trouve sous le même toit que le Premier ministre anglais, Lord John Russell, et, avant de partir, il demanderait le plaisir de parler un instant avec Sa Seigneurie. J'ai soigneusement plié la carte dans la lettre qui m'avait été remise par M. Webster, et ensuite signée par le président des États-Unis et Henry Clay. J'ai envoyé les deux chez Sa Seigneurie.

Quelques minutes plus tard, la porte s'ouvrit et le secrétaire de Lord John Russell entra et demanda « M. Train ». J'ai dit que j'étais M. Train. "Lord John Russell", répondit le secrétaire, "attend le plaisir de parler avec M. Train de Boston." Je l'ai suivi hors de la salle, au grand étonnement des jeunes étudiants, qui ne faisaient pas les choses de cette façon en Angleterre.

Sa Seigneurie m'a reçu avec cette grâce facile et cette courtoisie que j'ai toujours observées chez les Anglais de haut rang. Je lui ai dit que je ne prendrais pas son temps et que je voulais simplement le rencontrer. Il m'a fait parler des États-Unis et a insisté pour me présenter à sa femme. Elle aussi m'a reçu gracieusement, me disant qu'elle était « toujours heureuse de voir des Américains ». Elle m'a posé beaucoup de questions sur ce pays et notamment sur les chutes du Niagara. Une demi-heure s'est écoulée avant que je prenne conscience de l'heure. J'ai demandé pardon d'être resté si longtemps et je suis parti.

Dans mon livre Young America Abroad, j'ai évoqué cet incident et l'accueil courtois que j'ai reçu à Braemar. Quand j'ai fait le tour du monde et que je suis revenu en Amérique, et que j'étais à Newport avec le colonel Hiram

Fuller, en 1956, un matin, je suis arrivé par la poste une note couronnée. C'était de Londres et écrit par Lady Russell.

« C'était si gentil de votre part, dit-il, de vous souvenir de nous à Braemar et de nous envoyer votre Jeune Amérique à l'étranger, que Sa Seigneurie et moi avons lu avec beaucoup de plaisir. Quand vous viendrez à Londres, venez voyez-nous.— FANNIE RUSSELL " .

Notre bureau de Liverpool se trouvait au n° 5 Water Street, dans l'immeuble de George Holt. Dès que j'ai pu m'occuper des intérêts de l'entreprise, je suis descendu au bureau et j'ai pris les commandes. M. Thayer est retourné à Boston, puis à New York. Cela m'a laissé un contrôle total. A vingt ans, j'étais directeur de la grande maison Train & Co., à Liverpool.

J'ai immédiatement commencé à réorganiser les choses à Liverpool et à développer nos affaires. J'ai embarqué deux navires par mois entre Liverpool et Boston, j'ai organisé la ligne James McHenry vers Philadelphie et j'ai envoyé des navires de passage à New York. Nous avions également ce qu'on appelait la « ligne triangulaire », qui s'occupait du coton et des approvisionnements navals.

Liverpool m'a semblé être un port formidable, mais très tardivement. C'était trop conservateur, et les vieux gens se contentaient de maintenir les coutumes que leurs ancêtres avaient suivies sans essayer de les améliorer ou d'en introduire de nouvelles et meilleures. Je me suis mis au travail pour améliorer tout ce qui était susceptible d'amélioration dans notre entreprise.

J'ai été étonné, dès le premier jour après mon arrivée au bureau, d'apprendre que rien n'était fait la nuit. Les douze heures entières, de six heures de l'après-midi à six heures du matin, étaient absolument perdues, et cela dans un métier qui exige chaque minute du temps dans les vingt-quatre heures. Les navires ne peuvent pas être retardés, retenus dans les ports pendant la journée ou désarmés pendant que les hommes dorment. Le travail de chargement et de déchargement doit se poursuivre avec toute expédition, si l'on veut tirer un quelconque profit de la gestion de l'entreprise, et les navires doivent être envoyés en voyage sans perte de temps précieux. J'avais supposé que les chargeurs anglais comprenaient parfaitement ces principes simples du commerce dans lequel ils ont dirigé le monde.

Nos navires étaient très chers et nous ne pouvions pas nous permettre de perdre les douze heures de la nuit. Ce temps nous a apporté un bénéfice et j'ai décidé de l'utiliser. Quelle ne fut pas ma surprise, lorsque je m'adressai aux autorités compétentes, de constater qu'il ne nous serait pas permis d'éclairer les quais de Liverpool la nuit, ni d'y mettre le feu . On craignait que nous brûlions les structures et détruisions les navires et les quais. Ces dignes messieurs se sont même moqués de moi pour avoir suggéré une entreprise aussi téméraire.

Je me suis dit : il y a toujours un moyen d'atteindre les hommes, et je trouverai le moyen d'atteindre ces dignitaires. Il m'est venu à l'esprit que je pourrais les atteindre le plus sûrement en plaidant pour la prospérité du port. Je me rendis aussitôt chez les représentants de toutes les compagnies américaines ayant des bureaux à Liverpool, pour les organiser en une attaque combinée contre les autorités portuaires de Liverpool. J'ai vu le capitaine Delano de l'Albert Gallatin, le capitaine French du Henry Clay, le capitaine West de la ligne Cope Philadelphia, le capitaine Cropper de la ligne Black Ball de Charles H. Marshall, Zerega de la ligne Blue Packet et d'autres, et nous avons décidé de demander le conseil d'administration du quai pour nous donner une audience. Le conseil d'administration a accepté très volontiers de le faire.

Avant cette réunion, je suis allé voir tous les représentants américains et leur ai exposé mon plan de campagne. Il s'agissait de dire très clairement au conseil d'administration du quai qu'à moins que nous puissions avoir des feux et des lumières sur les quais, nous transporterions les marchandises vers d'autres ports. Les capitaines et les autres furent étonnés, mais ils acceptèrent de me laisser approcher du plateau avec cette simple menace.

Je me suis ensuite rendu au conseil d'administration, avec tous les représentants des lignes américaines, et j'ai dit tranquillement aux membres que nous voulions des feux et des lumières sur les quais la nuit, que nous en avions besoin pour poursuivre nos affaires à notre manière, et que à moins que nous puissions les avoir, nous devrions immédiatement nous rendre dans d'autres ports. Abandonnant leur rire amusé, ces messieurs devinrent soudain très sérieux. Leurs vieilles coutumes ne semblaient pas alors si sacrées, et ils finirent par faire un saut périlleux complet et nous accordèrent la pleine permission d'éclairer les quais de Liverpool la nuit.

Bien sûr, cela a fait une énorme différence pour nous tous. Nous pouvions désormais charger nos navires la nuit, économisant ainsi la moitié des vingt-quatre heures que nous perdions. Je comprends que le regroupement Morgan, cinquante-deux ans après cela, a de nouveau forcé le conseil d'administration du port de Liverpool à faire des concessions en menaçant d'emmener les navires à Southampton.

Notre principal fret en provenance de Liverpool consistait alors en vaisselle des poteries du Staffordshire, en marchandises sèches de Manchester, en fer et en acier, et ce qu'on appelait « chow-chow » ou articles divers. Nous avions souvent jusqu'à 150 destinataires dans une seule cargaison. Nos principales relations commerciales étaient les sociétés John H. Green & Co. et Forward & Co., qui expédiaient de la poterie ; Bailey Brothers & Co., Jevons & Co.,

A. & S. Henry & Co., Crafts & Stell, Charles Humberston et John Ireland. Notre agent de passagers était Daniel P. Mitchell, 18 Waterloo Road.

La première erreur que j'ai commise à Liverpool — et la seule grave, je crois — concernait l'envoi d'émigrants vers les États-Unis. Un jour, un homme est entré dans le bureau et a déclaré qu'il appartenait à la succession du marquis de Lansdowne et qu'il souhaitait conclure un contrat pour l'expédition de 300 passagers à destination de New York. Nous nous sommes rapidement mis d'accord et j'ai affrété le navire President. Nous avons facturé le Marquis à partir de 3 15 shillings. à 4 £ par personne. J'ai appris par la suite que ces passagers étaient de pauvres locataires de ses domaines. Le marquis de cette époque était le grand-père de l'actuel marquis de Lansdowne, ministre de la Guerre dans le cabinet de Salisbury.

À cette époque, nous devions payer 2 dollars par personne pour tous les immigrants entrant au pays. J'avais essayé de faire changer cela, par l'intermédiaire de M. Webster, mais j'avais échoué. Nous devions également garantir que les immigrants ne deviendraient pas une charge publique. Ce contrat s'est avéré très coûteux pour nous, car nous avons dû ramener beaucoup de ces pauvres pour que le vieux marquis s'en occupe.

Quand j'ai quitté Boston, j'avais pris une participation d'un sixième dans la maison Train & Co. À Liverpool, j'avais vingt-cinq employés sous mes ordres et j'avais à un moment donné quatre navires dans les quais de Victoria. On peut en déduire que j'ai dirigé l'entreprise avec un certain succès, puisque mon intérêt – un sixième – pour la première année était de 10 000 $. L'année suivante, alors que j'étais à Londres, j'ai été invité à une grande réception donnée par l'abbé Lawrence, 138 Piccadilly, qui était alors ministre des États-Unis à la cour de St. James's. Ce jour-là, j'ai dîné avec Lord Bishop Spencer de Jamaïque, que j'avais rencontré à Saratoga, et j'ai accueilli Lady Harvey. C'était mon acceptation de l'invitation qu'il m'avait adressée à Saratoga. L'évêque m'a demandé si j'allais à la réception du ministre américain ce soir-là, et, sur ma réponse, il m'a demandé d'accepter une place dans sa voiture. Je l'ai fait avec beaucoup de plaisir, car j'avais alors beaucoup appris sur la valeur de l'état et des cérémonies dans la vie anglaise. La séquence montrera comment cette sagesse du monde m'a servi.

Au dîner, cependant, j'avais échappé de justesse. Ce fut « l'appel le plus serré », comme nous disons en Occident, que mes principes méthodistes de tempérance aient jamais connu. On m'a demandé, en grande marque de distinction, de goûter le vin de compagnie de l'évêque. L'évêque lui-même a agi comme le principal tentateur de mes vieux principes de la Nouvelle-Angleterre. Il m'a tendu un verre en disant : « M. Train, c'est le vin que nous appelons la « saveur de cafard ». Je veux que vous en buviez un peu avec nous », et il jeta un coup d'œil autour de sa table, où étaient assis de nombreux Anglais et Anglais titrés.

Que devais-je faire ? Dois-je, pris dans une situation d'urgence aussi grave, noyer mes principes dans la coupe qui réjouit et enivre ? Tout mon méthodisme et ma tempérance de la Nouvelle-Angleterre allaient-ils faire naufrage ? L'exigence m'a donné du courage pour cette tâche et j'ai trouvé le courage suffisant pour m'y mener à bien. Je n'avais jamais goûté une goutte de vin et je n'allais pas commencer maintenant. J'ai jeté un coup d'œil autour de la pièce et j'ai lentement porté le verre à mes lèvres. Je n'ai pas goûté le vin, mais les autres invités ont pensé que je l'avais fait. "Nous savons tous", dis-je, "que le vin à la table de Votre Seigneurie est le meilleur." Cela s'est déroulé sans problème et, sous les applaudissements, mon omission de boire le vin n'a pas été remarquée.

Plus tard dans la soirée, j'accompagnai l'évêque à la réception du ministre américain et je vis bientôt à quel point j'étais bien dans la voiture de Sa Seigneurie. Si j'avais été dans un taxi de location, j'aurais eu un mauvais sort. J'aurais dû attendre dans la longue file de ces véhicules, pendant que des larbins criaient, d'un ton stentorien, comme pour annoncer à tout Londres que vous étiez dans une entreprise louée : « Le taxi de M. Train ! et d'autres larbins, sur toute la ligne, reprenaient le cri : « Le taxi de M. Train ! jusqu'à sombrer dans une fièvre de chagrin. Mais alors que j'arrivais dans la voiture de l'évêque, j'entendis des voix respectueuses annoncer : « Lord Spencer et M. Train ».

J'observai plusieurs dames penchées sur un monsieur âgé, et bientôt une autre dame me demanda si j'avais vu le duc. Comme il y avait deux ou trois ducs présents, je demandai lequel. Elle eut l'air très surprise, comme s'il pouvait y avoir plus d'un duc dans le monde. "Eh bien, le duc de Wellington !" s'exclama-t-elle.

J'en profitai maintenant pour jeter un bon coup d'œil au vénérable vieillard. C'était la première fois, et c'était la seule fois, que je le voyais. Il ne m'aurait pas impressionné, je pense, sans la lumière de l'histoire qui semblait, une fois que j'ai su que c'était lui, éclairer son visage et sa silhouette. Ce fut la dernière année de sa grande renommée. Il mourut peu de temps après.

Pendant mon séjour en Angleterre, j'ai profité de toutes les occasions pour visiter le pays et l'étudier sous tous les points de vue possibles. J'ajouterai que cela a été ma coutume invariable dans tous les pays. J'ai parcouru le monde en tant que chercheur et observateur des hommes et des choses. Comme j'avais visité l'Écosse, j'avais envie de visiter une autre île, le Pays de Galles, et je me suis donc rendu en vacances dans ce curieux pays en 1850. Je suis allé à Bangor, sur le détroit de Menai, et j'étais à peine entré dans l'hôtel. quand une formidable agitation dans les couloirs m'apprit qu'un invité d'une importance inhabituelle était arrivé. J'ai demandé de qui il s'agissait et on m'a répondu que c'était le duc de Devonshire.

"C'est extrêmement chanceux pour moi", dis-je. "Il n'y a aucun homme que je préférerais voir en ce moment que le duc de Devonshire." À cela, mes compagnons, parmi lesquels se trouvaient le jeune Grinnell, de Grinnell, Bowman & Co., dont le père envoya le Resolute chercher Sir John Franklin, le jeune Russell et le jeune Jevons, un marchand de fer, se mirent à rire immodérément. J'ai écrit sur une carte qu'un Américain, qui se trouvait par hasard à l'hôtel George à son arrivée, aimerait le voir, si ce n'était pas une trop grande intrusion dans son temps. J'ai ajouté que cela avait été l'un des désirs de ma vie de visiter son célèbre domaine de Chatsworth.

Cette note, je l'ai envoyée au duc par un messager. Immédiatement, on me répondit que le duc serait très heureux de me voir, et je fus introduit en sa présence. C'était alors un homme âgé, la voix tremblante et incertaine. Pour rendre encore plus difficile la conversation avec lui, il était sourd, mais il utilisait un trompette auriculaire. Je réussis à lui dire que son palais de Chatsworth était bien connu de réputation dans toute l'Amérique, et que j'aimerais beaucoup le voir pendant que j'étais dans cette partie de la Grande-Bretagne. Il m'a répondu que je devais certainement le voir avant de partir. Il appela alors son secrétaire pour lui apporter une carte bleue, sur laquelle il inscrivit un laissez-passer pour entrer dans le parc et les bâtiments. Tout cela était très gentil et je l'ai remercié pour sa courtoisie.

Il m'a alors complètement abasourdi en me disant : « Il faut que tu voies l'empereur ! Je savais que le tsar de Russie avait été son hôte, mais il était peu probable qu'il se trouvait à Chatsworth à ce moment-là ; j'essayai donc de deviner ce que le duc voulait dire. Mon esprit revenait aux chevaux, aux conservatoires et aux chiens.

Je ne pouvais pas, un instant ou deux, imaginer ce que pouvait être « l'empereur », et j'étais sur le point de m'engager irrévocablement dans une conservatoire, un cheval ou un chien préféré ; mais avant de faire une remarque, il lui fit un sourire reconnaissant qui parut plaire à sa grâce. Il réclama à nouveau la carte bleue et écrivit dessus : « Laissez l'empereur jouer pour M. Train. J'ai appris par la suite qu'il en coûtait 500 $ au duc pour faire jouer « l'empereur », et d'autant plus j'appréciais sa courtoisie. Je remarquai que j'avais entendu parler de « l'empereur » comme de la plus haute fontaine de toute l'Europe.

Dès mon retour à Liverpool, j'ai organisé une petite fête pour visiter Chatsworth. Lorsque nous sommes arrivés à la gare, j'ai été étonné de voir presque un régiment de domestiques en uniforme attendant de nous rencontrer. J'ai été encore plus stupéfait lorsque le chef de cette garde du corps de serviteurs s'est approché et a demandé, de la manière la plus déférente : « Quand Votre Altesse Royale déjeunera-t-elle ? Je vis bien sûr qu'ils me prenaient pour quelqu'un d'autre, et je remarquai qu'ils attendaient peut-être l'arrivée du prince de Hesse-Cassel, que je venais de voir à l'hôtel. Le prince arriva presque aussitôt après, et eut le plaisir de voir « l'empereur » jouer, par autorité spéciale, sur ma carte du duc.

Le palais est une magnifique résidence, dépassant de loin tout ce qui se passait en Angleterre à cette époque, celui de George IV. On dit qu'il s'est senti offensé lorsqu'il y a été invité, car sa propre résidence était en comparaison médiocre. J'ai fait la connaissance à Chatsworth de Sir Joseph Paxton, qui a modélisé l'année suivante tout le système de verre du premier Crystal Palace à Londres. Je devais voir quelque chose du Crystal Palace l'année suivante.

Six ans plus tard, lorsque j'ai publié mon livre Young America Abroad, j'en ai envoyé un exemplaire marqué au duc de Devonshire, et il m'a écrit une lettre dans laquelle il disait : « Je suis un vieil homme maintenant, j'ai soixante-deux ans, mais Je n'ai pas oublié le délicieux jour où je vous ai rencontré sur le détroit de Menai.

Un jour, dans mon bureau de Liverpool, je reçus une carte du secrétaire m'invitant à l'exposition de Londres, et M. Riddle de Boston, qui se rendait alors à Londres, me demanda d'être présent le jour où la Reine devait venir, c'est-à-dire la veille de l'ouverture. Je suis allé à Londres et ce fut la première et la seule fois où j'ai vu la reine Victoria. Elle était avec Prince Albert et ils étaient accompagnés, je m'en souviens, d'un personnel brillant.

Je me souviens d'un incident lors de ma visite à Londres à cette occasion qui illustre bien le manque de suggestivité de la part des Anglais. Ils se contentent de suivre de vieilles ornières, à condition seulement d'être assez vieux. Frank Fuller était l'entrepreneur du Crystal Palace, et un problème est survenu lors de la construction, quant à savoir quoi faire avec un certain orme magnifique et vieilli qui avait été un objet de révérence et gênait le bâtiment proposé. Il avait finalement été décidé de le couper, afin de le mettre à l'écart.

"Quoi!" dis-je, abattez-le... cet arbre exquis ? Quelqu'un a fait remarquer que les autorités ne souhaitaient pas le couper, mais qu'il faisait directement obstacle à la construction du grand palais et qu'il faudrait le sacrifier. "Le palais est là pour le temps", dis-je, "et cet arbre sera peut-être là pour l'éternité. Épargnez l'arbre." "Mais comment?" ils ont demandé. Ils étaient perplexes et ne savaient pas quoi faire, à part abattre le vénérable arbre. "Construisez votre palais autour", dis-je. Ce simple dispositif ne leur était pas venu à l'esprit, mais il sauva l'orme.

M. Fuller fut si heureux de cette suggestion qu'il commença à me poser des questions sur les hôtels en Amérique et me proposa d'entreprendre la construction d'un hôtel américain à Londres. J'ai dit que je devrais peut-être tenter l'expérience un jour, mais que pour le moment, mes affaires de transport maritime me tiendraient pleinement occupé.

Autant mentionner ici, même si ce n'est pas dans son ordre chronologique, mon expérience ultérieure en essayant d'établir un hôtel américain à Londres. C'est sept ans après l'exposition que la question d'un hôtel américain revient sur le devant de la scène. J'avais élaboré le plan de manière très approfondie et j'avais parmi les hommes les plus éminents et les plus influents d'Angleterre comme directeurs de la société proposée. Nous avions également obtenu des options sur plusieurs acres de terrain recherchés dans le Strand en tant que site. Dans le conseil d'administration se trouvait Lord Bury, secrétaire particulier de la reine, fils du comte d'Albemarle ; Mark Lemon, de Punch ; et d'autres. Le seul obstacle à notre succès a été l'adoption d'un projet de loi au Parlement nous autorisant à occuper le territoire. L'hôtel fit sensation à Londres, et on en parla beaucoup comme d'une invasion audacieuse et peu agréable de l'Angleterre par les Américains. D'un autre côté, il y a eu beaucoup d'éloges, et George Augustus Sala, le principal éditorialiste du Telegraph, a écrit une lettre dans laquelle il mentionnait mon nom comme garantie que l'hôtel serait construit et réussirait, comme il l'a dit : J'avais tout réussi.

Les choses étaient bien avancées et il semblait que nous devions avoir l'hôtel. Je voulais qu'il soit construit selon des modèles typiquement américains et j'ai envoyé à Paran Stevens pour obtenir de lui les plans de ses trois hôtels, la Revere House à Boston, le Fifth Avenue Hotel à New York et le Continental à Philadelphie. Nous avions tout prêt lorsque la nouvelle arriva que le projet de loi avait échoué à la Chambre des Lords par seize voix, bien que la Chambre des Communes l'ait adopté. J'ai failli construire le premier hôtel américain à Londres. Cinquante ans plus tard, l'Hôtel Cecil était construit, un demi-siècle après que j'en avais suggéré l'idée et mis au point le plan.

Mon expérience à Saratoga m'avait révélé le manque de suggestivité et de ressources chez les hommes en général. Ils continueront à faire la même chose de la même manière, génération après génération, sans penser à améliorer les méthodes dans l'intérêt de l'économie, du temps et de l'argent. J'ai, de temps en temps, suggéré un grand nombre de petites améliorations, mécaniques ou autres, pour lesquelles je n'ai jamais déposé de brevet ni reçu un centime de bénéfice d'aucune façon. Je rassemblerai ici quelques-unes de ces suggestions, faites à différentes époques et dans différents pays.

J'allais à l'ancienne cidrerie de Piper's, à environ 800 mètres de notre ferme. Nous sommes allés dans une charrette à bœufs remplie de pommes. Arrivés à la cidrerie, il suffisait de retirer un piquet et les pommes roulaient dans la trémie du moulin.

Quand je suis arrivé à New York des années plus tard, j'ai été étonné de constater qu'il y avait une demi-douzaine d'hommes autour de chaque chariot à charbon, déchargeant le charbon. Je pensais à la charrette à bœufs, au piquet et à la trémie, dont j'avais utilisé trente ans auparavant. J'ai suggéré l'utilisation d'un dispositif permettant de faire couler le charbon du chariot jusqu'à la cave, mais je n'ai réussi à convaincre personne d'écouter la proposition. Aujourd'hui, des années après ma suggestion, tous ces chariots à New York et dans d'autres grandes villes d'Amérique ont de petites pelles qui vont du chariot au trou de charbon, et un seul homme décharge le chariot en enroulant un guindeau et en soulevant l'extrémité avant du chariot. le wagon. A Londres, on continue à utiliser la vieille méthode, maladroite et coûteuse, de déchargement en sacs. Les Anglais sont dans certaines choses là où nous en étions il y a un siècle.

Une fois à Londres, j'ai été étonné de voir un homme, après avoir écrit quelque chose avec un crayon, chercher dans ses poches un morceau de caoutchouc pour effacer une erreur. Il l'avait perdu et ne pouvait que tacher le papier en marquant ce qu'il avait écrit. Je lui ai dit : "Pourquoi n'attaches-tu pas la gomme au crayon ? Comme ça, tu ne pourrais pas la perdre." Il a sauté sur ma suggestion, a déposé un brevet pour l'attache en caoutchouc des crayons et a gagné de l'argent.

Lorsque Rowland Hill, le grand réformateur postal anglais, introduisit l'affranchissement à un sou en Angleterre, il trouva nécessaire d'employer de nombreuses filles pour couper les timbres sur de grandes feuilles. Je lui ai apporté une feuille de papier et lui ai montré combien il serait facile, par perforation, d'arracher les timbres selon les besoins. Il a adopté mon idée ; et désormais, une seule machine fait tout le travail.

J'ai remarqué un jour en Angleterre une foule de « larbins » se précipitant vers les voitures de dames titrées et s'affairant à régler les marches, qui étaient séparées de la voiture et avaient été emmenées avec beaucoup d'inconvénients. Je me suis dit, pourquoi ne pas joindre les marches ? et j'ai parlé de l'idée à d'autres. Elle fut reprise et exécutée. Désormais, chaque chariot est doté de marches fixées dans le cadre de la structure.

En 1950, j'étais avec James McHenry à Liverpool, et en essayant de verser de l'encre d'une bouteille dans l'encrier, la bouteille s'est renversée et l'encre s'est répandue sur le bureau. C'était parce que trop d'encre sortait de la bouche. « Donnez un nez à la bouteille, comme un pichet à lait », dis-je ; "alors vous pourrez facilement verser l'encre dans le puits." Holden, de Liverpool, a repris l'idée, l'a brevetée et en a fait fortune.

CHAPITRE IX

Ma cour et mon mariage — RETOUR À LIVERPOOL

1850-1852

Après le premier court séjour à Saratoga lors de mon voyage de vacances en Amérique, j'étais parti pour un voyage vers l'Ouest ; et je devais bientôt vivre une expérience qui a changé le cours de ma vie. À Syracuse, j'ai vu une demi-douzaine d'étudiants parler à une charmante fille et lui dire au revoir. Son apparence m'a frappé d'une manière particulière. Je me tournai vers Alfredo Ward, qui voyageait avec moi avec sa femme, ils venaient tout juste d'arriver de Valparaiso, Chili. "Regardez cette fille aux boucles", dis-je. "La connaissez-vous?" Il a demandé. "Je ne l'ai jamais vue auparavant", répondis-je, "mais elle sera ma femme."

J'étais tout à fait prêt à abandonner le reste de mon voyage occidental pour avoir l'occasion de rencontrer cette fille. Reprenant précipitamment ma prise, je me précipitai vers le train dans lequel elle se trouvait, supposant qu'elle allait à New York. J'ai vite découvert qu'elle allait dans l'autre sens, et j'ai passé en revue dans mon esprit les risques que je pouvais prendre, les risques que je pouvais courir, et j'ai donc saisi une opportunité à la gorge. Je savais que je n'étais pas obligé de quitter Boston avant le 25 juillet et j'avais donc tout le temps de rejoindre mon navire.

Je suis entré dans la voiture où se trouvait la jeune fille et j'ai trouvé un siège libre en face d'elle. Il y avait avec elle un homme âgé que je pris pour son père. J'ai choisi le siège d'en face dans le but délibéré de faire la connaissance des deux hommes à la première occasion qui se présenterait ou que je pourrais créer.

Ma chance est arrivée plus tôt que prévu. Le vieux monsieur essaya de relever le châssis de la fenêtre, mais ne put le bouger ; comme d'habitude, ça s'était collé rapidement. J'ai traversé l'allée légèrement et très rapidement et j'ai dit : « Permettez-moi de vous aider », et, ajoutant ma force de jeunesse à la sienne, j'ai levé la fenêtre. Lui et la jeune femme m'ont remercié. Le vieux monsieur est allé plus loin et m'a demandé de m'asseoir juste en face de lui et de la jeune femme, du même côté de la voiture. Je l'ai fait et nous avons immédiatement entamé une conversation. J'ai continué mes spéculations quant à la relation qui existait entre eux. Le monsieur semblait plutôt âgé pour son mari, et elle trop jeune pour être mariée. Il ne ressemblait pas exactement à son père.

Mme George Francis Train.

Avant que je puisse trancher cette question par moi-même, il vint à mon aide et me dit que la jeune femme était la fille du colonel George TM Davis, qui fut capitaine et aide de camp sous les ordres du général Scott pendant la guerre du Mexique, et puis commis en chef au ministère de la Guerre à Washington. Il s'est présenté comme étant le Dr Wallace et a déclaré qu'il emmenait Miss Davis chez elle dans l'Ouest. J'ai aussi appris qu'ils allaient à Oswego, où ils prendraient un bateau. Je me suis immédiatement exclamé que moi aussi j'allais dans cette direction et j'étais ravi de savoir que nous devrions être des compagnons de voyage. Dans de telles matières – car l'amour est comme la guerre – la rapidité de la décision est primordiale. J'aurais pris n'importe quelle direction, si seulement j'avais pu rester son compagnon de route.

Et c'est ainsi que nous sommes arrivés ensemble aux chutes du Niagara. Le Dr Wallace a eu la gentillesse de me permettre d'escorter sa charge autour des chutes, et j'ai eu la folie de faire plusieurs choses risquées, dans une sorte de désir à moitié conscient de paraître courageux – la dernière infirmité de l'esprit d'un amoureux. Je suis passé sous les chutes et j'ai grimpé dans toutes sortes d'endroits dangereux, dans une ivresse d'amour. C'était la même vieille histoire, à la différence près que notre amour se découvrait et s'avouait mutuellement au milieu du rugissement de la grande cataracte. Nous sommes restés aux chutes quarante-huit heures, et avant de partir, nous étions fiancés.

Peu après, je m'embarquai pour Londres, comme je l'ai déjà indiqué. Ce n'est qu'en 1951 que je suis revenu en Amérique, principalement dans le but d'épouser Miss Davis et de la ramener en Angleterre avec moi.

Je suis arrivé à Boston peu avant la célébration du Bunker Hill Day, qui était toujours une grande occasion dans cette ville. Le général John S. Tyler était grand maréchal de l'époque et il m'a nommé l'un de ses assistants. C'était une époque où les jeunes étaient généralement exclus de tous les accords commerciaux publics. Seuls les personnes d'âge moyen ou âgées ont pris part à ce grand défilé spectaculaire. C'est probablement pour cette raison que j'ai attiré beaucoup d'attention à cause de ma jeunesse, alors que j'avais seulement vingt et un ans.

En vérité, je me sentais un peu flatté par cette nomination et déterminé à faire le meilleur spectacle possible. Étant né et élevé dans une ferme, je savais monter à cheval, alors j'ai demandé au stableman de me donner le meilleur stepper qu'il pouvait fournir. Il a trouvé un bel animal, avec un esprit espiègle, et j'ai senti que je devais prouver au moins une bonne partie de l'exposition. J'étais paré d'une ceinture fluide rouge, blanche et bleue qui descendait sous les sangles de la selle, et mon cheval était une bête à l'air fier et au rythme délicat. Avec un peu de répétition de mon rôle, j'étais parfaitement préparé.

A l'occasion du défilé, j'en suis sûr, j'ai été observé par de nombreux observateurs. Les spectateurs furent introduits dans le mystère des belles caracoles et danses de mon cheval, que je touchais parfois avec l'éperon d'une manière particulière, et qui s'en acquittait avec beaucoup de crédit. La population pensait qu'il essayait de me renverser ou de s'enfuir, et que ce n'était que grâce à une excellente équitation que j'étais capable de tenir mon siège et de ressembler à un centaure. J'ai honte de dire, à si loin, rétrospectivement, que ce fut pour moi un moment de fierté, et que j'ai pris tant de plaisir à un spectacle aussi oisif et vide. Mais il faut servir la jeunesse.

J'avais la charge des gouverneurs coloniaux, qui étaient les invités de la ville, et du président, et je les escortais de Boston à Charlestown. Il y avait Sir John A. MacDonald, du Canada ; le gouverneur Tilly, du Nouveau-Brunswick; l'honorable Joseph Howe, ancien gouverneur de la Nouvelle-Écosse; et Millard Fillmore, président des États-Unis. Le président Fillmore et Sir John MacDonald étaient assis sur le siège arrière de la première voiture, et Howe et Tilly sur le siège avant. D'une manière ou d'une autre, Boston semblait considérer les fonctionnaires coloniaux comme égaux, sinon un peu meilleurs, que le président. Je suppose que c'était à cause du sentiment de Bunker Hill et parce que la présence de représentants britanniques était une question de fierté et de satisfaction.

Mais la journée devait se terminer dans la morosité. Comme j'étais au milieu de la gaieté et au comble de mon exultation, un messager me remit une dépêche. Je l'ai déchiré et j'ai découvert qu'il provenait d'un ami de Louisville, Kentucky, et qu'il contenait un avertissement. Miss Davis, avec qui j'étais fiancé, vivait à Louisville, et j'allais bientôt l'y épouser. Le télégramme m'invitait à hâter mon voyage, car la nouvelle du mariage prochain avait créé beaucoup de mauvais pressentiment. Mon ami m'a conseillé de tout laisser de côté et de me rendre à Louisville au plus vite.

Au début, je ne pouvais pas imaginer ce que cela signifiait. Cela semblait véhiculer seulement un présage de désastre. J'ai quitté les scènes gaies du défilé et je me suis précipité vers ma chambre à l'hôtel. Là, j'ai préparé instantanément un voyage à Louisville.

Cependant, avant de quitter Boston, j'ai appris ce qui avait causé tant d'inquiétude à mon ami de Louisville. Quelque temps auparavant, il y avait eu le mariage d'une jeune fille du Kentucky avec un habitant du Nord – le mariage dont on parlait beaucoup entre Bigelow Lawrence et Miss Sallie Ward. Cette décision a suscité beaucoup d'amertume en raison des tensions et des frictions croissantes entre le Nord et le Sud. Ce n'était pas mon affaire ; je ne partageais pas non plus le sentiment des deux côtés. En effet, à cette époque, je connaissais peu de choses et je me souciais moins des différences sectorielles entre le Nord et le Sud. Le seul intérêt que j'avais pour le Sud à cette époque était d'ordre commercial dans nos affaires de transport maritime, et l'intérêt plus personnel attaché à cette partie du Sud qui détenait ma future épouse.

Mon prochain mariage avec Miss Davis avait, semble-t-il, été considéré comme suffisamment important pour éveiller le même sentiment que celui créé par le mariage Lawrence-Ward. Mes amis manifestaient beaucoup de sollicitude. Ce qui les a le plus alarmés était le fait qu'un certain nombre de vaillants Kentuckiens essayaient d'épouser eux-mêmes Miss Davis et de la conserver ainsi patriotiquement pour le Sud. Parmi ces patriotes se trouvaient le sénateur James Shields, héros mexicain de Belleville, Illinois, le lieutenant Merriman de la marine et un officier de l'armée. Il y avait aussi un prétendant de mon côté de la ligne : « Ned » Baker, de Springfield, Illinois, qui fut plus tard consul général des États-Unis à Montevideo. Dans les lettres qu'elle m'avait adressées, elle avait mentionné tous ces messieurs, mais je n'étais pas particulièrement inquiet à ce sujet, estimant que le nombre était une source de sécurité. Mais maintenant que mes amis s'intéressaient eux-mêmes, je pensais que c'était à plein temps de m'occuper moi-même de mes affaires.

J'étais condamnée à souffrir de l'incohérence de la femme. Arrivé à Louisville, je lui ai écrit en lui mentionnant les rapports que m'avaient envoyés des amis. Cela l'a mise en colère. Elle s'est indignée parce que j'avais prêté attention à ces rumeurs et refusé de me voir ce jour-là. Mais le lendemain, elle était d'humeur plus douce, prête à me voir. Cette rencontre a mis fin à jamais à tous les doutes, soupçons et jalousies, et mes craintes se sont dissipées.

Mais malgré tout cela, j'étais déterminé à ne prendre aucun risque supplémentaire avec trois ou quatre rivaux, et j'ai décidé de ne plus laisser ma fiancée derrière moi. J'ai insisté pour une cérémonie immédiate et nous nous sommes mariés par le recteur de l' église épiscopale de Louisville, le 5 octobre 1951. Son père, le colonel George TM Davis, était alors rédacteur en chef du Louisville Courier de Haldeman. Belle Key, la célèbre beauté du Kentucky, dont la sœur, Annie Key, a épousé Matthew Ward, qui a tué un Kentuckien en duel, était la demoiselle d'honneur de ma femme, et Sylvanus J. Macey, fils de William H. Macey, était le garçon d'honneur. Ma femme n'avait que dix-sept ans. Elle était vraiment belle. Sa photo est apparue dans le Livre de la Beauté l'année suivante.

Nous sommes venus à l'est de Louisville lors de notre voyage de mariage, en nous arrêtant à Cincinnati, où j'ai vécu une curieuse expérience. Le Burnett House était l'hôtel le plus populaire de la ville à cette époque et nous y avons séjourné. Elle venait d'aménager la première « chambre nuptiale » de ce pays, sinon du monde. Chaque petit hôtel en a un désormais ; mais une telle chose était inouïe, autant que j'ai pu le constater. Quoi qu'il en soit, M. Drake, le greffier, m'a demandé si je ne souhaitais pas prendre la « chambre nuptiale ». Il m'a dit que c'était le seul au monde. Comme j'étais toujours enthousiaste et prêt pour une nouveauté, j'ai répondu que bien sûr je le ferais.

J'avais déjà fréquenté de très nombreux hôtels dans ce pays. Le tarif en vigueur à l'époque était d'environ 2 dollars par jour. Je supposais que cette splendide chambre coûterait un peu plus cher, étant donné qu'il s'agissait d'un appartement spécial – peut-être environ 5 dollars par jour. Ça coûte 15$! Mais j'étais prêt à payer pour l'honneur d'occuper la première « chambre nuptiale » au monde.

De Cincinnati, nous sommes arrivés directement à Boston et avons séjourné à la Winthrop House, où j'avais séjourné auparavant. J'eus bientôt une conférence avec la maison de Boston que je représentais, et il fut décidé que je retournerais à Liverpool et y reprendrais la direction de la succursale, mais dans des circonstances quelque peu différentes et meilleures. Je suis revenu en 1952. Le navire sur lequel nous avons navigué était le Daniel Webster, construit par Donald Mackay à East Boston, et que j'avais nommé en l'honneur spécial de mon ami, le grand Daniel. Le capitaine Howard commandait.

Le voyage s'annonçait mouvementé. Cinq jours après avoir quitté Boston, nous avons rencontré un violent coup de vent venant de l'ouest. Notre bateau était très solide et nous n'avions aucune crainte, mais je savais que de nombreux navires plus petits et moins navigables souffriraient d'une telle tempête. Nous étions donc à la recherche de navires en détresse.

La plupart du temps, au plus fort du vent, je me tenais sur le pont, scrutant de près la ligne d'horizon devant moi. Soudain, quelque chose sembla s'élever et prendre forme hors de l'épave de tempête, et cela prit peu à peu la forme d'un vaisseau. J'ai vu que c'était une épave, j'ai crié au capitaine, mais lui, regardant dans la direction, ne pouvait rien distinguer. Mes yeux semblaient meilleurs que les siens, bien que les siens aient été entraînés par une longue pratique en mer. Il ne voyait pas beaucoup mieux lorsqu'il tourna ses lunettes dans la direction que j'avais indiquée, mais il finit par découvrir le navire, bien qu'il ne paraisse pas désireux de quitter sa route actuelle pour offrir son aide.

J'ai insisté pour que nous allions au secours du navire et de son équipage, et il s'est retourné et a dit : « Monsieur Train, nous, les capitaines des navires, sommes empêchés d'aller au secours des navires, ou de quitter notre cap, par les compagnies d'assurance. . Nous devrions renoncer à notre police en cas de perte ou de dommage.

"Laissez-moi décider," dis-je. "Nous ne pouvons faire autrement que d'aller au secours de ces personnes." Et nous y sommes allés. Le Webster s'est précipité sur l'épave, qui s'est avérée dans un état pire que je ne l'avais imaginé. Elle était secouée par les vagues et semblait risquer de sombrer à tout moment. Hommes et femmes s'accrochaient à ses gréements, se penchaient sur ses flancs et cherchaient à rassembler des espars et des poutres sur lesquels se confier à la mer. Le navire condamné était le Unicorn, en provenance d'un port irlandais, à destination de St. John's, au Nouveau-Brunswick, avec des passagers et du matériel ferroviaire. Ce fer avait été la cause du naufrage, car dans le mauvais temps il s'était détaché de ses attaches, ou « embarqué », comme disent les marins, et avait percé des trous dans les flancs du bateau et l'avait surchargé d'un côté. .

Un brick qui avait aperçu la Licorne avant notre arrivée avait emmené quelques passagers, autant qu'il pouvait en accueillir. La Licorne était un petit vaisseau et il semblait y avoir peu de chance pour le reste des passagers à moins que nous puissions les atteindre. La mer était très forte et très forte, et il n'était pas possible d'amener le Webster près du flanc de la Licorne. Pour aggraver les choses, les marins avaient découvert qu'il y avait du whisky dans la cargaison et, en désespoir de cause, l'avaient bu sans retenue. Ils étaient donc ingérables. Ils n'ont pas pu nous aider à assister les misérables passagers sur leur propre bateau.

Il n'y avait rien d'autre à faire que de monter dans nos petits bateaux et d'essayer de sauver le plus de passagers possible. Le capitaine monta dans un bateau et moi dans un autre, et nous fûmes ramés jusqu'au bord de la Licorne. Là, nous avons découvert que beaucoup avaient déjà péri. Des cadavres flottaient dans la mer autour du navire. Nous avons essayé de nous rapprocher suffisamment pour atteindre les passagers, mais cela n'a pas été possible.

« Jetez les passagers à la mer, criai-je au capitaine de la Licorne, et nous les récupérerons. Nous ne pouvons pas vous atteindre. De cette façon, l'équipage de la Licorne jetant des hommes et des femmes à la mer, et nos bateaux les récupérant, nous parvînmes à en sauver deux cents. Tous les autres, je ne sais combien, se sont noyés. Nous avons finalement réussi à faire monter sain et sauf ces deux cents personnes à bord du Daniel Webster.

Ici, nous découvrîmes d'autres difficultés, et il sembla, pendant un temps, que la famine pouvait faire le travail qui avait été refusé aux vagues. Il y avait aussi la question du logement ; mais nous avons résolu ce problème en prenant quelques-unes de nos voiles et de nos bâches supplémentaires et en les installant sur le pont et dans la cale pour les protéger, afin de les rendre toutes assez confortables. Le problème de la nourriture était bien plus difficile. Nous n'avions tout simplement pas de nourriture, a déclaré le capitaine. Il y en avait à peine assez pour l'équipage et les passagers de notre propre navire, car le retard causé par le sauvetage et l'écart de notre route avaient nécessité une demande supplémentaire de ravitaillement.

Ici, une pensée heureuse m'est venue. Nous transportions par hasard une cargaison de semoule de maïs. J'avais entendu dire que les Irlandais, lors d'une de leurs famines, avaient été nourris avec de la semoule de maïs, apprenant à la manger et même à l'aimer.

"Ouvrez les écoutilles !" J'ai pleuré, avec l'enthousiasme du philosophe qui criait « Eurêka ». Le problème de la nourriture fut bientôt résolu. Deux des barils ont été coupés en deux, créant ainsi quatre cuves. Avec les douves d'autres tonneaux, nous fabriquions des cuillères, et avec la farine, nous faisions de la bouillie que les hommes, les femmes et les enfants à moitié affamés mangeaient avec beaucoup de délectation. Ils y vécurent jusqu'à ce que nous les débarquions en toute sécurité sur le sol anglais, les deux cents personnes au complet atteignant le port sans perdre une seule âme.

C'était mon premier service de sauvetage et, bien sûr, j'en étais fier. Le capitaine Howard reçut une belle médaille de la Life Saving Society of England, et l'incident augmenta considérablement la réputation de nos paquets.

En arrivant à Liverpool, nous nous rendîmes au n° 153 Duke Street, une maison alors tenue par Mme Blodgett, dont le mari était consul en Espagne. Cette maison était à cette époque le lieu de villégiature préféré des capitaines et des marins américains, et était une sorte de point central pour tous les Américains à Liverpool. John Alfred Marsh, qui avait été avec nous à Boston, était avec moi à Liverpool à cette époque, dans la succursale de notre maison ; et je pense qu'il est le seul homme vivant parmi tous mes amis de cette année-là. Il est désormais relié aux paquebots de la Guion Line.

Au cours de la première année à Liverpool après mon mariage, j'ai eu une expérience particulière et intéressante avec la science de la phrénologie. A cette époque, tout le monde parlait de ses « révélations », et cela m'a quelque peu intéressé. Cependant, mon intérêt venait principalement de James McHenry, dont j'avais la charge de la ligne de navires à destination de Philadelphie. Il me proposa un jour d'aller chez un phrénologue, disant que j'avais une tête des plus curieuses. Jusqu'à présent, je n'avais fait aucun bilan de cette science, que je qualifiais de charlatanisme et de saltimbanque. Mais il a insisté, et finalement j'ai consenti à l'accompagner chez Bridges, alors le phrénologue le plus célèbre de Liverpool ou de l'ouest de l'Angleterre.

Bridges m'a tellement étonné en me racontant des choses sur moi que je pensais que personne d'autre que moi ne le savait, que mon intérêt s'est éveillé. Pourtant, je pensais qu'il devait y avoir quelque chose d'étrange dans cette affaire, et j'accusai McHenry d'avoir dit à Bridges quelque chose à mon sujet au préalable pour que je puisse être pris par surprise. McHenry a nié cela avec tant de véhémence que j'ai su qu'il me disait la vérité. Il n'y avait rien d'autre à faire que d'accepter la « charte » de Bridges comme étant au moins sincère.

Comme j'aime tout enquêter par moi-même, j'ai décidé de voir ce qu'il y avait en phrénologie et de me faire examiner la tête dans des circonstances où il ne pouvait être question que le phrénologue ait eu des renseignements sur moi. Je me rendis donc à Londres et y consultai un phrénologue encore plus célèbre, l'octogénaire Donovan. Je lui ai dit : « M. Donovan, je veux que vous me disiez la pure vérité sur ma tête. » "La phrénologie ne ment pas", a-t-il déclaré. "Posez votre guinée."

J'ai déposé la guinée et je me suis soumis à un examen. Il m'a dit presque les mêmes choses que Bridges, et a ainsi confirmé le premier tableau de ma tête. Après avoir terminé son examen, Donovan m'a regardé et m'a dit : « Vous serez soit un grand réformateur, soit un grand pirate. Cela dépend simplement de la direction que vous prenez en éthique !

Même cet examen ne m'a pas entièrement satisfait. Il existait encore des autorités supérieures en phrénologie, et je sentais que je ne serais satisfait que lorsque j'aurais le verdict de la plus haute cour d'appel. J'ai consulté tous les phrénologues que j'ai pu contacter - un grand professeur à Paris, un autre en Allemagne, et finalement, j'ai atteint la plus haute autorité alors vivante, la plus haute qui ait jamais vécu, peut-être le grand Dr Fowler, qui enseignait alors en Angleterre. .

Il est venu à Liverpool pour donner une conférence et je suis allé l'entendre. Fowler a demandé à quelqu'un du public de lui permettre d'examiner sa tête. Comme il ne m'avait jamais vu, je sentais que je pourrais ainsi obtenir une lecture absolument impartiale et sans préjugés. Je suis monté sur scène et mon apparition a provoqué une vague de surprise, car j'étais connu à Liverpool. Le phrénologue a posé ses mains sur ma tête et s'est exclamé : «

Jéhu, quelle tête ! Le public a applaudi, comme s'il pensait que j'avais une tête et que je l'avais utilisée à bon escient dans leur ville.

Beverley Tucker était alors consul américain à Liverpool, après avoir été nommée par le président Pierce. Lorsque le célèbre acteur et dramaturge John Brougham s'est rendu à Liverpool, j'ai suggéré que nous, Américains, dans le pays desquels Brougham avait vécu et réalisé son meilleur travail, le recevions lors d'un dîner à la Waterloo House. Nous avions une compagnie nombreuse et animée, et Brougham était dans sa meilleure veine. J'ai demandé à Brougham son autographe et, en même temps, quelque chose sur le poète Willis, qui était alors notre poète américain préféré. Il me donna instantanément, sans réflexion apparente, le verset suivant :

"Hypérion courbe son front, Voici le poète Willis ! Pour l'amour d'un tel Corydon, Qui ne serait pas une Phyllis ? »

Ainsi ai-je raconté, dans ce chapitre et dans les chapitres précédents, les événements et les expériences les plus intéressants de ma vie à Liverpool. La vie y était particulièrement variée et tout à fait délicieuse. Ce fut bien sûr une période très chargée, mais j'ai réussi à en tirer beaucoup de plaisir. Il y avait une série constante de divertissements et la vie sociale de la ville était généralement gaie et intéressante. A cette époque, je fis faire deux portraits de ma femme et de moi-même. Ils sont maintenant en possession de ma fille, qui les garde dans la chambre qu'elle me prépare toujours à la campagne.

Quant à ma position dans la ville, je peux donner ici l'opinion de Charles Mackay, le poète, auteur de Cheer, Boys, Cheer et d'autres poèmes bien connus, qui a écrit, en critique mon livre, Young America in Wall Street, que j'ai « parcouru le Liverpool Exchange comme un Baring ou un Rothschild ». Je suis resté un an à Liverpool avec ma femme, puis je suis retourné aux États-Unis. C'était en 1952. Les meilleurs hommes de Liverpool m'avaient accueilli partout, dans tous les milieux des affaires ou de la société.

CHAPITRE X

SUCCÈS DES AFFAIRES EN AUSTRALIE

1853-1855

Ma femme et moi, de retour à Boston, sommes venus pour une visite que nous nous attendions à être brève. Je pensais avec confiance que je devrais retourner à Liverpool et continuer les affaires de la succursale. Mais ce n'était pas le cas. Au lieu de cela, j'allais bientôt m'éloigner beaucoup plus des domaines et des méthodes commerciales et tenter ma fortune à une autre extrémité du monde.

Quand je suis arrivé à Boston, j'ai eu une conférence avec le colonel Train au sujet des conditions en Angleterre et je lui ai suggéré que je devrais avoir un intérêt en partenariat dans la maison de Boston, ainsi que dans la maison de Liverpool. À ma grande surprise, le colonel Train était non seulement étonné, mais indigné. Il ne comprenait pas comment j'avais avancé si vite, et cette avance rapide ne lui était pas du tout agréable. Il avait l'impression que, d'une certaine manière, je le poussais hors de sa place.

"Voudriez-vous me rouler dessus?" » a-t-il demandé, presque violemment, lorsque j'ai osé suggérer un intérêt de partenariat plus large. J'ai répondu que je pensais avoir donné toute sa valeur à tout ce que la maison avait fait pour moi et que je devrais pouvoir le faire à l'avenir. Après quelques discussions supplémentaires, au cours desquelles le vieux gentleman fut apaisé, l'affaire fut réglée. J'ai reçu une participation dans la société qui équivalait à 15 000 $ par an et je n'avais alors que vingt-deux ans.

Dès que le contrat fut signé, et qu'il fut entre mes mains, je dis — parce que j'étais encore agacé par la manière dont il avait reçu ma suggestion d'association — « Colonel, comme vous ne semblez pas vous soucier de m'emmener dans l'entreprise, voici votre contrat" ; et je l'ai déchiré en deux et je lui ai remis les morceaux. "Je vais en Australie."

Cette annonce sympa l'a étonné. Il ne savait pas quoi faire. Finalement, nous sommes parvenus à un accord. Il a été décidé que j'irais à Melbourne pour fonder ma propre maison avec le capitaine Caldwell, l'un de nos plus anciens capitaines de navire, la maison étant connue sous le nom de « Caldwell, Train & Co ». Le colonel Train pensait que cet homme âgé agirait comme un frein à ma témérité de jeunesse, n'ayant aucun intérêt dans l'entreprise mais de la bonne volonté envers moi et l'un de ses capitaines.

Une fois les préparatifs terminés, j'avais hâte de vaquer à mon travail aux antipodes et je me préparais à naviguer à la première occasion. Tout a été pris à Boston : employés, livres de comptes, formulaires commerciaux, etc. Rien n'a été laissé au hasard de trouver ou d'obtenir en Australie le matériel dont nous pourrions avoir besoin. Et donc la nouvelle maison de "Caldwell, Train & Co." a quitté Boston sur le Plymouth Rock pour Melbourne, en Australie, dans le cadre d'une aventure singulièrement audacieuse.

Le capitaine Caldwell sortit en charge des commis, tandis que je devais emprunter un autre itinéraire un peu plus tard. Je suis allé à New York et j'ai pris le bateau de là à bord du vieux paquet Whitlock Havre, Bavaria, Captain Bailey. J'avais deux commis avec moi et j'avais également sur moi une grande quantité de fournitures de bureau en double exemplaire. Duncan, Sherman & Co. m'avaient nommé leur agent pour l'achat d'or à Melbourne, qui devait être expédié à Londres ou à New York selon les circonstances, et j'avais également été nommé par les assureurs de Boston, leur agent pour les représenter dans le Mers du Sud. Les perspectives économiques semblaient particulièrement prometteuses.

J'ai beaucoup voyagé depuis lors, mais ce fut la plus longue période que j'ai jamais passée sur un navire au cours d'un seul voyage. Nous avons passé quatre-vingt-douze jours de New York à Melbourne. Depuis, j'ai fait deux fois le tour du monde en moins de temps. C'était parfois très morne et je devais recourir à toutes sortes de choses pour passer les heures. Ces tentatives de diversion étaient souvent très amusantes.

J'ai toujours voulu faire les choses un peu différemment des autres, en partie parce qu'il était plus intéressant de les faire d'une manière nouvelle, mais surtout parce que j'ai découvert qu'il était possible de trouver une meilleure façon que celle acceptée. Mon désir de nouveauté m'a amené à faire des choses curieuses au cours de ce long et fastidieux voyage vers Melbourne. Un jour, je regardais les marsouins jouer autour de la proue du navire et j'ai pensé que je pourrais en harponner un. J'ai demandé au capitaine s'il avait un harpon et il m'en a apporté un. J'avais ensuite une corde attachée autour de moi, afin que je puisse être descendu sur l'arc. J'ai eu une bonne chance et j'ai lancé le harpon et, par chance, j'ai réussi à attraper un beau marsouin. Mon lancer réussi a étonné tout le monde, moi-même plus que quiconque. Le marsouin a été amené à bord et nous en avons trouvé des portions très bonnes à manger.

Un autre jour, j'ai attrapé un requin, un « mangeur d'hommes », long de dix pieds, et celui-ci a également été ramené à bord, mais personne n'a proposé de le manger. Un peu plus tard, nous passâmes dans la zone des albatros, et des myriades de ces oiseaux exquis survolèrent ou planèrent au-dessus du navire. J'avais envie d'en avoir un et j'ai eu recours à des stratagèmes appris il y a des années, à l'époque où je piégeais les lapins et les pigeons dans la vieille ferme de la Nouvelle-Angleterre. J'ai appâté un hameçon avec du porc et je l'ai jeté sur l'eau. Instantanément, un grand albatros fondit sur lui et avala l'appât. J'ai attiré l'oiseau à bord et j'en ai trouvé un magnifique spécimen, mesurant douze pieds d'un bout à l'autre de ses ailes. Bien sûr, j'ai relâché l'oiseau très vite. Dans de tels passe-temps, nous avons trompé le temps, jusqu'à ce que nous ayons finalement traversé les grandes mers du Sud et pénétré dans la baie de Hobson, dépassé la pointe Nepean et jeté l'ancre au large de Sandridge.

J'avais imaginé que Melbourne n'était pas un port fréquenté, éloigné des voies commerciales, bien que renaissant à la vie et à l'importance. Quelle fut ma surprise quand, en contournant la pointe où l'on pouvait balayer l'étendue de la baie, j'aperçus devant moi quelque six cents navires qui étaient arrivés au port avant notre arrivée, et tous, comme nous, attirés là par les rumeurs de l'or, de l'or, de l'or ! Pour la deuxième fois en quelques années, le monde entier s'est déchaîné à la suite d'une découverte d'or et envoyait désormais des milliers de personnes en Australie. Des milliers d'autres furent dissuadés d'y aller uniquement par la peur de la famine, car très peu de gens croyaient à l'époque que l'Australie pouvait nourrir les chercheurs d'or affamés, et encore moins leur donner une fortune en pépites d'or.

Avant de quitter Boston, j'avais beaucoup entendu parler des dangers de la famine en Australie. On m'a dit que le pays produisait peu et que ses maigres ressources seraient bientôt surexploitées par la horde de chercheurs d'or. "Affamer!" J'ai dit; "pourquoi il y a vingt millions de moutons sur l'île." On m'a alors dit que l'homme ne pouvait pas vivre uniquement de mouton. Mais je savais qu'avec ces millions de moutons, il y avait peu de danger de famine.

Du mouillage de Sandridge à Melbourne, la distance est d'environ dix milles, le Yarra-Yarra serpentant et serpentant à travers le canal tortueux. Comme cette rivière est trop peu profonde pour admettre des navires pesant plus de soixante tonneaux, tous les gros navires mouillent à Sandridge ou Williamstown. Alors que la distance jusqu'au Yarra-Yarra est de dix milles, à travers la langue de sable, elle n'en est que de deux. Je suis allé immédiatement à Melbourne, j'ai sécurisé des bâtiments pour notre cargaison et j'ai fait en sorte que des briquets la transportent sur le Yarra-Yarra.

La toute première chose qui m'a impressionné en Australie a été l'inconvénient misérable et inutile de devoir tout acheminer par le canal tordu du Yarra-Yarra par des briquets. J'ai décidé d'examiner la question et de voir ce qui pouvait être fait. La méthode était trop coûteuse et trop lente pour me convenir. J'ai immédiatement fait appel aux hommes les plus influents de la ville, comme De Graves, Octavius Brown, Dalgetty, Cruikshank & Co. et James Henty, et leur ai dit : « Cette histoire de venir par la Yarra-Yarra, dix milles , alors qu'il n'y a que deux milles par voie terrestre, il est hors de question de construire un chemin de fer jusqu'à Sandridge.

Apparemment, cela ne leur était pas venu à l'esprit. Ils avaient rapporté d'Angleterre leurs habitudes de pensée et acceptaient les choses telles qu'ils les trouvaient. Mais je suis resté fidèle à la suggestion du chemin de fer jusqu'à ce que la ligne soit construite. Ce fut ma première expérience dans l'organisation des chemins de fer. Ce n'était pas mon dernier.

J'ai également constaté qu'il n'était pas possible de trouver un logement convenable à Melbourne pour affaires. Il n'y avait là aucun bâtiment suffisamment grand. Pour en obtenir un suffisamment spacieux, j'ai dû le construire. C'est pourquoi nous avons installé au coin des rues Flinders et Elizabeth, en face de la gare, le plus grand bâtiment de la ville. Cela a coûté un joli centime. Le bâtiment mesurait 140 pieds de profondeur, 40 pieds de largeur et trois étages de hauteur. La date « 1854 » était gravée dans la pierre en haut. L'édifice a coûté 60 000 $. J'ai importé des volets en fer d'Angleterre pour les rendre ignifuges.

Il fallait aussi avoir un bâtiment à Sandridge, un entrepôt dans lequel stocker nos marchandises jusqu'à ce qu'on en ait besoin à Melbourne, ou jusqu'à ce qu'elles soient expédiées vers l'Amérique ou l'Europe. En construisant ce bâtiment, j'ai résolu de faire une expérience. Il s'agissait de faire construire le bâtiment à Boston et de m'envoyer ce bâtiment pour qu'il soit érigé à Sandridge, à des milliers de kilomètres de là. En cas de succès, l'entrepôt coûterait beaucoup moins cher et serait constitué de meilleurs matériaux et d'un meilleur style que tout ce que je pourrais obtenir en Australie. Il a bien atteint Sandridge et a été installé au bout de la petite ligne de chemin de fer, au coût de 25 000 $. Il mesurait 60 pieds de profondeur sur 40 pieds de largeur et six étages de hauteur.

Avec un entrepôt à chaque extrémité de la ligne, avec tout le crédit commercial que je pouvais souhaiter et avec les meilleures connexions au monde, nous étions prêts à faire de grosses affaires à Melbourne. Dans quelle mesure nous avons réussi peut être déduit du fait que mes commissions pour la première année se sont élevées à 95 000 $.

Melbourne était une ville petite mais prometteuse. Elle comptait environ 20 000 habitants au moment de la fièvre de l'or et s'était énormément développée au cours des deux ou trois dernières années, de sorte qu'en 1954, elle devait compter entre 30 000 et 40 000 habitants. C'était, bien sûr, une ville frontière, rudimentaire et brute, avec peu des avantages de la civilisation. Les gens étaient trop occupés par leur recherche d'or et de profits pour penser beaucoup aux commodités ou au luxe de la vie. Le seul bon hôtel, par exemple, était le Squatters' Hotel, à Port Philip. Il n'y avait même pas de bourse de marchands, alors qu'elle était grandement nécessaire. Les marchands n'avaient tout simplement jamais entendu parler d'une telle chose. Je me suis arrangé avec Salmi Morse, qui a ensuite tenté d'introduire le Jeu de la Passion dans ce pays, pour l'aider à construire un bâtiment qui pourrait être utilisé pour un hôtel, un théâtre et un échange commercial. L'hôtel était le Criterion et nous avions une salle dans le bâtiment pour l'échange. Cette dernière était le moyen de réunir les capitaines de navires, les marchands, les agents et les hommes d'affaires en général, et une grande impulsion était donnée aux affaires.

J'ai pu introduire en Australie un grand nombre d'articles et d'idées venant d'Amérique. J'ai ramené de Boston un grand nombre de wagons « Concord », du même type que celui que « Ben » Holliday conduisait à travers le continent, et j'ai dit à Freeman Cobb, qui était alors chez Adams & Co., que je voulais qu'il le fasse. démarrez une ligne de voitures entre Melbourne et les mines d'or, une distance d'environ soixante milles. J'ai avancé l'argent pour l'entreprise et une ligne a été établie, la première en Australie, vers Geelong, Ballarat, Bendigo et Castle Maine. Ce furent les premiers autocars vus sur ce continent. En Australie, les autocars coûtent 3 000 dollars chacun.

J'ai fait apporter une chaise de Boston pour mon propre usage. Il était si léger en comparaison des grands et lourds véhicules forestiers qui étaient en usage dans tous les pays anglais, que les gens là-bas disaient qu'il tomberait en panne immédiatement. Ils n'avaient pas entendu parler du « Merveilleux Shay à un cheval qui a couru cent ans jour pour jour » de Holmes et ne connaissaient pas, bien sûr, la dureté de toutes les choses « Yankees ». Il n'est pas tombé en panne, et sa légèreté et son état de fonctionnement général en ont fait une grande publicité pour les produits américains. On m'a poussé à importer un grand nombre de véhicules d'Amérique. Chaque navire apportait des wagons de la marque Concord, des chaises et des véhicules de toutes sortes. Nos calèches et buggies ont attiré beaucoup d'attention. Il s'agissait des premiers véhicules de ce type jamais vus dans le pays. Je les ai vendus avec un gros profit.

Cependant, une grande déception et une grande perte se produisirent à cause de la négligence des expéditeurs américains, à une occasion. Ils avaient envoyé une cargaison de voitures, et j'étais certain de réaliser un gros bénéfice sur l'expédition. Quelle ne fut pas ma surprise et mon horreur, à l'arrivée de la cargaison, de découvrir que les stupides chargeurs n'avaient envoyé que le dessus des wagons ! Les carrosseries des véhicules avaient en réalité été expédiées à San Francisco !

Une chose qui m'a beaucoup surpris, dans un pays d'Anglais, d'Écossais et d'Irlandais, c'est qu'il n'y avait pas de sport en Australie. Cela semble plus étrange maintenant, après la dénonciation féroce de Kipling des « imbéciles rembourrés aux guichets et des lourdauds brouillés au but ». Comme j'avais toujours aimé les sports de plein air, j'ai immédiatement introduit le bowling et le jeu de dix quilles, j'ai ouvert une piste et organisé un club composé de banquiers australiens - le directeur Blackwood de l'Union Bank, MacArthur de la Bank of Australia, Badcock de la Bank of New South Wales, Bramhall de la London Chartered Bank, O'Shaughnessy de la Bank of Australasia et Mathieson de la Bank of Victoria. Je mentionne ces noms ici simplement par commodité et pour rassembler certains des hommes avec lesquels j'ai été associé dans la vie sociale et professionnelle à Melbourne. Ils représentaient quelque 200 000 000 $ de capital. MacArthur possédait un magnifique bungalow à six kilomètres de Melbourne, où il m'a invité à tourner.

J'ai trouvé la vie dans un hôtel très morne et très peu pratique, et j'ai décidé d'avoir ma propre maison. J'ai donc acheté une maison à deux étages à Collingwood, près de la résidence du gouverneur Latrobe, juste à la sortie de la ville. Ici, j'ai logé aussi mes commis. J'ai pris l'hôtesse de l'air, Ondine, et le steward d'un de nos navires, et j'ai pu créer tout un établissement. Le consul des États-Unis, JM Tarleton, et son épouse ont vécu avec nous pendant un certain temps.

Après avoir passé près d'un an à Melbourne, j'étais coupable d'un petit morceau de patriotisme qui m'a toujours semblé très amusant. J'ai été élevé dans la conviction que chaque garçon né aux États-Unis a une chance de devenir président des États-Unis. J'avais aussi l'idée qu'un enfant né aux États-Unis n'était pas, dans ce sens, né aux États-Unis. Ma femme espérait donner naissance à un enfant dans quelques mois et, comme la plupart des parents, nous nous attendions à ce que ce soit un fils. Alors que dois-je faire, pour ne pas priver mon fils de la chance de devenir président de son pays, mais envoyer sa mère outre-mer jusqu'à Boston, afin qu'il naisse sur le sol des États-Unis ! Ce n'est que peu de temps après que j'ai appris que la nationalité suit les parents, et que les présidents peuvent naître n'importe où, s'ils font attention à leurs parents. Le garçon attendu était une fille – si je puis me permettre, un taureau irlandais. Il s'agissait de ma fille Sue, qui ne pourrait jamais être présidente, à moins que le mouvement pour le droit de vote des femmes n'avance beaucoup plus vite qu'il ne l'a fait jusqu'à présent.

Je n'ai pas mentionné mon partenaire dans l'entreprise australienne, depuis que j'ai dit que lui et nos commis avaient quitté Boston pour Melbourne sur le Plymouth Rock - un curieux renversement de l'histoire, car l'Occident allait exploiter l'Est, et c'était singulier. qu'un navire portant le nom historique de Plymouth Rock aurait dû être choisi pour porter cette nouvelle expédition argonautique dans les mers du Sud. Le capitaine Caldwell, comme je l'ai dit, était un homme âgé, sobre et conservateur. Il était capitaine de vaisseau depuis de nombreuses années et possédait une expérience considérable. Les expéditeurs de Boston s'attendaient à ce que son conservatisme serve à freiner ma témérité et mon esprit d'aventure.

Le capitaine Caldwell, cependant, n'aimait pas l'Australie, mais sa présence ne m'empêchait pas de me lancer dans toutes les spéculations ou entreprises qui me paraissaient invitantes. Le pays était plein d'occasions, et j'aurais été stupide, en effet, de ne pas en profiter autant que possible. Mais cette vie rude ne convenait pas au capitaine Caldwell, bien qu'il fût habitué à la vivre en mer ; et il voulait retourner en Amérique. J'ai donc consenti à son retour. Il a embarqué sur le même bateau que ma femme, le Red Jacket, qui devait d'ailleurs accomplir alors l'un des voyages record du monde. Bien qu'il n'était à Melbourne que depuis quelques mois, je lui ai donné 7 500 $, qui représentaient la part qui lui appartenait du bénéfice estimé de notre entreprise.

Il y eut encore un autre incident lié à ce voyage de la Veste Rouge qui le rendit mémorable dans mes expériences. J'ai mentionné que le phrénologue Bridges avait dit, en Angleterre, quelques années auparavant, que je devais devenir soit un grand réformateur, soit un grand pirate. A Melbourne, un jour, je me suis retrouvé nez à nez avec une accusation de piratage ! J'ai été accusé d'avoir tenté de s'emparer d'environ 2 000 000 $ d'or, que j'avais mis sur la veste rouge pour l'expédier à Londres.

Cela s'est passé de cette façon. Il était bien entendu d'usage de faire signer tous les connaissements par le capitaine du navire. Mais le capitaine Reid, du Red Jacket, avait été arrêté, à la demande d'un des passagers, et le navire avait été diffamé à cause d'une réclamation. Pour cette raison, le capitaine Reid n'était pas présent pour signer les connaissements. À Boston, j'avais souvent signé des connaissements en l'absence du capitaine, je n'avais donc eu aucune hésitation quant à ma conduite en cas d'urgence. J'ai considéré que j'avais tout à fait le droit de signer les billets, et je les ai donc signés pour les 2 000 000 $ en or, en inscrivant « George Francis Train, pour le capitaine ».

Or les Anglais sont un peuple conservateur. Quand ils voient quelque chose de nouveau, cela leur « fait peur ». Ils ne peuvent pas comprendre pourquoi il devrait y avoir une occasion de faire quelque chose de nouveau sous le soleil. Lorsque les banques de Melbourne ont vu que j'avais signé les papiers, elles ont eu une peur bleue. Ils n'avaient jamais entendu parler d'une telle procédure et pensaient que leur assurance avait disparu.

Mais ça n'était pas tout. Le Red Jacket était le clipper le plus rapide qui avait alors visité Melbourne, et ces banquiers ont pensé que j'allais m'enfuir avec cet or et devenir un capitaine Kidd ou un Morgan boucanier. Ils fondaient leurs craintes sur le fait que ma femme était à bord, que le capitaine Caldwell, mon partenaire et ami, était également un passager, et ils croyaient que le capitaine Reid était à bord, bien qu'en état d'arrestation. Pour les banquiers suspects, c'était là un dossier très solide contre moi.

Pendant ce temps, le Red Jacket, avec ses voiles gonflées par le vent et se déplaçant d'une manière qui lui était propre, que rien dans les mers du Sud ne pouvait imiter ou approcher, traversait la baie de Hobson. Le gouvernement et les autorités de Melbourne lui envoyèrent deux navires de guerre. Il n'y avait aucune possibilité qu'il soit révisé par ces embarcations, et j'ai donné l'ordre de se diriger vers Point Nepean. Les shérifs de Melbourne, qui pensaient que le capitaine Reid était à bord, sont restés à bord du navire, mais je leur ai ordonné de les renvoyer à la pointe. Ils étaient furieux, mais ne pouvaient rien faire, puisqu'ils ne pouvaient pas agir pour Melbourne en mer sous le drapeau étoilé. En conséquence, ils ont été embarqués sur un remorqueur et ramenés à Melbourne. Immédiatement après que les shérifs ont quitté le bateau, un petit yacht, le Flying Eagle, avec le capitaine Reid à son bord, est arrivé, et le capitaine a été mis sur le Red Jacket, juste en dehors de la juridiction australienne.

La veste rouge a de nouveau pris le vent et a montré ses talons propres aux navires de guerre à voile lente qui les poursuivaient. Elle a atteint Liverpool en soixante-quatre jours.

Les autorités et les banquiers de Melbourne n'aimèrent pas du tout cette procédure, mais comprirent qu'ils ne pouvaient rien faire. Il y a eu une grande anxiété en Australie pendant deux mois et plus. Lorsqu'on apprit que les 2 000 000 $ d'or avaient été débarqués à Liverpool sans perdre un sou, j'en fus chaleureusement félicité, même si l'esprit britannique ne m'a jamais pardonné d'avoir pris les choses en main et de tirer le meilleur parti d'une mauvaise situation. Leur conservatisme avait reçu un choc.

CHAPITRE XI

LA FIÈVRE DE L'OR EN NOUVELLE-GALLES DU SUD ET EN TASMANIE

1853-1855

Pendant mon séjour à Melbourne, la fièvre de l'or était à son paroxysme. J'étais particulièrement intéressé par les mines et je suis allé à Ballarat pour voir comment les Britanniques géraient ces choses. C'est justement pendant que j'étais là-bas que la grande « pépite d'aubaine » a été découverte. Je n'oublierai jamais l'impression que cette découverte et sa fin tragique ont produite sur mon esprit. C'est une histoire que le monde a peut-être entendue maintes fois, et autant de fois oubliée ; mais pour celui qui a senti sa terrible leçon gravée dans son cœur, c'est inoubliable.

Il y a eu des mineurs chanceux et malchanceux en Australie, comme il y en a eu partout ailleurs dans le monde. Beaucoup ont trouvé de grandes pépites qui renfermaient des fortunes – « des richesses infinies dans une petite pièce » – tandis que beaucoup d'autres n'ont trouvé que des difficultés infinies et une misère déchirante. Parmi l'armée des hommes brisés, il y avait un « vagabond » nommé Hooligan qui n'avait pas trouvé d'or, ne trouvait même plus de travail et mourait de faim. Un jour, il se rendit chez les propriétaires d'une mine ou d'un puits exploité et leur demanda la permission de descendre tenter sa chance. Ils ont consenti. Le type désespéré prit sa pioche et descendit au fond du puits. En quelques minutes, il valait une fortune. Il avait trouvé la plus grosse pépite jamais extraite du trésor terrestre. À deux cents pieds sous la surface du sol, il avait enfoncé sa pioche, par simple hasard, contre un morceau d'or qui aurait transmué la baguette de Midas en un meilleur métal.

Il sortit du puits, sachant qu'il avait trouvé une somme assez importante, mais ne se rendit pas compte de son montant. La pépite a été remontée et pesée. Il pesait exactement le poids d'un baril de farine, soit 196 livres. Il était riche. Ce matin-là, il avait été un mendiant, et maintenant il était le mineur le plus riche des champs. Ils pesèrent soigneusement l'or et lui dirent qu'il était un homme riche.

« Est-ce que tout cela est à moi ? » demanda-t-il, comme si les mots étaient aussi lourds qu'une grosse pépite et aussi précieux. Ils lui ont dit que oui. "Il n'appartient pas au gouvernement ?" "Non." "Tout à moi", dit-il dans un murmure, et il tomba au sol, mort.

Personne ne le connaissait. Son nom n'était même pas connu. Il n'était qu'un simple vagabond agité sur la surface de la terre et avait brisé son cœur pour la plus grosse pépite, la plus riche pièce d'or du monde. Et ainsi, la pépite est devenue la propriété du gouvernement, après tout.

Le capitaine David D. Porter, qui fut plus tard amiral de la marine américaine, s'est rendu à Melbourne pendant que j'y étais, et je lui ai donné une réception au cours de laquelle il a rencontré les personnalités éminentes de la colonie. C'était un de mes proches. J'étais très fier de lui à l'époque, mais encore plus plus tard. Il commandait l'Âge d'Or, qui fut ensuite célèbre pour l'incident du Black Warrior. Il a invité ma femme et moi-même à l'accompagner sur son bateau à Sydney, en Nouvelle-Galles du Sud. Nous avons fait un agréable voyage autour de l'île. Le navire fit autant de sensation à Sydney qu'à Melbourne. Le drapeau américain avait rarement été vu au-dessus d'un navire de guerre dans ces eaux. À Sydney, nous avons rencontré Sir Charles Fitzroy, gouverneur de la Nouvelle-Galles du Sud, ainsi que des personnalités éminentes de la vie civile et officielle. Sir Charles Fitzroy était un survivant des beaux jours de la cour du dernier des Georges, et avait la lourde courtoisie de cette époque, où tout ce qui était dit ou fait était accompagné d'une profonde révérence et d'un sourire gracieux. Il nous a généreusement divertis à Government House. Nous avons également été reçus par Sir Charles Nicholson, dans sa magnifique demeure de campagne. J'ai eu le plaisir particulier, alors que j'étais en Australie, de réaliser l'une des prophéties de Sidney Smith, faites alors qu'il était rédacteur en chef de la Quarterly Review, une quarantaine d'années auparavant. Il a dit, je m'en souviens, que dans un demi-siècle, des cargaisons de thé – le luxe que l'Angleterre de son époque et la nôtre considère comme une preuve infaillible de civilisation – seraient débarquées sur les quais de Sydney. Il a évoqué Port Jackson, aujourd'hui dominé par la ville florissante de Sydney, et qui était alors l'un des ports les plus prometteurs des mers du Sud. À cette époque, je recevais du thé en expédition de Nye, de Canton, en Chine, surnommé le « Napoléon du commerce du thé », et il m'est venu à l'esprit que l'Australie devrait être un bon marché pour ce produit. Trois cargaisons venaient de Canton, avec pour instructions que si le marché de Melbourne s'avérait défavorable, l'une des cargaisons devrait être expédiée à Sydney. Il fut donc envoyé là-bas, accomplissant la prophétie de Sydney Smith et ouvrant le commerce du thé dans cette partie de l'Australie.

Sir Charles Nicholson, avant notre arrivée, reçut le commodore Wilkes, qui était en visite en Australie, et qui ensuite souleva la Grande-Bretagne en expulsant de force du courrier britannique Trent les agents des États confédérés, Mason et Slidell. J'ai été surpris de retrouver dans le port deux de nos anciens paquets, l'Anglo-American et le Washington Irving, le paquet du capitaine Caldwell, sous des noms changés. Ils avaient été vendus à des armateurs anglais.

Sydney n'était pas une grande ville à cette époque, même si elle se développait rapidement. Il convient peut-être de rappeler ici qu'elle avait été fondée comme colonie pénitentiaire, dont les effets n'étaient pas entièrement disparus au moment de ma visite, bien qu'aucun forçat n'y soit arrivé depuis 1941, je crois. L'influence de Botany Bay s'est également fait sentir à Sydney. J'ai été frappé par la belle entrée étroite et rocheuse du port. Il donne au port plusieurs milles de rivage et est si sinueux que lorsque le capitaine Cook, qui l'a découvert, a navigué et jeté l'ancre dans Botany Bay, certains de ses marins ont rapporté avoir vu depuis la tête du mât un grand lac intérieur à l'intérieur. Le « lac » s'est avéré n'être qu'un lac apparent, produit par l'un des nombreux détours du beau et sinueux bras de mer, pour finalement retenir dans ses bras la belle ville de Sydney.

Nous sommes rentrés de Sydney à Melbourne après une visite courte mais agréable. Peu de temps après avoir quitté le port, nous avons été confrontés à l'une des tempêtes les plus terribles que j'ai jamais connues. C'était la bonne époque de l'année pour que les coups de vent apparaissent, et celui-ci, comme c'est le cas de la nature sauvage des mers du Sud, semblait jaillir d'un ciel clair et d'eaux calmes. Si notre bateau avait été un navire marchand ordinaire, il aurait certainement coulé. Mais l'âge d'or était solide et fort. Elle luttait contre les mers comme contre un ennemi humain. Cependant, malgré sa navigabilité, presque tout le monde à bord pensait qu'il ne pouvait pas résister au choc répété des vagues qui déferlaient en montagnes contre sa proue.

Au milieu de la tempête, j'ai vu l'un des marchands les plus importants et les plus riches de Sydney traverser le pont, ballotté çà et là par les secousses du navire, et portant dans ses mains un paquet très lourd. "Pour l'amour du Dieu, qu'as-tu là ?" Ai-je demandé avec étonnement. Il ne m'a pas répondu directement et je l'ai trouvé trop terrifié pour parler, mais il s'est finalement approché de moi et m'a dit : « M. Train, je sais que vous avez une certaine influence ici sur le navire. J'ai amené avec moi mille personnes. souverains. Ils sont là » - et il tapota le sac qu'il portait dans ses mains. "Je veux que tu m'accompagnes chez le capitaine et que tu lui donnes cette somme pour m'avoir embarqué dans un petit bateau." "Un petit bateau ne vivrait pas une minute dans cette mer", dis-je. "Je suis prêt", répondit-il, "à tenter ma chance, car ce serait mieux là-bas qu'ici, car le navire peut couler à tout moment." Je refusai de faire une demande aussi insensée au capitaine et je l'exhortai à rester calme, car le navire était solide et résisterait à la tempête. Il ne parvenait pas à se calmer, mais il s'inquiétait et fulminait de terreur. Comme la fortune nous était favorable, le vent s'est soudainement arrêté, s'éloignant de nous aussi rapidement qu'il était venu. Le riche marchand ramena bientôt ses mille souverains dans sa chambre.

J'ai déjà déclaré que j'étais l'agent des assureurs de Boston. Bien entendu, cela m'a rendu quelque peu soucieux de la sécurité de tous les navires dans ces eaux. Un matin, la ville entière de Melbourne fut surprise par la nouvelle qu'un grand clipper s'était échoué sur l'île Flinder, au large de Point Nepean. Plus tard, nous avons appris qu'il était à terre et que des signaux de détresse sortaient de sa tête de mât et de son gréement. Bien sûr, j'étais très alarmé et j'ai immédiatement commencé à voir ce qui pouvait être fait pour sauver le navire et l'équipage. J'ai pris un remorqueur et j'ai rapidement emmené une équipe de sauvetage dans la baie de Hobson. Nous avons navigué aussi vite que les moteurs du remorqueur le permettaient de traverser les mers agitées. En nous approchant de l'épave, nous avons vu que le navire était le Whistler de Boston. Il semblait être une véritable épave et, avec nos lunettes, nous n'avons pu déceler aucun signe de vie à son bord.

Je n'abandonnai cependant pas l'aventure là-bas, mais j'ordonnai au capitaine du remorqueur de se diriger directement vers l'île. J'avais le vague espoir que l'équipage avait réussi d'une manière ou d'une autre à débarquer à bord des bateaux ou sur des bois flottants. Le capitaine n'apprécia pas cette partie de son travail, et ses craintes furent bientôt justifiées, car nous échappâmes nous-mêmes de très peu au naufrage dans les mers agitées. Il fallut finalement attendre que les vagues descendent un peu avant de tenter d'atterrir sur Flinder's Island. Cependant, nous nous sommes approchés le plus possible et nous avons alors aperçu des signaux provenant du rivage. Nous leur répondîmes, et l'équipage naufragé comprit que nous attendions que la mer se calme pour tenter de rejoindre la terre ferme.

Le vent s'est calmé lentement et il a fallu des heures avant que nous puissions approcher de la côte. Dès que possible, je suis sorti avec un équipage dans un petit bateau et je me suis rendu sur l'île. Nous avons eu beaucoup de mal à traverser les vagues et à éviter les déferlantes, mais nous avons finalement atteint le rivage. Nous y avons trouvé le capitaine Brown avec sa femme, les officiers du navire et l'équipage, tous bien vivants. Ils avaient réussi à vivre de coquillages et de wallaby, les petits kangourous des brousses. Ils n'avaient rien pu prendre du navire et, bien entendu, ils n'avaient pas pu l'atteindre une fois qu'il avait été abandonné. Nous les avons tous embarqués à bord du remorqueur et les avons transportés en toute sécurité jusqu'à Melbourne. Le consul américain les renvoya ensuite tous chez eux via Liverpool. C'était le deuxième sauvetage d'équipages et de passagers naufragés que j'effectuais, et j'en étais un peu trop fier, je suppose.

À cette époque, les gouvernements britannique et colonial décidèrent d'installer en Tasmanie des émigrants libres. L'idée était de payer les frais de tous ceux qui voulaient se rendre sur cette île, et les gouvernements ont passé un contrat avec la White Star Line pour le transport des colons. Le gouvernement britannique devait payer la moitié des dépenses et le gouvernement colonial le reste. Le contrat a été signé par Henry T. Wilson, directeur de la White Star Line, le voilier pionnier de la gigantesque combinaison de navires à vapeur de Morgan, qui m'a envoyé tous les documents à Melbourne, en tant que représentant de la compagnie, pour veiller à ce que les termes du contrat soient respectés. l'accord a été réalisé. Il m'a également demandé de me rendre à Hobart Town (aujourd'hui appelée Hobart) pour être là lorsque le premier bateau d'émigrants arriverait pour collecter l'argent pour le passage. Je pris aussitôt le bateau à vapeur pour Hobart Town, et je n'oublierai jamais le plaisir de ce voyage. Ce fut une révélation. La remontée de l'estuaire jusqu'à Hobart Town était délicieuse et le paysage, je pense, était tout à fait le plus charmant que j'aie jamais vu dans le monde du Sud. A Hobart Town, je fus reçu par M. Chapman, un marchand maritime, à qui j'avais écrit à l'avance, et il me fit séjourner avec lui dans son beau bungalow, au sommet d'une haute colline, offrant une belle vue sur la ville. .

Les émigrés sont arrivés en excellente condition. Ils furent les premiers colons libres de Tasmanie. Il n'y avait pas eu de mort à bord du navire, et dès l'arrivée des nouveaux arrivants, ils étaient employés, car la ville de Hobart Town était très prospère et il y avait une abondance de travail à faire. J'ai eu à nouveau le plaisir de sentir que, dans cette entreprise comme dans d'autres, j'étais un argonaute et un pionnier.

J'ai été étonné de trouver autant de personnalités, notamment dans le monde des lettres, installées dans cette lointaine colonie d'Angleterre. À Hobart Town, j'ai rencontré les Power, les Howitt (dont les livres étaient alors extrêmement populaires) et Thorne, l'auteur d'Orion. Alors comme aujourd'hui, cette colonie était considérée comme la partie la plus agréable des vastes possessions de la Grande-Bretagne dans les mers du Sud. Le climat et les aspects du pays étaient bien plus agréables que ceux de l'Australie, distante d'une cinquantaine de milles à travers le détroit de Bass.

Au moment de ma visite, le monde entier parlait des divers efforts déployés pour découvrir les restes de la malheureuse expédition au pôle Nord dirigée par l'ancien gouverneur de Tasmanie, le bien-aimé Sir John Franklin. Il était parti vers le Nord en 1845 et depuis, on n'avait plus aucune nouvelle de lui. Sa femme était censée le pleurer dans la solitude.

La curiosité m'a conduit à la maison où avait vécu ce célèbre gouverneur et explorateur aventureux, et le concierge, un vieux serviteur de confiance, m'a fait visiter le bâtiment. C'était une de ces énormes constructions que les Anglais construisent pour l'édification et l'émerveillement des indigènes de leurs colonies. J'avais beaucoup entendu et lu beaucoup de choses sur Sir John et sur la charmante femme qui pleurait sa longue absence, et j'entrai dans la maison silencieuse avec le sentiment d'empiéter sur un chagrin grand et inexprimable. Imaginez mon étonnement, je pourrais dire mon horreur, d'apprendre que Lady Franklin, ou Lady Jane, comme on l'appelait généralement, avait vécu pendant des années à un bout de la longue maison, tandis que Sir John vivait à l'autre, et que, selon l'histoire, ils ne s'étaient pas parlé depuis des années. Elle semblait certainement avoir eu la grâce d'assumer une vertu qu'elle ne possédait pas, et pleurait apparemment son seigneur perdu pendant des années et consacrait une grande partie de son temps à des œuvres caritatives libérales. C'est la première fois que je fais allusion d'une manière ou d'une autre à ce malheur inconnu de Sir John Franklin. Il n'était pas connu de beaucoup de gens en Tasmanie à l'époque, et je suppose qu'il n'est connu aujourd'hui que des membres des deux familles, les Franklin et les Griffin.

Comme j'avais fait la moitié du tour de l'île de Tasmanie, en approchant de Hobart Town par la mer, je n'avais rien vu de l'intérieur du pays, alors je résolus — après avoir terminé mes affaires à Hobart Town — de traverser l'île jusqu'à Launceston. Il y a maintenant une voie ferrée qui traverse directement, mais à l'époque il n'y avait qu'un itinéraire par étapes. Les étapes se déroulaient tous les deux jours. J'ai pris le wagon-poste, le même style de wagon qui avait été utilisé pendant des centaines d'années en Angleterre et en Écosse, toujours aussi rudimentaire et encombrant qu'au début de sa conception. Là aussi se trouvaient le vieux chauffeur Tudor et le garde de la Restauration. Rien ne manquait. Le carrosse m'a semblé avoir été tiré des coulisses d'une vieille comédie, un objet de scène.

Mais si la scène était désuète et déconnectée de l'agitation moderne du monde, le pilote ne l'était pas. Je lui ai demandé ce qu'il pensait être la bonne chose comme "pourboire", car je ne connaissais pas les coutumes de la Tasmanie. « Cela dépend, monsieur, dit-il, de qui nous accompagnons. Cela réglait les choses pour moi, car mon pourboire devait alors être une sorte de mesure de mon estime de moi-même. J'étais littéralement coincé et j'ai dû lui donner un gros pourboire, en pure légitime défense.

La route vers Launceston était excellente, un macadam construit par des forçats, et le paysage était le plus beau que j'aie jamais vu en Australasie. Quand je suis arrivé à Launceston, j'ai dû me procurer un laissez-passer pour quitter le pays, car il était nécessaire d'avoir un passeport pour y entrer. Les Britanniques étaient très exigeants quant à savoir qui ils permettaient de quitter la Tasmanie et à qui ils permettaient d'y aller.

Près de Launceston, j'ai vu la pièce dans laquelle François, qui fut plus tard membre du cabinet de la colonie de Victoria et l'un des hommes les plus capables et les plus énergiques d'Australasie, eut son fameux et terrible combat avec un cambrioleur. Ce combat est devenu une tradition dans toutes les colonies et reste encore aujourd'hui considéré comme l'une des expériences passionnantes des premiers temps. Une nuit, François entendit du bruit dans sa salle à manger. Il se levait tard, étudiait dans sa bibliothèque, et comme le pays était infesté de forçats désespérés qui s'étaient évadés des camps, il se rendit aussitôt dans la chambre pour voir si un cambrioleur n'était pas entré par effraction.

En regardant par le trou de la serrure, il aperçut un homme avec une lanterne sombre qui mettait l'assiette familiale dans un sac. Francis prit immédiatement une décision quant à ce qu'il devait faire. Il entrait dans la pièce et se battait avec le voleur. Ouvrant silencieusement la porte, il entra, puis verrouilla rapidement la porte et jeta la clé. Immédiatement, il y eut un combat désespéré. Le cambrioleur se retrouvant piégé, se tourna vers Francis et tenta de le tuer avec un énorme couteau. François lui attrapa le bras et une lutte à mort commença. À plusieurs reprises, le cambrioleur lui a arraché la main et a frappé Francis, mais le courageux n'a pas bronché. Il s'est battu jusqu'à ce qu'il ait vaincu le voleur, l'a jeté au sol et lui a lié les mains derrière lui. Francis était lui-même si gravement blessé qu'il était en danger de mort pendant des semaines.

Les exploits de la condamnée Tracy dans l'Oregon me rappellent un cas bien plus terrible survenu en Australie pendant que j'y étais. Le pays était une sorte de frontière, au sens occidental du terme, d'un bout à l'autre. Il était fort possible qu'un forçat désespéré se cache dans chaque coin de brousse, et qu'il vous tuerait aussi vite que de demander du pain. Mais un jour, la nouvelle arriva à Melbourne qu'un condamné s'était évadé d'une manière particulièrement terrifiante. Ce n'était pas un homme ordinaire. Il avait froidement tué deux geôliers ou gardes, leur ayant pris leurs propres armes. Puis, se dirigeant vers l'eau, il ordonna à un batelier de le conduire jusqu'à un bateau afin qu'il puisse s'échapper du pays. Le batelier, ne connaissant pas le caractère de l'homme à qui il avait affaire, refusa et fut abattu sur le coup. Le fugitif s'est ensuite rendu au navire dans le bateau de l'homme mort et a demandé au capitaine de le prendre à bord et de le transporter à Melbourne. Le capitaine a refusé, et il a également été abattu, et avec un pistolet chargé, le condamné a alors obligé le second à l'emmener à Melbourne. Après avoir atterri, il entreprit une tentative désespérée pour se sauver de ses poursuivants.

Ce début de sa carrière d'assassin fut suffisamment terrible pour choquer toute la région, lorsqu'on apprit qu'il était en liberté et se dirigeait vers Melbourne. On entendit parler de lui ensuite lorsqu'il atteignit Hobson's Bay à Sandridge. Ici, il trouva un agriculteur labourant son champ. Le condamné avait besoin de son cheval et, tirant sur le fermier, il s'enfuit. Un autre agriculteur le suivit et fut à son tour tué.

A cette époque, bien entendu, tout le pays était en éveil, même la police, et des groupes se formaient en toute hâte pour capturer les meurtriers, car personne à l'époque ne pouvait croire que c'était un seul homme qui commettait tous ces crimes. Lorsqu'il a été vu pour la dernière fois, il se dirigeait apparemment vers Ballarat, où il espérait peut-être être rejoint par d'autres hommes aussi désespérés que lui. Ballarat était à environ cent milles de distance et un groupe se lança à sa poursuite. Rien n'a été entendu ni vu du condamné à cinquante milles, lorsqu'un des membres du groupe a vu un homme près d'une hutte de squatters portant un autre homme dans ses bras. Cela semblait être une démarche quelque peu curieuse, et le groupe se rapprocha immédiatement de l'homme. Tout comme Tracy, cet homme a tiré sur le chef du parti. Les autres ont alors avancé et l'ont capturé avant qu'il ne puisse tuer quelqu'un d'autre. Dans la cabane, ils trouvèrent neuf hommes attachés avec des cordes. On ne comprenait pas quel usage le forçat espérait en faire. Tous n'étaient pas blessés. Au moment de sa capture, le condamné avait tué quatorze hommes.

CHAPITRE XII

AUTRES INCIDENTS AUSTRALIENS - UNE RÉVOLUTION

Une fois, j'ai essayé d'être président des États-Unis. Avant cela, on m'avait proposé la présidence de la République australienne. Il est vrai qu'il n'y avait pas de République australienne à ce moment précis, mais des milliers de personnes pensaient qu'il pourrait y en avoir une très bientôt. Il y eut une révolution, ou, comme il faut l'appeler, une rébellion, car elle échoua, à laquelle je n'avais pris aucune part ni manifesté aucune sympathie, mais les révolutionnaires, ou rebelles, m'offrèrent la chefferie de leur gouvernement, aussitôt que possible. comme ils pourraient l'établir.

Cela s'est produit de cette façon. En 1954, les mineurs des champs de Ballarat et de Bendigo étaient dans un état de fermentation intense. Ils étaient mécontents des conditions existantes : de leur chance dans les mines, de la façon dont ils étaient traités par le gouvernement et les propriétaires des mines, et surtout de l'échec total du gouvernement à protéger leurs droits contre les capitalistes. Mais c'étaient surtout les licences qui étaient à l'origine des querelles.

Lorsque je suis allé en Australie, le lecteur peut facilement croire qu'il y avait très peu de sentiments ou de connaissances sur les États-Unis. J'ai immédiatement entrepris de répandre l'évangile de l'américanisme et j'ai introduit la célébration du 4 juillet. Les colons d'Angleterre ont toujours été très amicaux envers le peuple des États-Unis, partageant un sentiment de parenté, et tous attendaient avec impatience le jour où eux aussi pourraient revendiquer un pays libre et pas simplement une tache rouge sur la carte de la Grande-Bretagne. C'est pour cette raison que les Australiens ont accueilli favorablement l'idée de célébrer l'indépendance des États-Unis, autrefois colonie de la Grande-Bretagne.

Lorsque les mineurs, qui avaient entendu parler de mon « spread-eagleism », comme on l'appelle depuis, ont déclenché leur petite révolte contre le gouvernement britannique, ils ont pensé à moi et m'ont proposé la présidence de la république qu'ils voulaient créer. Entre-temps, ils m'ont élu leur représentant à la législature coloniale des mineurs de Maryborough, où ils ont tenu une grande réunion. Je n'aurais pas pu prendre place si je l'avais désiré, et comme je ne le désirais pas, j'ai bien sûr refusé. J'ai également décliné la présidence imaginaire, car je ne la voulais pas et je n'aurais pas pu l'obtenir. La « République cinq étoiles », comme on l'appelait, ne devait être qu'un rêve, et la « révolution » de Ballarat n'était qu'un cauchemar.

Peu de temps après que j'ai refusé ces honneurs, il y a eu une terrible émeute à Ballarat. L'ensemble du district minier s'était soulevé contre le gouvernement, car Latrobe, le gouverneur, s'était rendu très impopulaire par sa politique de procrastination. Tout ce qui concernait les champs miniers, semblait-il penser, pourrait aussi bien être entretenu l'année prochaine que celle-ci. Le ressentiment des mineurs était enfin devenu incontrôlable. Mais, malgré leur lenteur à remédier aux griefs des mineurs, les Britanniques furent assez rapides pour se protéger et réprimer les troubles d'une main ferme et lourde. Latrobe attendit que la chose le dépasse presque. Il se sentait bien avec les vieux « squatteurs », qu'il comprenait et qui le comprenaient ; mais il ne se rendait pas compte que le nouvel élément, les milliers de mineurs venus de toutes les nations du globe, ne le comprenaient pas, ni ses voies. Ils étaient habitués à ce que les affaires soient réglées avec célérité et ne pouvaient tolérer le lent conservatisme et l'immuabilité de la fonction civile anglaise. Personnellement, c'était un homme bon ; mais sinon, il était tel que je l'ai décrit.

Le premier fruit de cette politique dilatoire fut le sacrifice de quarante hommes. Le capitaine Wise et quarante de ses soldats furent mis en pièces par les mineurs enragés, qui s'étaient soudainement levés pour lutter pour leurs droits. Le gouverneur Latrobe a immédiatement appelé des troupes de Nouvelle-Zélande, de Tasmanie et de Nouvelle-Galles du Sud pour réprimer les émeutiers. Le manque de préparation des révoltés devint aussitôt apparent, et l'on sut qu'ils avaient envoyé des émissaires à Melbourne même pour acheter des armes et des munitions. Le chef de l'insurrection était James McGill, citoyen américain. Il avait disparu des environs de Ballarat, et une récompense de mille livres sterling avait été offerte pour sa capture, morte ou vive. A Melbourne, c'était presque la panique. Les rumeurs couraient que les forêts étaient remplies d'hommes armés marchant vers la destruction des lieux. Il y avait, selon un rapport authentique, 800 hommes armés à Warren Heap, distant d'environ quatre-vingts milles, qui étaient censés méditer un raid. Les gens se sont empressés de cacher leurs bijoux, l'or a été placé dans des coffres-forts, les banques ont été gardées et une force de police spéciale a prêté serment.

Alors que l'excitation était à son comble, on rapporta que James McGill se trouvait dans les environs de la ville. J'étais assis dans mon bureau un matin, en ces jours de peur, lorsqu'un homme entra, aussi calme que s'il allait simplement discuter de la météo ou de quelques bagatelles d'affaires. "J'ai entendu dire", dit-il, "que vous avez en stock des revolvers Colt d'une valeur d'environ 80 000 $, et j'ai été envoyé ici pour les récupérer." J'ai levé les yeux vers l'homme et je l'ai observé d'un peu plus près. En un éclair, je me suis rendu compte qui il était. « Savez-vous, lui dis-je, qu'une récompense de mille livres sterling est offerte pour votre tête ? "Cela ne veut rien dire", dit-il en souriant comme s'il s'agissait d'une blague. "Ils ne peuvent rien faire", a-t-il ajouté, comme pour apaiser mes craintes.

Je l'ai de nouveau accueilli et j'ai pensé à mon entrepôt de 60 000 $ dans lequel nous nous trouvions alors, à l'entrepôt de 25 000 $ à l'autre bout de la voie ferrée, et à tous mes intérêts à Melbourne, sous lesquels nous placions une mine de poudre et jouions. dessus avec des torches allumées. "Cela ne suffira pas", dis-je. "Tu n'as pas le droit de me compromettre de cette façon." "Nous vous avons élu président de notre république", a-t-il ajouté. « Au diable la république ! dis-je. Veux-tu me dire que tu refuses d'être notre chef ? a-t-il dit. "Oui," dis-je. "Je ne suis pas ici pour diriger ou encourager des révolutions, mais pour mener mes affaires. Je n'ai rien à voir avec les gouvernements ou la politique; et vous devez sortir d'ici, si vous ne voulez pas être pendu vous-même et me ruiner. ". Je lui ai dit qu'il n'y avait pas la moindre possibilité de succès, car la Grande-Bretagne écraserait la révolte par le seul poids de ses hommes, si elle ne parvenait pas à battre ses dirigeants par d'autres moyens.

A ce moment, on frappa à la porte que j'avais pris la précaution de fermer et de verrouiller. Je me suis précipité vers la porte et j'ai demandé qui était là, et la réponse a été que c'était le capitaine McMahon, chef de la police. Il m'a dit : « Savez-vous que ce coquin de McGill est en ville ? Ses hommes sont à Warren Heap, mais lui-même est en fait venu à Melbourne ! Je veux immédiatement une douzaine de vos wagons Concord. J'ai fait un mouvement de la main pour faire comprendre à McGill qu'il devait se taire. Puis j'ai commencé à causer rapidement avec le chef de la police et je l'ai emmené à l'autre bout de l'entrepôt, fermant derrière nous la porte de mon bureau. Il n'y avait plus de wagons, car le gouvernement avait déjà tout ce que j'avais, mais je voulais avoir le temps de réfléchir. Après avoir regardé autour de nous et constaté qu'il n'y avait pas de chariots, le capitaine McMahon est parti et je me suis dépêché de retourner à McGill.

"Maintenant, McGill," dis-je, "je ne vais pas vous trahir, mais je vais vous sauver la vie. Vous devez faire ce que je vous dis." Il m'a regardé un instant et m'a dit : « Mais je ne m'en prends pas à mes camarades. "Vous n'aurez bientôt plus de camarades, mais vous serez vous-même entre les mains des officiers, si vous ne faites pas exactement ce que je vous dis." Il a finalement consenti à faire ce que je lui avais conseillé.

Dès que j'ai vu que la voie était libre, je l'ai emmené dans la rue chez le barbier le plus proche, où je lui ai fait couper les cheveux et raser la moustache, puis je lui ai fait revêtir un habit d'ouvrier. Nous sommes ensuite montés dans ma chaise, je l'ai conduit jusqu'à la baie et je l'ai emmené à bord d'un de nos navires qui était sur le point de partir, et j'ai dit aux hommes que j'avais amené un nouveau débardeur. McGill s'est impliqué et a travaillé aux côtés des hommes, et rien ne prouvait qu'il était lié de quelque manière que ce soit à la révolution de Ballarat, encore moins à son chef.

Trois jours plus tard, le navire appareilla et McGill traversa l'Angleterre jusqu'en Amérique. Cela a mis fin à toute l'affaire de la révolution, à la course au leader et à ma chance d'être président de la République cinq étoiles !

Un jour, un homme portant un élégant chapeau de soie est entré dans mon bureau. "Je vois que vous apportez du rhum de la Nouvelle-Angleterre", dit-il. "Combien as-tu sous la main ?" J'ai examiné les factures et je lui ai dit. Il m'a ensuite demandé si je donnais les mêmes conditions que les autres concessionnaires de Melbourne. "Oui", dis-je; "espèces." "Oh non," dit-il. "J'ai droit à trois mois de prison." Il m'a montré un contrat qu'il venait de signer avec Denniston Brothers & Co., de New York, représenté à Melbourne par McCullagh & Sellars, pour 3 000 £ payables en trois mois. J'étais epoustouflé. La maison avait des succursales dans toutes les grandes villes du monde. J'ai dit à l'homme à l'air gentleman qui voulait du rhum que si Denniston pouvait se permettre de lui faire confiance pour 15 000 $, je pensais que nous pourrions lui faire confiance pour 3 000 $. J'ai cependant pris soin de veiller à ce que notre journal porte une date antérieure à celle de Denniston. Mais cette précaution ne servait à rien face à cet astucieux manipulateur. Il a donné son nom de John Boyd.

À la fin de la semaine, j'ai commencé à devenir un peu méfiant et j'ai envoyé mon commis au bureau de M. Boyd tôt lundi matin. Le bureau était fermé et il n'y avait pas de M. Boyd. Il était allé à Sydney et ce fut la dernière fois qu'on le vit en Australie. Il nous avait "bloqués" nous et Denniston & Co. de la manière la plus simple. Je me suis vraiment senti trompé, tout s'est fait en douceur. Je n'en avais pas eu pour mon argent, comme je l'aurais fait si j'avais été plus difficile à tromper. Il n'y avait là aucun sport.

J'ai ensuite entendu parler de Boyd à Singapour ; mais je devais le rencontrer plus tard. En 1961, alors que j'offrais une excursion à des gens sur la route de l'Union Pacific, et qu'un groupe d'entre nous était sur le bateau à vapeur St. Joseph en direction d'Omaha, un homme est venu vers moi et a réclamé une connaissance. Bien que plus de douze ans se fussent écoulés, je reconnus aussitôt en lui le John Boyd qui avait eu raison de moi dans ce petit métier de Melbourne. J'ai fait semblant de ne pas le connaître. Je suppose qu'il a supposé que l'affaire m'était sortie de l'esprit et que son visage ne m'était plus familier. Il m'a froidement donné son adresse sur une carte, et quand je l'ai regardée, j'ai vu « Noble & Co., Bankers, Des Moines, Iowa ». Je l'ai connu à son nez cassé, qui l'aurait trahi au bout du monde.

Peut-être que ce que j'ai le plus apprécié en Australie a été l'introduction d'articles américains – les « notions yankees », comme les appelaient les gens là-bas – en Australie, même contre les préjugés des colons. Ils se battaient durement contre tout ce qui était nouveau ou américain, mais je prenais plaisir à surmonter leurs préjugés et à les forcer à accepter nos idées. J'ai fait un jour le calcul des choses que j'avais introduites en Australie, et elles s'élevaient à environ cinquante. Parmi ceux-ci se trouvaient des objets aussi courants que le chariot léger, le buggy, les pelles et les houes, et – c'est merveilleux de penser quand on entend et lit tant de choses de nos jours sur les « boîtes de conserve » que consomme l'armée britannique – en conserve ou en conserve. , marchandises. On n'en avait pas entendu parler, et je vis tout de suite qu'il y avait de belles chances de faire quelque affaire rentable. Les conditionneurs anglais ne pouvaient pas commencer à nous concurrencer. Sur une cargaison que j'ai amenée de New London, dans le Connecticut, nous avons réalisé un bénéfice de 200 pour cent. Et maintenant, "Tommy Atkins" vit sur les "boîtes de conserve" que nous avons introduites comme moyen de transporter des provisions d'un bout à l'autre du monde.

Je suppose que c'est avec une partie des revenus de cette expédition rentable que les propriétaires des marchandises ont fondé le Soldiers' Home à Noroton, Connecticut, pendant la guerre civile. Je dois rapporter ici un curieux incident. C'est dans cette maison qu'un soldat a sculpté un dessin des plus élaborés sur une canne qu'il m'a donnée, montrant dans un bref aperçu toute mon histoire. C'était un travail merveilleux, et je l'ai gardé en souvenir de l'estime de ce soldat dans la maison qui a probablement été fondée en partie grâce aux bénéfices de la première grande expédition de conserves en Australie, et de mon rôle dans introduisant ce nouveau commerce dans les mers du Sud.

J'ai eu l'occasion de rencontrer des personnes célèbres et curieuses en Australie. Lors d'une des célébrations du 17 mars, j'ai rencontré un grand nombre de patriotes irlandais, parmi lesquels Smith O'Brien, John Martin et Donohue. J'étais un invité et je me suis assis avec plus de deux cents Irlandais parmi les plus éminents des colonies australasiennes. Quand Smith O'Brien était dans une prison irlandaise en 1948, je lui ai demandé son autographe. Je me suis fait un devoir de collectionner les autographes de tous les hommes et femmes célèbres que j'ai rencontrés, et je possède peut-être maintenant la plus belle collection d'autographes que l'on puisse voir dans ce pays. O'Brien écrivit immédiatement sur une carte le verset suivant :

"Que ce soit sur une potence, Ou dans le fourgon de bataille, L' endroit le plus propice à la mort de l'homme, C'est là qu'il meurt pour l'homme."

Ce sentiment du poète irlandais était particulièrement approprié pour des hommes qui, comme les patriotes et les « rebelles » autour de moi, risquaient à chaque heure la prison ou la mort.

Je rassemblerai ici quelques incidents de ma vie en Australie qui ne sont pas étroitement liés à d'autres événements survenus là-bas. Nous avons fait à Melbourne des profits énormes, de ceux qui font frissonner le sang et transforment les hommes cool en spéculateurs sauvages. J'ai déjà mentionné le bénéfice de 200 pour cent sur le chargement de conserves. Sur une cargaison de farine en provenance de Boston, 7 000 barils, nous avons réalisé un bénéfice de 200 pour cent, la farine se vendant à 4 £ sterling le baril. Cette farine nous avait été expédiée par John M. Forbes, de Boston, pour Philo Shelton et Moses Taylor, le millionnaire de New York.

Quand je suis revenu à New York en 1957, pendant la panique, j'ai rencontré Taylor à Wall Street. Il devait avoir terriblement besoin d'argent pour garder la tête hors de l'eau, et il me dit aussitôt : « Pourquoi m'avez-vous facturé une commission de 7 ½ pour cent pour la manutention de cette cargaison de farine à Melbourne ? Je l'ai regardé avec étonnement. Il avait oublié l'énorme profit qu'il avait réalisé sur la livraison, et ne se souvenait plus que de la petite question de la commission qu'il avait été contraint de payer.

J'ai répondu que la commission était notre charge habituelle. Il m'a dit qu'il achetait son propre journal dans la rue et qu'il n'était pas dans une détresse passagère. "Je ne pense pas que vous auriez dû me facturer plus de 5 pour cent de commission ", a-t-il déclaré. J'étais dégoûté de cette vision d'une transaction qui lui avait rapporté un profit qui eût été considéré comme merveilleux même par un usurier. "Très bien," dis-je, "je vais vous donner la différence maintenant." Et je lui ai donné un chèque de 2 500 $.

J'ai rencontré un grand nombre d'acteurs et d'actrices à Melbourne, car c'était déjà une habitude pour les stars de la scène, qu'il s'agisse de tragédiens comme Edwin Booth ou de danseuses comme Lola Montez, de faire un tour du monde et d'admirer L'Australie sur le circuit. J'ai été étonné de rencontrer un jour Booth et Laura Keene, « bloqués », alors qu'ils avaient fait une tournée réussie en Angleterre. Ils n'attiraient pas le public australien et n'avaient donc pas assez d'argent pour les ramener aux États-Unis. Il se trouve que je venais d'acheter la ville de Norfolk pour l'envoyer à San Francisco comme pionnier d'une nouvelle ligne, maintenant bien établie, et faisant des passages rapides entre les deux ports. Je leur ai donné un passage gratuit pour San Francisco. Laura Keene a fréquemment mentionné le fait dans des « apartés » sur scène, mais je n'ai jamais reçu un mot de remerciement ou d'appréciation de la part de Booth. Kate Hayes et Bushnell ont également visité l'Australie pendant que j'étais là-bas, je leur ai donné un concert et les ai lancés dans leur tournée.

Mais la plus grande sensation qui a été créée dans le monde théâtral australien pendant mon séjour a été celle de Lola Montez, la danseuse madrilène. Elle dansait et pirouettait sur le cou et le cœur des hommes. L'élément minier brut s'est déchaîné sur elle, et elle avait à ses pieds la richesse et le rang de Melbourne. Un matin, elle a fait irruption dans mon bureau et m'a appelé avec son accent suranné : « Est-ce que M. George Francis Train est ici ? Dites-lui que je suis son vieil ami de Boston et que je viens d'arriver de San

Francisco. Elle avait appelé pour porter plainte contre le capitaine de notre navire, qu'elle voulait que nous renvoyions pour un prétendu manque de courtoisie à son égard. Nous avons réglé cette querelle et j'ai fait tout ce que j'ai pu pour lui assurer une saison réussie à Melbourne. Elle avait une très grande vogue et dansait devant des maisons bondées.

Un soir, je suis passé la voir au green-room du théâtre en lui envoyant ma carte. Je m'étais assis sur le canapé pour attendre qu'elle ait fini de danser. Soudain, la porte s'ouvrit brusquement et entra précipitamment quelque chose qui ressemblait à une grosse boule de plumes. Cette balle a volé vers moi et j'ai été enveloppée dans un nuage de dentelle ! La petite danseuse audacieuse m'avait jeté son pied par-dessus la tête !

Ma vie en Australie, qui touchait à sa fin, puisque j'avais pris des dispositions pour partir là-bas pour poursuivre mes activités commerciales au Japon, avait été très charmante et profitable. Tout était nouveau et étrange pour moi, et tout cela faisait une impression profonde et durable sur mon esprit, qui était alors avidement réceptif.

Je constate, en me remémorant ces impressions, que ma première idée de l'Australie reste toujours la plus marquante qui me reste en mémoire. L'Australie était véritablement aux antipodes. Tout semblait inversé, un pays sens dessus dessous. À Botany Bay, j'ai été étonné de constater que les cygnes étaient noirs, démolissant ainsi nos belles idées sur les cygnes « blancs comme du lait ». Les oiseaux parlaient, criaient ou brayaient au lieu de chanter, et les arbres perdaient leur écorce au lieu de leurs feuilles. Le gros bout des poires se trouvait au niveau de la tige et des noyaux de cerise poussaient à l'extérieur du fruit. J'étais assis un jour dans le jardin du gouverneur général, lorsque je crus sentir quelqu'un me taper sur l'épaule. Puis mon manteau m'a été arraché du dos et je me suis retourné juste à temps pour le voir disparaître dans la gorge d'une autruche australienne apprivoisée, appelée émeu. L'oiseau m'avait pris pour un légume.

Sidney Smith décrit le kangourou comme un animal ayant une tête de lapin, un corps de cerf, une queue en forme de poteau de lit et qui, lorsqu'il est en danger, met ses petits dans une poche de son ventre. Mais la plus merveilleuse de toutes les choses étranges de l'Australie, à mon avis, était l'animal qui pondait des œufs comme une poule, allaitait ses petits comme une chèvre et avait des pattes palmées comme un canard. C'était le bec de canard, ou taupe d'eau, que les Australiens appelaient Patybus.

J'ai également vu en Tasmanie et sur l'île Flinder la race d'hommes qui était alors considérée comme la plus remarquable du globe, les premiers sauvages de Tasmanie ; et j'ai vu aussi l'arme la plus curieuse que l'homme ait jamais inventée, le boomerang. Holmes a décrit cette arme dans l'un de ses vers humoristiques :

"Le boomerang que lance l'Australien, Il coupe son propre cercle et vous frappe au nez."

J'ai demandé à un Bushmen de me lancer son boomerang. Il l'a lancé autour d'un arbre et le missile est revenu vers nous. Je m'attendais vraiment à être envoyé à l'écart. Il tomba presque aux pieds du sauvage qui le lançait. Même l'or de ce pays se trouve là où tout se termine dans notre pays : dans les poches !

Avant de terminer le récit de mes expériences australiennes, je tiens à signaler que lorsque je suis arrivé à Melbourne, ce port florissant était dans un état horrible pour une ville de sa taille et de son importance. Ses rues étaient telles qu'elles n'auraient pas été tolérées dans une ville américaine de la moitié de sa taille ou du dixième de sa richesse. Il n'y avait pratiquement pas de travaux publics. Après mon séjour là-bas pendant un certain temps, un plan fut mis sur pied pour améliorer la ville. Cela avançait très lentement, car personne ne semblait savoir exactement quoi faire ni comment le faire. Finalement, un programme élaboré fut élaboré, et pour le réaliser, il suffisait de trouver de l'argent, qu'il faudrait emprunter.

Le président du comité d'amélioration, ou quel que soit son nom, est venu me voir pour me faire entreprendre le lancement de l'emprunt nécessaire. J'ai suggéré un certain nombre d'améliorations, telles que des camions de pompiers, de meilleurs immeubles de bureaux, des rues mieux pavées et de nouvelles usines à gaz. Toutes ces suggestions ont été acceptées et j'ai prévu le lancement de l'emprunt. Ils obtinrent l'argent à Londres et Melbourne fut rénovée, en ce qui concerne son apparence, et devint finalement l'une des villes les plus attrayantes des colonies britanniques. Elle compte aujourd'hui un demi-million d'habitants.

CHAPITRE XIII

UN VOYAGE EN CHINE

1855

J'ai déjà évoqué mon objectif d'aller au Japon pour y établir une succursale. Cette idée m'est venue en Australie, après que le commodore Perry eut ouvert le pays aux étrangers. J'ai toujours voulu être le premier sur le terrain et j'ai constaté que le Japon offrait les plus grandes opportunités possibles pour le commerce de toutes sortes. J'avais choisi Yokohama comme lieu d'ouverture de notre succursale. Le développement rapide de cette ville depuis lors, dans des conditions nouvelles, et l'augmentation considérable de son commerce avec l'Europe et l'Amérique, ainsi qu'avec l'Inde, la Chine et l'Australasie, ont bien justifié mon premier jugement. Je savais que nous pourrions acquérir une grande influence dans le monde du commerce et devenir peut-être la plus grande compagnie maritime du monde, avec des succursales à Boston, Liverpool, Melbourne et Yokohama.

C'est le meilleur endroit pour expliquer les raisons de l'échec de ces projets ambitieux. J'avais progressivement élaboré tout le programme, en y consacrant des heures et des jours d'examen minutieux et minutieux. Je sentais que le projet était absolument sûr à tous points de vue. C'était grand et presque grandiose ; mais je sentais que cela aboutirait certainement à d'immenses fortunes, à l'édification d'un commerce que le monde n'avait jamais conçu ni rêvé auparavant, et au développement du commerce américain.

En fait, je vois maintenant que j'avais plus d'un demi-siècle d'avance sur J. Pierpont Morgan. J'aurais dû créer une grande entreprise de transport maritime et de navigation qui aurait éclipsé toute autre entreprise de ce genre au monde. Mon projet ne se limitait pas à quelques lignes de navires entre l'Europe et New York. Cela ne se limitait pas à un traversier de l'Atlantique. Je prévoyais, comme je l'imaginais, que les navires américains domineraient le commerce sur tous les océans. J'ai vu le pavillon marchand américain dans tous les ports des océans Pacifique, Indien et Atlantique, et faire le commerce du monde entier. J'en ai eu une vague idée lorsque j'ai introduit le service rapide de clipper entre Boston, New York et San Francisco et, encore une fois, lorsque j'ai organisé le service rapide de voiliers entre Boston et l'Australie. Mais je n'ai pas tout vu clairement devant moi, comme je l'ai vu en Australie. L'Orient m'avait éclairci les yeux.

Bien sûr, ma première pensée a été de reconstruire notre maison. Je voulais qu'elle prenne la part principale dans cette tâche prodigieuse et qu'elle devienne la première maison du monde. Tout cela aurait pu être accompli, sauf que j'avais à lutter contre le conservatisme de la Nouvelle-Angleterre et le désir très compréhensible du colonel Train que sa maison soit directement propriétaire de tous ses navires. C'était évidemment impossible. Il ne pouvait pas les posséder, mais il pouvait les contrôler. Je lui ai conseillé de conserver uniquement une participation majoritaire et de laisser d'autres entrer, apportant le capital dont nous aurions besoin pour la plus grande entreprise. C'était mon idée d'un « regroupement », d'un grand « groupement maritime », plus d'un demi-siècle avant qu'il ne soit entrepris, d'une autre manière, par M. Morgan et ses associés.

La demande persistante du colonel Train d'être propriétaire de tous les navires mit fin au projet. Cela a non seulement mis fin à un grand projet, mais aussi à son entreprise. Il fut bientôt confronté à des difficultés. L'entreprise était devenue trop grande pour lui et ses moyens limités étaient devenus lourds et ingérables. Comme je l'avais prévu, il lui fallait plus d'hommes, plus d'esprits, plus d'argent ; et ceux-ci n'étaient pas disponibles. Ainsi, en 1957, le colonel Train fut contraint de tomber, littéralement écrasé sous le poids de ses propres entreprises, comme Tarpeia fut écrasée sous les boucliers sabins. Il a été victime de son désir de tout posséder et de tout dominer.

Deux ans avant l'effondrement d'une grande idée, j'avais quitté l'Australie pour le Japon, en passant par Java, Singapour et la Chine, avec de grands espoirs. J'avais des visions qui devaient m'accompagner pendant encore un an ou deux, puis j'ai dû les abandonner et me tourner vers d'autres domaines. Depuis Melbourne, j'ai navigué sur le Dashing Wave. Est-il déjà venu à l'esprit de quiconque écrit ou pense à l'époque des voiliers, de ces navires ailés, que les noms mêmes des bateaux ont changé, indiquant la transformation du roman en réalité, de la poésie en simple prose et en ouvrage ? travail quotidien ? À cette époque, nous avions des noms beaux et suggestifs pour les navires, tout comme nous devrions essayer de trouver des noms beaux et suggestifs pour toutes les choses vraiment belles et aimables. Maintenant, nous envoyons notre ville de Paris, ou Saint-Louis, ou Saint-Paul, ou Minneapolis, ou Astoria, ou Kentucky, ou Blaamanden, ou Rotterdam, ou Ryndam, ou Noordam. Ensuite, nous avons eu des noms tels que Flying Cloud, la tondeuse qui raccourcissait la distance entre les extrémités du monde ; le Souverain des Mers, le Monarque de l'Océan, la Flèche Volante, l'Aigle de Mer. La Dashing Wave, capitaine Fiske, m'a transporté à Batavia en vingt-six jours. Nous étions accompagnés, pendant une partie du voyage, par le Flying Arrow.

A Anjer, dans le détroit de la Sonde, les Malais descendirent au navire dans leurs petites barques avec des provisions de toutes sortes à vendre. Chacun d'eux avait, à ce qu'ils pensaient, des lettres de recommandation de la part des capitaines et des officiers anglais qui avaient auparavant commercé avec eux ; mais ces lettres, si elles avaient pu être traduites pour leurs possesseurs, auraient été immédiatement jetées à la mer et une émeute générale aurait peut-être suivi. L'une des lettres disait quelque chose comme ceci : « Si ce voleur noir vous apporte des œufs à vendre, ne les achetez pas, car ils sont toujours pourris. Il peut aussi essayer de vous vendre un coq, mais ne l'achetez pas. , car c'est le même coq qui était en équipage lorsque Pierre a renié Jésus. Bien sûr, tout le monde à bord éclatait de rire tandis que chaque lettre nous était remise et lue à haute voix pour l'édification de tous. Les simples Malais riaient bruyamment dans leurs bateaux, pensant que nous étions profondément satisfaits d'eux et de leurs marchandises. Lorsque j'ai traversé ensuite le détroit de la Sonde, le Krakatoa était en éruption et avait complètement changé la face de la côte, et Anjer lui-même et la petite île sur laquelle il se trouvait avaient disparu.

Cette colonie hollandaise a été pour moi une révélation à tous points de vue. Je n'avais jamais rien vu de pareil dans aucune autre partie du monde, et je ne verrais plus jamais quelque chose d'aussi pittoresque ou d'aussi délicieux. Le trajet de Batavia à l'hôtel a été plein de surprises. J'étais accompagné d'une troupe de petits enfants, tous serrés contre nous et criant des « doits », de petites pièces de cuivre. J'ai dispersé ces petites pièces parmi eux encore et encore, mais ils n'en avaient jamais assez, mais ils n'arrêtaient pas de crier : « fais, fais ! Puis la couleur des arbres, les riches nuances des fleurs qui fleurissaient partout, la beauté du paysage, tout était une délicieuse surprise. Je n'ai jamais vu ailleurs autant de fleurs aussi rares. L'île entière de Java, comme j'allais bientôt l'apprendre, est un vaste jardin botanique, bien plus beau et plus rare que tout ce que la science peut créer. La nature, la grande horticultrice, a ici fait son meilleur et dernier travail. L'air aussi était délicieux. Il était parfumé de fleurs, d'herbes aromatiques et d'épices. Je n'avais jamais compris auparavant ce que signifiaient les légendes des « îles aux épices » et j'imaginais qu'ici était le lieu où l'homme vivait et mourait.

Je me rendis en voiture à la résidence du gouverneur général à Buitenzorg, à trente-cinq milles au sud de Batavia, qui était située dans un immense jardin de fleurs et d'arbres. C'était le plus bel endroit que j'aie jamais vu, et je suis sûr de n'avoir jamais rien vu de plus beau depuis. En effet, j'ai été tellement enchanté par Java que j'ai fait fabriquer pour moi une maquette d'un village javanais et je l'ai expédié à ma femme avec le plus grand soin. Quelle ne fut pas ma surprise, quand je rentrai enfin chez moi et demandai avec empressement si le modèle avait été reçu, on me répondit qu'on n'en avait rien vu . "Est-ce que quelque chose ne vient pas de moi de Java ?" Oh oui, quelque chose était arrivé, mais il avait l'air si grand et si inintéressant qu'il avait été déposé dans la cave. Et là, ma belle maquette du village javanais reposait, dans l'ignominie, depuis des années ! Je l'ai restitué à sa juste place dans le monde, en l'envoyant au Musée de Boston. Il a été perdu dans l'incendie qui a détruit peu après ce bâtiment.

C'est à Java que j'ai appris à aimer les fleurs pour la première fois, et depuis, je les aime de plus en plus chaque année de ma vie. Les indigènes de cette île merveilleuse adorent tout répandre des fleurs et tout décorer de belles fleurs. Je me suis vite entiché de la coutume de porter des fleurs et j'ai adopté la boutonnière, que j'ai ensuite introduite à Paris en 1956, à Londres en 1957 et à New York en 1958. Je me suis efforcé de porter chaque jour une gerbe de fleurs sur le revers de mon manteau depuis ma visite à Java.

Il y avait une coutume particulièrement agréable qui, je pense, aurait dû être introduite dans ce pays depuis longtemps. C'était la mode d'apporter sur la table des fruits couverts de fleurs. C'est une coutume qui ravit trois sens à la fois : l'odorat, la vue, le goût. La première fois que je l'ai vu, c'était à la table de M. Whitelaw Reid, lorsqu'il nous a offert un dîner à moi et à mes amis. Après avoir fini de manger, on m'a demandé si je ne souhaitais pas quelques fruits. J'ai regardé autour de moi et je n'ai vu de fruit nulle part. Devant moi se trouvaient de grandes masses de fleurs dans des paniers, et je pouvais facilement détecter l'odeur de fruits de toutes sortes, mais elles étaient invisibles. J'avais presque décidé qu'ils étaient dehors, dans le jardin, et que nous devions peut-être les arracher aux arbres qui, lourdement chargés de leurs fardeaux, pendaient de manière tentante contre les fenêtres. Mais non, les fruits étaient juste devant moi, cachés sous des masses de fleurs coupées, dans des plateaux et des paniers. J'ai trouvé que c'était une belle coutume et qui faisait clairement appel au goût esthétique. Il pourrait très bien être introduit à Newport ou Saratoga, ou dans les demeures de la Cinquième Avenue.

Je regrettais que la Grande-Bretagne ait perdu, par inadvertance, ces magnifiques îles désormais contrôlées par la Hollande ; bien que les Hollandais aient fait à peu près aussi bien que n'importe quel autre peuple, je suppose. Je crois que c'est parce que Lord Canning n'a pas ouvert son courrier oriental un matin que ces îles sont devenues la possession de la Hollande au lieu de la Grande-Bretagne.

Je n'ai, lors de ma première visite, rien vu des Achinois. Mais je suis passé, en 92, lors de mon dernier tour du monde, par l'extrémité nord-ouest de Sumatra, et le capitaine Hogg, du Moyune, m'a montré la petite ville d'Achin, construite sur pilotis. Il a déclaré qu'à l'intérieur, les Néerlandais combattaient toujours les Achinois. Ils combattaient alors depuis trente ans ces mahométans désespérés, ces Malais convertis. Depuis, j'ai pensé, compte tenu de cette lutte prolongée pour la liberté des Malais mahométans de Sumatra, à quel point notre entreprise aux Philippines est désespérée, où nous essayons de soumettre une population bien plus importante de mahométans, les Moros des îles du sud de l'archipel. archipel. La Hollande, je crois, a déjà dépensé environ 500 millions de florins pour exterminer les Achinois. Cela pourrait nous coûter bien plus cher d'exterminer les Moros.

J'ai quitté Batavia pour Singapour à bord d'un navire de guerre hollandais, le capitaine Fabius. Nous nous arrêtâmes d'abord à l'île de Banka, appartenant à la Hollande, et j'y vis les fameuses mines d'étain, qui sont plus grandes que celles de Cornouailles, en Angleterre. Ils appartenaient au frère du roi de Hollande. Nous ne nous sommes pas arrêtés au Sarawak, à cause de la petite guerre que "Rajah" Brooke, plus tard connu sous le nom de Sarawak Brooke, y menait. Nous sommes arrivés à Singapour tout simplement trop tard pour rencontrer Townsend Harris, le premier représentant diplomatique américain au Japon, alors qu'il était allé au Siam. La visite de Harris au Japon a été le véritable début d'une nouvelle ère dans le commerce de l' Extrême - Orient, et aucune autre mission diplomatique dans l'histoire de ce pays n'a donné de meilleurs résultats.

Singapour était alors un port très sale et très commerçant. Tous les navires du monde y sont venus, et la plus grande variété de cargaisons que j'aie jamais vue. La chose la plus intéressante que j'y ai vue était la magnifique maison d'un grand millionnaire chinois, qui dirigeait la plus grande entreprise de Singapour, ou même de cette partie du monde. Il possédait un palais splendide, entouré de beaux et vastes jardins, le tout digne d'un roi ou d'un empereur. Ici, il vivait à la manière d'un prince barbare. Ce Chinois avait établi à Singapour le genre de magasin que nous, en Amérique, pensons avoir inventé : le grand magasin. Mais j'ai appris par la suite, lorsque je suis allé en Chine, que les grands magasins y étaient courants et qu'ils étaient connus depuis des centaines, voire des milliers d'années. Ce développement du magasin est aussi ancien que la civilisation de la race caucasienne et, peut-être, était connu de la Chine bien avant la découverte de l'Amérique. J'ai eu le plaisir de recevoir une invitation à rendre visite au Chinois dans son palais et j'ai été étonné de la grandeur de tout. Il avait une passion pour les animaux et possédait deux tigres en cage qui étaient les plus gros animaux de leur espèce que j'aie jamais vu.

De Singapour, j'ai navigué vers la Chine sur un bateau à vapeur P. & O. À bord, j'ai rencontré le Dr Parker, le nouveau ministre américain en Chine, et mon colocataire était Alexander Collie, de Manchester, en Angleterre, qui, pendant notre guerre civile, est devenu le principal forceur de blocus anglais. Je pourrais tout aussi bien me débarrasser de mes expériences avec Collie pendant que je l'ai devant moi. Collie exploitait son entreprise de gestion du blocus par l'intermédiaire de la London and Westminster (Limited) Bank. Lorsque j'étais en Angleterre, j'ai découvert la nature de son travail et je l'ai exposé par correspondance dans le New York Herald. Cela a conduit à l'effondrement de son entreprise et à la perte de 500 000 £ pour la banque.

Collie a échappé à son arrestation en s'enfuyant vers l'Espagne. Depuis, je n'ai jamais entendu parler de lui.

CHAPITRE XIV

DANS LES VILLES CHINOIS

1855-1856

A Hongkong, je me rendis chez nos correspondants, Williams, Anthon & Co., et pris passage sur le petit bateau à vapeur d'Endicott, le Spark, pour Macao, le port portugais de la Chine. Cependant, avant de quitter Hong Kong, comme j'avais un peu de temps libre, je résolus de voir tout ce qu'il y avait à voir là-bas. J'ai eu l'expérience remarquable de rencontrer celui qui fut plus tard le mari de Hetty Green. Il s'agissait d'EH Green, qui s'est marié douze ans plus tard. Il fut alors mis en relation avec la maison Russell & Sturgis, nos correspondants à Manille, et il me rejoignit pour le voyage à Macao et Canton. Après un court séjour à Hong Kong, nous avons continué vers Macao et Canton.

Nous avons vécu, au cours de ce voyage, les expériences communes des eaux chinoises : pirates et typhons. A la Boca Tigris, embouchure de la rivière Canton, ou rivière des Perles, nous fûmes rattrapés par le typhon, et il nous fallut mouiller près d'une île au milieu d'un certain nombre de jonques. Il s'est vite avéré qu'il s'agissait de bateaux pirates et nous courions apparemment un grand danger. Les pirates commencèrent immédiatement à se rassembler autour de nous, comme s'ils méditaient une attaque. Bien entendu, la petite Spark n'aurait aucune chance dans un tel concours. Je ne pensais pas qu'elle pourrait tenir dix minutes dans une bagarre avec ces vilaines cochonneries.

Les Chinois ont ancré leurs bateaux près du Spark, et j'ai remarqué qu'une douzaine des voyous les plus laids que nos propres marins aient jamais rencontrés regardaient par les fenêtres de la cabine. Je ne pouvais pas imaginer ce qu'ils regardaient et je suis allé voir ce qui n'allait pas. Il y avait M. Green, assis face à la fenêtre, les pieds sur la table, et faisant des grimaces à l'équipage. Je pense que c'était l'homme le plus cool que j'aie jamais vu. Rien ne le sortait de son calme imperturbable. Les Chinois le regardaient d'un air renfrogné, mais cela ne le déconcertait pas du tout. S'il devait être tué par ces démons, semblait-il penser, autant mourir de bonne humeur. Comment pouvait-il savoir qu'il ne s'agissait pas de pirates déguisés ?

Les pirates s'attendaient à ce que nous devenions une proie facile entre leurs mains, car notre charbon avait cédé, et il n'y avait aucune aide à leur portée. Nous étions face à un dilemme, mais nous avons attaqué les boiseries du pont et en avons obtenu assez pour faire démarrer les moteurs et prendre de la vapeur, quand tout à coup, au grand étonnement des pirates, nous sommes partis à la vapeur. La tempête s'étant apaisée, les jonques furent bientôt laissées loin derrière nous et nous atteignîmes Macao sains et saufs.

Macao était à cette époque le siège de la nouvelle traite négrière. Je suis allé au sommet d'une haute colline dans le but de voir les barracoons où étaient gardés les esclaves. Le barracoon est, dans le sens, une petite caserne, mais c'est, en réalité, un trou à peste. Ici étaient rassemblés les Chinois qui devaient être envoyés comme victimes et esclaves dans les îles péruviennes. L'habitude était de faire venir les Chinois de l'intérieur en leur parlant des grandes richesses que leurs compatriotes avaient trouvées en Amérique, nom qui tentait alors tous les Chinois des régions côtières. On savait que beaucoup de Chinois étaient allés en Amérique et qu'ils s'en étaient bien sortis, et les misérables que les marchands d'esclaves voulaient expédier au Pérou furent informés qu'ils seraient envoyés en Amérique. Ils pensaient qu'ils allaient en Californie ; mais ils furent expédiés vers les îles Chincha, près de Callao, le port de Lima, au Pérou.

Comme Boston s'intéressait alors vivement au sujet de l'esclavage dans les États du Sud, j'ai rédigé une description de ce nouvel esclavage dans les îles Chincha, en donnant les noms des bateaux qui avaient récemment appareillé de Macao avec des cargaisons pleines d'esclaves. J'avais entendu parler de cet horrible trafic de chair humaine à Singapour, mais je ne pouvais pas y croire jusqu'à ce que je le voie réellement à Macao. Chaque fois que les misérables se mutinaient ou devenaient rétifs, ils étaient déposés dans la cale et les écoutilles fermées. Les horreurs d'une telle position étaient aussi grandes que celles du tristement célèbre « Passage du Milieu », rendu si visible par les abolitionnistes dans leur campagne contre l'esclavage africain. Les Chinois périrent par centaines et de nombreux survivants furent mutilés ou invalides à vie. Dans un seul cas, quelque deux cents victimes furent étouffées et moururent dans les bras d'un de ces esclavagistes. Mes lettres au New York Herald ont été copiées de partout. On a découvert que certains habitants de Boston eux-mêmes souhaitaient asservir les Chinois. Mais la pratique ne supportait pas la lumière et fut donc abandonnée.

Nous nous sommes dépêchés de Macao à Canton, où nous sommes arrivés pendant le Nouvel An chinois. Cette ville m'a étonné à plusieurs égards. C'était sale et misérable au-delà de toute imagination, avec des rues étroites et une saleté indescriptible. Mais un simple coup d'œil permettait de constater qu'elle effectuait un énorme volume de commerce. Le fleuve était couvert de jonques et de plus gros navires à Whampoa, le port inférieur, arborant les pavillons de toutes les nations. Les entrepôts, les « godowns » des commerçants étrangers, révélaient l'existence d'un commerce énorme et lucratif. Le mot « godown », que beaucoup considèrent comme un mot « pidgin-anglais » composé de « go » et « down », et signifiant déposer des choses dans un entrepôt, est un mot malais et vient de « gadang », qui signifie un endroit pour ranger les articles. Les entrepôts étaient entourés de hauts murs, à la manière des villas privées et des résidences urbaines des Chinois, et étaient ornés de beaux jardins.

Il y avait une jolie coutume, parmi les résidents étrangers, d'inviter tous les visiteurs à dîner avec eux. Ces invitations étaient envoyées de manière informelle sur de petites cartes appelées « chits ». Comme j'étais déjà connu dans le monde des affaires là-bas, j'ai reçu un grand nombre de ces invitations. Un jour, je me promenais avec M. Green, quand il m'a dit qu'il était temps de penser au dîner. "Où vas-tu dîner ?" Il a demandé. J'ai répondu que je ne savais pas quelle invitation accepter. Je crus lui enlever un peu de sa vanité en lui montrant que j'avais reçu un grand nombre de « bons » et j'en tirai un paquet de ma poche. J'ai fait remarquer froidement que je n'arrivais pas à me décider quoi faire, car j'avais un *embarras de richesses* . J'ai compté les « bons » et il y en avait onze. Green, avec beaucoup de nonchalance, sortit son paquet de « bons » ; il en avait treize !

Il avait une excellente manière de prendre soin de lui dans de telles circonstances. Il suggéra qu'il n'y avait qu'une chose à faire : découvrir qui, parmi nos futurs hôtes, aurait le meilleur dîner. Il me fit ensuite visiter l'arrière des résidences, là où un haut mur séparait les jardins de la ville natale, et où je découvris que les cuisiniers chinois suspendaient toujours le gibier, la volaille et autres choses qu'ils préparaient pour les repas. À partir de ce tableau, nous pouvions savoir ce que tout le monde allait manger pour le dîner. Après une promenade dans la ruelle, nous sélectionnons la maison qui expose derrière elle de jolis faisans et saumons. "Le propriétaire de cette maison aura l'honneur d'être notre hôte", a déclaré Green. J'approuvai son choix sur-le-champ et après le dîner, qui fut excellent, où les faisans dorés étaient la *pièce de résistance* . J'ai vite découvert par moi-même, ce que j'entendais depuis longtemps, que les Chinois sont les meilleurs cuisiniers du monde.

Une autre chose que j'ai apprise sur le Chinois, c'est qu'il est le commerçant le plus honnête du monde et le plus prudent en matière de dettes. Le Nouvel An chinois est la saison où le Chinois efface l'ardoise et recommence sa vie, avec un bilan vierge. Il paie toutes les dettes et commence même par le monde. J'ai appris qu'en cet anniversaire, le Chinois vendra tout ce qu'il possède, même sa liberté, sa personne, sa vie elle-même, pour régler ses dettes, afin qu'il puisse affronter la nouvelle année avec une conscience pure et un cœur pur, ainsi que sans aucune facture qui pèse sur lui.

Comme c'était pratiquement la première ville chinoise que je voyais, j'étais très curieux. C'était un tout nouveau terrain pour moi et j'avais hâte de l'explorer. Je savais que cela n'était pas permis, car six Anglais avaient été tués peu avant mon arrivée, pour avoir osé s'aventurer à l'intérieur des murs de la ville chinoise, qui était alors autant un territoire interdit que la « Ville rose » de Pékin. Le sort des Anglais ne faisait que me rendre encore plus désireux de pénétrer à l'intérieur des murs. Je pensais que je pourrais suffisamment bien prendre soin de moi. Des amis m'ont prévenu de ne pas prendre de risques, mais j'ai assumé toute la responsabilité et je suis entré alors que les portes étaient ouvertes. Je n'avais pas fait plus de quelques verges que j'entendis derrière moi et tout autour de moi les cris les plus fous. Des hommes coururent vers moi en criant « Fankwai » – diable étranger ; et je vis aussitôt que j'avais attisé un nid de frelons. J'ai regardé autour de moi et j'ai découvert que la porte par laquelle j'étais passé était toujours ouverte. En courant vite, j'avais de bonnes chances de m'en sortir avant que les Chinois ne puissent m'éloigner. Ce calcul a pris environ un millionième de seconde, et j'ai plongé vers la porte, "comme un cheval qui piaffe". Si le chronomètre avait pu être fixé sur moi, je suis sûr que j'aurais établi un record sur un sprint sur courte distance.

La prochaine fois que j'ai visité Canton, c'était en 1970. Les portes étaient ouvertes et les murs ne servaient à rien pour empêcher les démons étrangers d'entrer. Le marchand américain Nye, familièrement connu sous le nom de Napoléon de Chine en raison de ses gigantesques entreprises, m'a pris le contrôle de la ville. J'avais lu et entendu parler de Chinois mangeant des rats, mais c'était la seule fois où j'avais vu cela se produire, et j'avais du mal à en croire mes yeux. Un Chinois s'est approché de M. Nye et de moi dans la rue et nous a proposé de nous vendre un rat, un gros gaillard encore vivant. J'ai demandé s'il fallait le manger, et le Chinois a répondu que oui. "Mais ce n'est pas cuit", objectai-je. "Je ne vais pas commencer par des rats vivants." Le Chinois a dit qu'il le préparerait : le rat cuit et servi m'a coûté deux cents. Je lui ai dit d'y aller. À ma grande surprise, il prit un petit réchaud sous son bras, alluma un feu et, en quelques minutes, fit rôtir le rongeur jusqu'à ce qu'il soit croustillant. J'étais étonné – et honteux – de voir à quel point c'était joli. Cela semblait savoureux. J'ai dit au Chinois : "Maintenant, tu peux le manger." Il l'a fait, et avec beaucoup d'enthousiasme et en claquant des lèvres. Alors il a eu son rat et mes deux cents aussi.

Mais j'ai pu constater qu'il y avait à peu près autant de vérité dans les histoires courantes de notre stupide littérature juvénile sur les Chinois mangeant généralement des rats que dans les histoires sur d'autres choses merveilleuses dans des pays lointains. J'ai également découvert qu'il n'y avait pas d'arbre upas mortel à Java, ce qui a été un véritable choc pour moi. J'avais été élevé, pour ainsi dire, dans l'ombre fatale de cette upas. J'avais vu des oiseaux tomber morts alors qu'ils essayaient de voler à travers sa bande d'ombre maligne ; J'avais vu des animaux frappés par ses exsudations mortelles et se tordant d'agonie. J'ai vu toutes ces choses dans la vieille ferme de la Nouvelle-Angleterre, qui était le quartier général des méthodistes ; mais à Java, ils avaient tous disparu. Il n'y avait pas d'upas-tree, et la mortalité parmi les oiseaux et les animaux n'était pas plus grande que nécessaire pour satisfaire la nature prédatrice des autres animaux, oiseaux et hommes. Et maintenant, découvrir en Chine que les histoires de la Nouvelle-Angleterre sur la consommation générale de rats étaient fausses, ce fut un autre choc.

Mais les Chinois ne sont pas aussi propres qu'ils pourraient l'être. J'ai appris ce fait intéressant en lien avec mon goût pour le gingembre de Canton. J'avais toujours, dès ma plus tendre enfance, été outrageusement friand de ce délicat confit. J'en avais mangé en grande quantité chaque fois que j'en avais l'occasion ; et quand je suis arrivé à Canton, patrie de cette conserve, j'y ai tout de suite pensé et j'ai voulu en savoir plus sur sa fabrication. J'appris, après quelques recherches, qu'il était installé dans une usine de l'île de Ho-nan, près de Canton. Ho-nan est aussi le nom d'un célèbre temple bouddhiste situé sur la même île. L'usine, ainsi que la majeure partie de ce qu'on appelle l'île, sont construites sur pilotis. Je n'avais pas complètement ignoré ce fait lorsque j'ai demandé aux ouvriers de l'usine où ils se procuraient l'eau pour le sirop des conserves. Ils m'ont regardé comme si j'étais dément. "De l'eau ! pourquoi nous sommes juste de l'autre côté de la rivière !" Oui, ils se trouvaient juste au-dessus de la rivière, la rivière la plus sale et la plus crapuleuse du monde. Les eaux usées de la ville la plus sale de Chine – ce qui en dit long sur le sujet – sont déversées dans cette rivière. Je n'ai pas besoin de dire que je n'ai pas mangé de gingembre de Canton à cette époque, et que je n'en ai plus mangé depuis.

J'ai exposé mon point de vue sur la situation sens dessus dessous en Australie. J'ai découvert la Chine à l'envers d'une manière différente. Les Chinois commencent leurs livres et leurs lettres là où nous terminons les nôtres, par ce que nous devrions appeler le retour. Ils lisent de droite à gauche, au lieu de gauche à droite, et, plus étrange encore, les hommes portent des robes, et les femmes, non ! Quand j'ai été présenté à How-kwa, un ami chaleureux des Russell, je me suis avancé pour lui serrer la main, mais il a reculé et s'est solennellement serré la main pour moi. Puis il agita les mains vers la porte, comme pour dire, me semblait-il, « sortez d'ici », et j'étais étonné, mais Sturgis m'informa que le grand Chinois me faisait simplement signe de me rapprocher de lui. . Je me suis approché de lui, tellement impressionné par la manière chinoise de faire les choses à l'envers que s'il m'avait donné un coup de pied, j'aurais cru qu'il me demandait de l'embrasser. Nous étions dans la résidence de How-kwa, entourée des jardins les plus exquis, et avons été invités à prendre une tasse de thé. Pour la première fois de ma vie, j'ai bu du thé qui coûtait 30 dollars la livre. Bien entendu, nous n'avons utilisé ni sucre ni lait, car ces produits sont considérés en Chine comme gâchant le bon thé. Le deuxième meilleur thé que j'ai bu, je pense, était celui que j'avais acheté à la foire de Nijnii Novgorod, en Russie, en 1957, qui avait été transporté par voie terrestre à des milliers de kilomètres à travers les montagnes et les déserts, emballé dans de petites briques.

Encore une fois, j'ai découvert que les Chinois regardaient en arrière et non en avant, qu'ils ennoblissaient leurs ancêtres au lieu de leur progéniture et qu'ils accordaient peu d'attention à la génération suivante. Ils disent qu'ils savent ce qu'étaient leurs ancêtres, les morts, mais qu'ils ne peuvent pas prédire ce que deviendront les vivants. Ils rament leurs bateaux dans les rivières depuis la proue plutôt que depuis la poupe. Leurs bateliers sont généralement des femmes. Pendant que nous craignons l'eau et cherchons à établir notre demeure sur le rocher ou sur une terre très sèche, le Chinois s'approchera le plus possible de l'eau. Dans la rivière Canton, ou rivière Pearl, il y avait, lorsque j'y étais, environ 100 000 personnes vivant sur la rivière, dans des bateaux, ou sur des flotteurs ou des radeaux. Un Occidental croirait que les enfants risquent de tomber à l'eau. Ils tombent effectivement, mais leurs mères ont trouvé un moyen de les secourir sans incident. Des cordes sont attachées à leur corps, et lorsqu'un enfant tombe par-dessus bord, la corde, qui est attachée au bateau, l'empêche de s'enfoncer trop avant que la mère ou le père ne le rattrape et ne le ramène dans le bateau.

Ils appellent tous les domestiques, hommes et femmes, « garçon », ce qui me rappelle que dans les quartiers européanisés de certaines villes japonaises, ils font de même, et lorsqu'ils veulent préciser avec certitude que le « garçon » est une fille, ils dites « onna no boy », ce qui signifie « fille-garçon » ou fille servante. Il s'agit bien entendu du pidgin-anglais, l'anglais des affaires du littoral chinois. J'ai eu une expérience amusante avec ce pidgin-anglais. J'avais invité à dîner avec moi quelques amis, un commerçant et ses deux fils et trois filles, et quand j'ai demandé au domestique qui était venu, il m'a dit que le marchand était arrivé et "deux chilis de taureau et trois chilis de vache".

Le pidgin-anglais m'a beaucoup amusé, comme il amuse tous ceux qui visitent la Chine. Augustine Heard, le marchand, qui maîtrisait ce jargon, m'intéressait en en récitant des phrases, et me donna un jour le poème suivant, qui est une traduction de l'Excelsior de Longfellow. La traduction a été faite par M. Heard. Il a été publié dans le monde entier sous forme de production « anonyme » :

L'EXCELSIEUR CHINOIS

Cette nuit-là, il est venu hacher Un jeune homme qui marche, personne ne peut s'arrêter ; Neige masquée, glace masquée ; Il a appelé un drapeau avec une côtelette si gentille— Galah du haut !

Il aime tout simplement ; oeil d'une seule pièce Lookee Sharp - tellement à la mode - mon Dieu ; Il parle grand, il parle fort, Trop de cullo; tout le même gong. Galah du haut !

À l'intérieur de la maison, il peut voir la lumière, Et chaque métier à tisser a du feu toute lumière, Il a regardé beaucoup de glace plus haut, Dans sa bouche, il parle beaucoup— Galah du haut !

Ole man talkee, "Non, je ne peux pas marcher, "Bimeby était là, très sombre;

"J'ai de l'eau, très large !" Maskee, je dois aller en haut— Galah du haut !

"Homme-homme", a-t-il parlé à une fille, "Pourquoi allez-vous regarder de haut en bas, vous voyez ?" Et il y en a un de plus, Mais tous les gens marchent très haut— Galah du haut !

"Prends garde à ce spilum tlee, jeune homme, "Faites attention à cette glace, ça doit aller homme-homme." Un coolie chin-chin, bonne nuit, Il a dit: "Je peux aller tout léger"— Galah du haut !

Ce jeune homme est mort ; un gros chien, tu vois, Trop de choses, il l'a trouvé. Il a la main sur B'long Coldee, tout pareil comme de la glace, Il tenait le drapeau avec une si belle côtelette— Galah du haut !

Alors que j'étais prêt à partir pour le Japon, j'avais décidé de visiter Shanghai en chemin, et j'étais sur le point de partir, lorsque des marchands de Canton, indigènes et étrangers, essayèrent de m'en dissuader. Ils m'ont dit que ce serait terriblement décevant et que je regretterais d'avoir perdu du temps là-bas. Ils ne connaissaient pas ma nature et que ce genre de choses ne faisait que stimuler ma curiosité et durcir ma détermination.

J'ai pris le bateau P. & O., l'Erin, le capitaine Jameson, et j'ai supposé, bien sûr, que j'aurais une chambre d'apparat. Mais je devais rencontrer une autre surprise chinoise. Un grand mandarin chinois, allant de Hong Kong à Shanghai, avait engagé toute la cabane. J'avais très désir de voir ce grand personnage, et j'en ai bientôt eu l'occasion. Lorsque je suis en mer, j'ai pour habitude de faire de l'exercice en marchant rapidement sur le pont, parcourant ainsi plusieurs kilomètres par jour. Je faisais mon exercice quotidien le jour où le mandarin monta à bord du navire, et chaque fois que je passais devant la cabine, je remarquais qu'il me suivait des yeux. Nous continuâmes ainsi pendant un certain temps, je marchais aussi insouciant que possible, et le grand mandarin observait mes mouvements aussi curieusement que si j'étais un animal étrange.

Au bout d'un moment, il a appelé le premier officier et lui a demandé ce que je faisais. « Marcher sur le pont », lui a-t-on dit. "Mais pourquoi fait-il cela ? Est-il payé pour cela ?" Le policier lui a dit que c'était pour faire de l'exercice. "Qu'est-ce que c'est?" demanda le grand homme chinois. On lui expliqua cela, mais il ne comprenait pas pourquoi quelqu'un voulait se promener de long en large et faire tant de travail inutile. Les Chinois ne sont pas opposés au travail ; en effet, ils sont l'un des peuples les plus industrieux de la planète, mais ils ne font pas de travail inutile, devant, j'en déduis, faire autant de travail nécessaire qu'il est bon pour eux. Et ce grand dignitaire m'a montré du doigt avec mépris et m'a dit : « Numéro un, imbécile. Je n'ai guère besoin d'expliquer que « numéro un », dans tout l' Extrême -Orient, signifie le degré superlatif.

Ce mandarin était le grand Li Hung Chang, qui avait été convoqué par son empereur pour sauver le pays de la terrible rébellion des Tai-ping. Il était en route de Canton à Shanghai. Il y fit appel aux services splendides de trois grands étrangers : le Français Bougevine, l'Américain Ward et l'Anglais « Chinois » Gordon ; mais c'est en grande partie et principalement grâce à l'entêtement et au génie de Li que l'empire fut sauvé par les Mandchous, au prix, estime-t-on, de vingt millions de vies.

Lorsque nous atteignîmes Woosung, il y avait six navires armés chargés d'opium transportant des cargaisons d'opium en provenance de Calcutta et de Bombay, que les Anglais imposaient aux Chinois, tout comme nous imposerions du rhum aux Mexicains et leur ferions payer. Les Anglais et les Américains récoltaient des fortunes dans le trafic le plus impie que le monde ait connu - et on n'oubliera jamais en Chine, ni ailleurs, que l'Angleterre est entrée en guerre contre la Chine pour forcer la Chine à autoriser l'expédition d'opium dans ce pays. pour ruiner des millions de vies et appauvrir des millions de familles. J'ai profondément honte d'avoir un jour introduit clandestinement un peu de cette horrible drogue en Chine. Mais j'ai constaté que de nombreux Américains et Anglais se consacraient au commerce comme une activité régulière.

A Shanghai, j'étais l'invité de Russell & Co., qui étaient alors représentés par Cunningham et G. Griswold Gray. Les combats de la grande rébellion faisaient toujours rage – ils ne furent réprimés qu'après la reprise de Nankin par Gordon – et lorsque j'étais à Shanghai, les autorités chinoises pendaient aux murs les têtes sanglantes des rebelles comme exemple à tous ceux qui envisageaient de s'opposer aux Mandchous. règle. Ces hideux trophées de guerre étaient les choses les plus impressionnantes que j'ai vues à Shanghai.

Le Dr Lockhart, le missionnaire, me servit volontairement de dragoman et de guide à Shanghai et me montra des choses dans la ville que je n'aurais jamais pu découvrir par moi-même. Sur l'une des places, j'ai remarqué un monument de 150 pieds de haut qui, m'a dit Lockhart, avait été construit par les pauvres gens de Chine en mémoire d'une vieille dame, qui avait été l'Helen Gould de son époque. Chacun des souscripteurs avait apporté une contribution en espèces égale à un dixième de cent.

Certaines vertus vraiment splendides des Chinois m'ont profondément impressionné. Je les aimais et les admirais au fur et à mesure que je les voyais. J'ai déjà dit qu'ils sont les gens les plus honnêtes du monde. Il me semble extraordinaire que cette race, la plus haute honnêteté du monde, soit la seule à laquelle nous soyons inhospitaliers. Les Chinois ont été largement en avance sur les Européens à bien des égards pendant des siècles. S'ils ont pris du retard aujourd'hui, c'est peut-être uniquement parce que les Européens se précipitent à travers leurs brèves civilisations, tandis que la Chine, qui jouit de la sienne depuis des lustres, se contente de nous voir grandir, prospérer et décliner, tandis que nous regardons passer les générations du monde. la forêt et le champ.

Ils ont inventé et utilisé des choses que nous considérons comme les produits les plus nobles de notre civilisation. Ils utilisaient la boussole du marin depuis des siècles avant que nous l'ayons ; ils ont inventé l'imprimerie peut-être mille ans avant Gutenberg ; ils ont inventé la poudre à canon, qu'ils avaient utilisée à la guerre et dans la vie quotidienne ; ils possédaient le meilleur journal jamais vu bien avant que le reste du monde n'en ait un, et les nations extérieures n'ont pas encore été capables de reproduire le leur ; ils ont inventé le journal et ont le plus ancien journal du monde, la Gazette de Pékin ; ils ont découvert la Règle d'Or, à moins que cet honneur n'appartienne au Grec Thalès ; ils ont développé la philosophie – le système le plus élevé du monde, dans le confucianisme – avant les Grecs et, bien sûr, bien avant les Allemands ; et ils furent les premiers peuples du monde à apprécier l'éducation.

De plus, comme M. Wu, le grand ministre chinois à Washington, l'a si souvent souligné, ils étaient démocratiques bien avant Thomas Jefferson et bien avant que les Grecs n'inventent le mot « démocratie » ou ne découvrent l'idée d'un État démocratique. ou la ville. On m'avait appris que l'Écossais à la tête dure et pratique avait inventé la route macadam, en lui donnant le nom d'un Écossais rusé de ce nom ; mais j'ai trouvé en Chine une route macadamisée vieille de trois ou quatre mille ans et suffisamment longue pour faire le tour des îles britanniques. Les Chinois nous ont précédés de longue date, et ils pourraient bien nous survivre longtemps, annulant tout « l'impérialisme » et « l'expansionnisme » de l'Europe et de l'Amérique, qui les couperaient en fragments comme le butin du monde.

Pendant que j'étais en Chine, lors de cette première visite et à plusieurs reprises lors de mes visites ultérieures, j'ai beaucoup pensé à la vaste population de ce pays. J'en suis arrivé à la conclusion que la population représente moins de la moitié, probablement moins du tiers, de ce qu'on estime généralement. Je remarque que les vice-rois chinois ont fait récemment une estimation de leurs provinces respectives, sur ordre de l'empereur, et que le total atteint le chiffre énorme de 425,000,000. Je ne crois pas qu'il y ait 200 000 000 d'habitants dans tout l'empire, et je préférerais estimer la population entre 150 000 000 et 175 000 000 d'habitants.

J'ai découvert que la Chine n'est pas un pays densément peuplé, comme on le pense généralement. Le bord de la mer est assez peuplé, et l'impression qu'on a en voyant la surface de l'eau couverte à Canton de radeaux et de flotteurs sur lesquels vivent plus de 100,000 personnes, c'est que les habitants doivent fourmiller au même degré sur la surface du pays. Ce n'est pas le cas. Même la côte est simplement bordée de gens. À l'intérieur du pays, il n'existe pas de masses de population aussi denses. Tous les récits que je peux lire sur l'intérieur, depuis le père Huc jusqu'à M. Parsons de New York, me le confirment. Je ne vois pas où se trouvent plus de 175 000 000 ou 150 000 000 de personnes dans cet empire. Les rapports sur le massacre de quelque 20 000 000 de personnes lors de la rébellion de Tai-ping semblent indiquer une population d'au moins 200 000 000 ou 250 000 000 d'habitants ; mais ces chiffres étaient très exagérés, comme tout cela se passe en Chine. Toutes les statistiques ne sont que des suppositions, et plus elles sont grandes, plus les gens les apprécient.

J'ai engagé un passage dans le Greta, qui devait me rendre à Shimoda et Hakodate, au Japon. Mon objectif était Yokohama, où j'avais pour objectif d'établir une succursale de la maison Train & Co., à Melbourne. Ma maison australienne n'était pas liée à la société de paquets du colonel Train à Boston et à Liverpool. Mais à cette époque, les Anglais et les Russes, qui n'étaient pas alors aussi bons amis qu'ils le sont aujourd'hui, se battaient, et cette petite guerre bouleversa complètement tous mes plans. Je n'ai pas pu me rendre à Yokohama du tout et je n'ai visité le Japon que plusieurs années plus tard. Je dus donc renoncer à mon passage dans le Greta et détourner mon visage du Japon. Juste à ce moment-là, Augustine Heard a invité G. Griswold Gray, de Russell & Co., et moi-même à nous rendre à Fu-chow, sur l'un de ses voiliers, le John Wade.

George Francis Train dictant son autobiographie dans sa chambre de l'hôtel Mills.

J'ai fait ce voyage très volontiers, car je voulais voir tout ce qui était possible en Chine ; mais c'était plus aventureux que ce à quoi je m'attendais. Alors que nous naviguions le long de la côte chinoise, un typhon nous a frappé et les voiles et les mâts sont tombés. Notre pilote de Shanghai fut immédiatement en difficulté, car le pilote de Fu-chow, que nous venions de récupérer, ne comprenait pas le pilote que nous avions amené de Shanghai. J'ai eu les plus grandes difficultés, en raison de ma maîtrise insuffisante du pidgin-anglais, à établir la communication entre ces éléments essentiels de notre petit équipage. Nous avons finalement dû monter dans un bateau et remonter la rivière Min pendant quarante milles dans l'obscurité. Ce fut une expérience très éprouvante, car la rivière m'était absolument inconnue ; l'obscurité était « impénétrable par la puissance d'une étoile » et le fleuve était en soi dangereux pour les petits bateaux. Pour aggraver les choses, il était infesté de pirates indésirables. Ce dernier danger auquel je m'étais quelque peu habitué, car presque chaque pouce d'eau chinoise était , à cette époque, le champ d'opérations de ces pirates. Les autres nations du monde n'avaient pas encore adopté de moyens efficaces pour s'en débarrasser, comme les États-Unis se sont débarrassés des pilleurs algériens et tripolitains.

Nous arrivons à Fu-chow, après une nuit harassante sur le fleuve. Presque la première chose qui a attiré mes yeux curieux, alors qu'ils balayaient l'horizon à la recherche de merveilles dans ce pays des merveilles, fut le vieux pont suspendu, dont les Chinois affirment qu'il a été construit au XIVe siècle. Cela s'est avéré être une curiosité aussi intéressante que la muraille de Chine au nord. A Fu-chow, j'étais un invité dans la maison des Russell. Immédiatement après l'atterrissage, Gray, Heard et moi-même avons pris des chaises à porteurs pour visiter la ville.

A cette occasion, j'ai eu pour la première fois l'occasion de faire appel au drapeau américain pour obtenir sa protection. Alors que nous traversions une rue très étroite, mais importante, nos coolies furent brusquement agressés et renversés. Nous nous sommes levés des chaises et avons demandé quel était le problème . Nous apprîmes que le vice-roi passait aussi par la voie, et que tout et tout le monde devait céder le passage à sa suite. Mes compagnons s'écartèrent aussitôt, mais mon sang montait. Je n'appréciais pas d'être bouleversé dans la rue, comme tant d'ordures, pour que l'artère crasseuse soit dégagée pour le passage d'un simple vice-roi chinois.

J'avais un petit drapeau américain dans ma poche, soigneusement enroulé autour de son petit bâton, et je l'ai sorti avec beaucoup d'étalage et j'ai agité le petit emblème autour de ma tête. J'ai mis les serviteurs chinois du vice-roi au défi de me toucher ou d'entraver mon droit de traverser les rues de Fu-chow. Cela a eu son effet. Je remarquai tout de suite que les Chinois dans la rue, qui reconnaissaient les couleurs des États-Unis, reculaient devant moi, nos coolies se relevaient de la terre et s'emparaient de nouveau des poteaux des chaises. Le vice-roi s'éloigna, feignant de ne pas s'être aperçu de l'incident, et en quelques minutes la voie fut à nouveau libre.

Fu-chow était à cette époque le port de thé noir de Chine, et il avait été ouvert deux ans auparavant. Il était étonnant de constater à quelle vitesse les affaires d'un certain type se déroulaient dans les villes côtières de l'Extrême-Orient. En deux ans, plusieurs maisons de Canton, représentatives des grandes compagnies maritimes et autres entreprises du monde, avaient ouvert des succursales à Fu-chow. La vie commerciale y était intensément active et très prospère.

De Fu-chow, j'ai longé la côte jusqu'à Hongkong, c'était ma deuxième visite là-bas. J'ai remarqué à Swatow plusieurs navires chargés d'esclaves chinois à destination des îles Chincha guano du Pérou. Ma destination était Calcutta, nous n'avons donc pas eu beaucoup de temps pour explorer la côte chinoise, même si j'aurais aimé le faire.

CHAPITRE XV

EN INDE ET EN TERRE SAINTE

1856

J'ai quitté Hong Kong sur le paquebot à opium de Jardine, le Fiery Cross. Comme j'avais suivi la route que nous avions suivie lors du voyage vers Hong Kong depuis Singapour, je ne m'y intéressai pas particulièrement jusqu'à ce que nous ayons passé le détroit et pénétré dans les eaux indiennes. Les îles Andaman, où réside l'une des races les plus basses de l'humanité, m'ont beaucoup intéressé. Nous n'avons vu que peu de ces curieux, les Veddahs, mais j'ai appris une coutume très intéressante suivie par les veuves des îles pour commémorer leurs maris décédés. Cela consiste à porter le crâne du mort sur l'épaule comme une sorte d'ornement et de souvenir. C'est considéré comme une manière délicate de perpétuer la mémoire du mari.

J'avais une lettre d'introduction de Robert Sturgis à George Ashburner, à Calcutta, et dès mon arrivée, M. Ashburner a insisté pour que je devienne son invité. J'ai passé trois jours avec lui et je n'ai jamais bénéficié d'une hospitalité aussi luxueuse ailleurs. Il n'y a que l'homme en Orient qui sait vivre vite et furieusement et tirer le meilleur parti de sa petite période de vie. J'étais entouré d'un cortège de serviteurs, prêts à répondre à tous les appels. Le service en Inde étant hautement spécialisé, il y avait un serviteur pour tout. J'avais une petite armée de quatorze serviteurs, dont quatre portaient ma chaise, ou palanquin, avec un relais, un homme pour me servir spécialement à table, un homme punka et un homme pour tout autre détail de la vie.

Il y avait quelque chose à faire et à voir à chaque instant. J'ai été emmené dans tous les lieux de spectacle de la ville. Le premier spectacle qui m'a été montré fut le célèbre Black Hole, où John Z. Holwell et cent quarante-six hommes étaient incarcérés dans un cachot de douze pieds carrés. On ne peut éviter de se faire raconter cette horrible histoire s'il visite Calcutta, et je suppose que chacun entend le récit avec une décoration supplémentaire, dans le véritable style hindou. Le point particulier de l'histoire qui m'a été imposée était l'orgie et le sommeil profond du rajah, tandis que ses serviteurs essayaient de le réveiller pour qu'il réponde aux cris des mourants dans le trou. Le matin, après que le rajah eut eu son sommeil réparateur, on lui fit part du peu de difficulté que les Anglais avaient à respirer l'air infect et lourd du cachot, et il ordonna de les relâcher ; mais la mort, persistante, aussi dure et aussi lourde que le prince brutal, avait déjà libéré la plupart d'entre eux.

On est heureux d'apprendre pour la dix millième fois, après avoir entendu cette horrible histoire, le commis Clive abandonnant ses livres de comptes et ses stylos et dirigeant une armée pour écraser les misérables de Plassy. Mais, comme la plupart des choses de ce genre, les horreurs du Trou Noir ont été exagérées, jusqu'à ce que la sympathie, pâle, refuse plus longtemps de se déchirer et de saigner à cause de terreurs imaginaires aussi bien que réelles. Il y a eu bien des catastrophes pires, et d'une nature qui devrait toucher davantage le cœur. Des hommes, des femmes et des enfants ont sombré dans les inondations et la peste, exempts de toute tache de tort, ce qu'on ne peut pas dire des victimes du Trou Noir. Nous ne pouvons pas oublier complètement qu'ils n'avaient pas raison dans l'Inde, mais en tant que conquérants, et qu'à l'origine ils avaient au moins tort. Mais les victimes des inondations de Johnstown, les milliers de morts dans les catastrophes de Lisbonne, du Krakatoa et de la Martinique, et les milliers d'autres qui coulent dans des navires en mer, ces victimes innocentes exigent bien plus de sympathie.

Il semblait que la plupart de mes visites à Calcutta devaient se limiter à des choses horribles. En effet, le visiteur est souvent précipité d'horreur en horreur, comme s'il se trouvait dans une « chambre des horreurs » d'un musée. J'ai été emmené au ghaut brûlant, où les cadavres sont incinérés. J'ai vu environ cinq cents petits feux, qui étaient autant de bûchers pour les morts. J'avais beaucoup entendu parler de femmes brûlées vivantes pour qu'elles accompagnent leurs maîtres morts, et par pure curiosité, j'ai demandé au garde s'il n'y avait que des hommes dans les incendies. Pour toute réponse, il prit un long crochet, l'enfonça dans l'un des feux, le retira et ramena sur ses pointes la jambe calcinée d'un homme. Immédiatement, des oiseaux de proie (adjudants) se jetèrent sur la chair fumante et l'emportèrent. Ces oiseaux sont les charognards de Calcutta et les gardiens spéciaux du ghaut. La crémation est une grande économie en Inde. Cela ne coûte qu'un demi-cent pour brûler un corps.

Une autre horreur viendra compléter cette partie horrible de mon histoire. Aimant beaucoup les crevettes, je demandai un jour, dans un moment d'oubli (car c'est une règle de sécurité de ne pas demander la provenance de quoi que ce soit en Orient), où et comment on se procurait ces crevettes. J'ai été emmené sur les lieux de pêche à l'embouchure du fleuve, et j'y ai vu des millions de ces crevettes affluer, comme de petits charognards, autour des cadavres qui flottent continuellement sur le Gange. La chair humaine était leur nourriture préférée. Cela me suffisait. J'ai arrêté de manger des crevettes en Inde, comme j'avais arrêté de manger des conserves de gingembre de Canton en Chine.

Le deuxième jour de mon séjour à Calcutta, je reçus des cartes pour la réception donnée par Lord Dalhousie à Lord Canning, le nouveau gouverneur général. Lord Dalhousie, le gouverneur général sortant, était mourant. En fait, il était mourant depuis des mois. Je n'entrerai pas dans la description de cet accueil extrêmement brillant. Cela m'a fait une impression ineffaçable en raison du regroupement à cette occasion de certains des plus brillants administrateurs britanniques et de certains des plus audacieux de leurs ennemis, qui déjà alors complotaient la révolution et l'effusion de sang. J'ai été présenté à la fois au gouverneur général décédé et à venir, ainsi qu'au général Havelock, plus tard le vaillant combattant de Lucknow. J'ai eu le rare privilège de voir ces trois hommes discuter amicalement avec le grand Nana Sahib, le chef des hindous de Cawnpore.

Le voyage de Calcutta à Suez s'est déroulé presque sans incident. Nous nous sommes arrêtés à Madras, un endroit aride, plat et lugubre, pour prendre des passagers, puis nous avons navigué vers Point de Galle, Ceylan. A cet endroit, je vis pour la première fois des éléphants employés à transporter et à empiler de lourdes poutres. Ils s'acquittent de leur tâche avec une intelligence presque humaine, soulevant de lourdes poutres de teck et les plaçant dans un ordre régulier en grandes piles. Je n'avais jamais supposé auparavant qu'un animal possédât autant de sens.

En descendant à Aden, à trois mille kilomètres de Galle, dormant avec la cloison ouverte en face de ma couchette, une nuit, j'ai senti quelque chose me gifler au visage. Comme j'étais tout seul, je ne savais pas quoi en penser. Il n'y avait pas de lumière et je ne pouvais pas voir. Dès que je me suis endormi, une autre gifle est arrivée. J'avais entendu parler des insectes des tropiques, mais je ne savais pas qu'ils étaient d'une taille telle qu'ils provoquaient ces gifles. Le matin, j'ai découvert ce qui se passait. Neuf poissons volants gisaient morts dans ma couchette.

A Aden, l'endroit le plus aride et le plus sombre que j'aie jamais vu, nous nous rendîmes aux cantonnements qui devaient avoir été construits il y a des milliers d'années. Nous avons remonté la mer Rouge en toute hâte jusqu'à Suez, puis avons traversé par voie terrestre de Suez, quatre-vingt-quatre milles, jusqu'au Caire, avec six cents chameaux dans la caravane. Nous avions des autocars transportant six passagers. J'ai une bonne idée de ce qu'est le désert du Sahara pour avoir vu ce désert entre Suez et Le Caire. Juste avant d'arriver au Caire, un des autocars nous a crié de lever les yeux vers le ciel. Il y avait des mâts, des minarets et, en fait, toute la ville peinte sur le ciel. C'était la première fois que je voyais le mirage dont j'avais tant entendu parler. Nous étions alors à mi-chemin de Suez au Caire.

Je m'installai au Shepheard's Hotel et me préparai immédiatement à me rendre aux pyramides, à dix milles du Caire. Cinquante âniers rivalisaient pour obtenir ma coutume. Mon âne est parti et la première chose que j'ai su, il se roulait sur moi dans le sable. Il était entré dans un gopher-hole et il y était descendu. Les voyageurs sortent désormais en tramway, mangent des glaces et boivent du champagne à l'ombre des pyramides, et un splendide hôtel se dresse à côté du Sphinx.

En gravissant les pyramides, il a fallu trois Arabes, deux pour pousser et un pour tirer, pour m'amener au sommet. Quand nous sommes arrivés à mi-hauteur, un Arabe a voulu encore du bakchich. Je lui ai parlé assez fort sur quelque chose qu'il ne comprenait pas, et il a consenti à m'emmener plus loin. Le sommet de la pyramide de Ghizeh a été enlevé, et la pyramide mesure maintenant environ quinze pieds carrés au sommet. J'ai décidé, dès que j'ai vu les pyramides, que ces blocs gigantesques n'étaient pas de la pierre, mais qu'ils avaient été produits par l'un des arts perdus de la préparation du béton. Il m'est venu à l'esprit, comme les pyramides étaient creuses jusqu'à la base, qu'elles avaient été des entrepôts de blé et qu'elles n'avaient pas été construites comme tombeaux pour les Ramsès et les Ptolémées. Des rois humains les avaient construits, pensais-je, pour employer de la main-d'œuvre en temps de disette.

Comme on le dit à tous les voyageurs, on disait qu'un homme descendait d'une pyramide et en remontait une autre en autant de minutes. J'avais vu un tel nombre de « faux » au cours de mes voyages que, comme je ne pouvais pas distinguer un Chinois d'un autre, comment pourrais-je distinguer un Arabe d'un autre ? Quand ce tour a été fait pour moi, j'ai pensé qu'il ne s'ensuivait pas que l'homme sur l'autre pyramide était l'homme qui avait été avec moi.

J'ai été surpris en quittant le Caire de trouver un chemin de fer moderne, construit par Saïd Pacha. Nous avons pris le train pour Alexandrie. A Alexandrie, nous prenons passage pour la Terre Sainte. Le révérend JR MacFarlane, aumônier de Madras, voulut visiter Jérusalem et débarqua à Joppé, ou Jaffa, devenue célèbre pour le massacre de Napoléon.

En parcourant la vallée du Sharon, nous avons vu des vergers d'orangers et de citronniers, et des fruits de toutes sortes. C'était une belle vallée, mais tout d'un coup nous nous retrouvâmes dans le pays le plus désolé que j'aie jamais vu : une montagne, un désert, un désert de rochers, de ravins et de canons. Il y avait des rochers à droite, des rochers à gauche et des rochers partout. Mon dragoman avait une mule et moi un âne. L'une de ces mules avait été irrévérencieusement nommée Christ et l'autre Jésus. À la grande horreur du pasteur – jusqu'à ce qu'il comprenne que les hommes ne pouvaient rien dire d'autre en anglais – les noms des ânes furent prononcés à chaque coup de fouet jusqu'à Jérusalem. Le fouet de ces ânes est devenu un mélange de grossièretés apparentes.

Quelques semaines auparavant, plusieurs personnes avaient été tuées par les Bédouins dans le désert. Tout le monde parlait des dangers du voyage. Après avoir traversé cette contrée sauvage, traversé la vallée de Josaphat, nous arrivâmes sur un plateau et apercevons Jérusalem au loin. Cette ville est belle pour sa situation. Mes compagnons disaient au même instant : « Voilà les

Bédouins ! Une demi-douzaine de cavaliers arrivaient du côté de Jérusalem. Nous avions peur du danger, mais Abram le dragon n'a montré aucune crainte. Ces hommes n'étaient vraiment pas dangereux, n'étant que des « aboyeurs » pour les hôtels de Jérusalem. Ni mon compagnon ni moi n'avions la moindre idée qu'ils étaient des employés de ce genre.

L'un d'eux nous a demandé si nous allions chez "Smith" près du Mont Calvaire, chez "Jones" près de la Via della Rosa, ou dans une autre maison sur le site du Temple de Salomon. MacFarlane dit : « Ne remarquez pas ces gens. Laissez le dragoman s'en occuper. Il a décidé que nous devrions aller chez Smith. Depuis ce moment-là, jusqu'à notre départ, pendant trois jours, je n'ai vu que des bêtises et des guirlandes, des mensonges et des infidélités, des femmes laides, des puces des sables et des chiens, depuis Joppé jusqu'à Ramlah. Le seul endroit charmant était une oasis où nous nous sommes arrêtés pour déjeuner. Bien sûr, c'était bien longtemps avant que Mark Twain ne s'y rende et pleure sur le tombeau d'Adam.

En parcourant la vallée de Josaphat, en remontant le Mont des Oliviers, j'ai bien sûr été impressionné par ce qui a survécu de mon éducation biblique. L'entraînement de la Nouvelle-Angleterre était toujours fort en moi. Les femmes de Bethléem, portant des paniers sur la tête et des robes flottantes de calicot, étaient très belles et d'apparence saine ; mais quand je suis arrivé à Bethléem et que, fort de mon expérience en matière de ferme et d'élevage, j'ai cherché des stalles et des mangeoires, j'ai bien sûr été dégoûté d'être descendu de deux étages et de me voir montrer une vieille grotte humide comme étant l'endroit où le Sauveur aurait été né. J'ai gardé la morale des vieux méthodistes, j'espère, mais mes notions superstitieuses disparaissaient à chaque minute que je passais à Jérusalem.

Étant en Terre Sainte, toutes les histoires que j'avais entendues dans mon enfance me sont revenues en mémoire. J'ai pensé à la vie de Moïse. On m'avait appris à obéir à ses commandements, mais étant enfant, j'ai vu qu'il avait brisé dans sa propre vie ceux qui disent : tu ne voleras pas, tu ne commettras pas d'adultère - il avait dit à Aaron, son beau-frère, de faire une image en or, et avait constitué une fiducie au moyen de laquelle il pourrait obtenir tout l'or. «Tu ne commettras pas de meurtre», dit la loi, mais il tua un Égyptien et le cacha dans le sable. "Tu ne commettras pas d'adultère" — mais il a commis ce péché.

Et ainsi de suite jusqu'à la fin. Ces commandements ont été enseignés par l'homme qui les avait tous enfreints lui-même. Aaron, qui voulait être inclus dans le coin d'or dans lequel Moïse lui avait refusé l'admission, chercha à gagner de l'argent d'une autre manière et dit : « Si nous allons pendant quarante ans dans le désert, nous aurons besoin de provisions de sel, " et ainsi acheta tous les porcs qu'il put trouver, sans laisser Moïse entrer dans le coin. Puis Moïse a gâché tout le jeu avec la loi selon laquelle aucun Juif ne devrait manger du porc ! En Terre Sainte, toutes ces choses me sont venues à l'esprit. Vous pouvez imaginer ce que j'ai ressenti seize ans plus tard, lorsque j'ai été arrêté et détenu pendant six mois dans les Tombeaux pour avoir cité trois colonnes de la Bible (dont je parlerai plus tard).

La nuit, je voulais que mon compagnon ecclésiastique ait une idée des scènes nocturnes de l'Est. Pour être sûr que nous ne soyons pas dérangés, je suis allé demander au chef de la police un guide qui nous montrerait Jérusalem à la lueur des bougies. Nous nous engageions dans une ruelle sombre, derrière le Mont Calvaire et la Via della Rosa, lorsque les mouvements de l'homme sont devenus suspects. Je ne voyais pas pourquoi un policier devrait faire si attention là où il allait. Mon objectif était de voir le demi-monde syrien.

Quand nous sommes arrivés à la porte, le policier a essayé de fermer la porte, mais j'ai mis mon pied sur le chemin. J'ai demandé à MacFarlane s'il était armé. Il a dit qu'il avait un poignard de Madras. MacFarlane était déjà dans la pièce et je l'ai fait sortir. « Ce sont des Bédouins », dis-je ; "Je pouvais voir leurs pistolets et leurs épées." Mon intuition m'a dit que c'étaient des meurtriers. Seize personnes avaient été tuées à Naplouse en 1955-1956. Le chef de la police était le chef du gang. J'ai immédiatement vu notre consul, et il y a eu une réunion des représentants des puissances étrangères, et tout le trafic a été dévoilé. Dans notre cas, ils ont retrouvé les hommes et après notre départ, ils ont été exécutés.

CHAPITRE XVI

EN CRIMÉE

1856

Le voyage de Joppé à Constantinople fut une succession de surprises, de Latokéa à Lanarca, Chypre, Rhodes et Smyrne. A Beyrout, nous étions les hôtes d'un pacha, l'homme le plus important du lieu. Henry Kennard, banquier de la société Heywood, Kennard & Co., de Londres, qui nous avait rejoint à Jérusalem, nous accompagna à travers la Syrie et allait jusqu'en Crimée. MacFarlane était toujours avec notre groupe. Nous avons eu un jour de repos à Beyrout et sommes montés au Liban, à l'intérieur des terres, où les cèdres semblent antérieurs aux oliviers du jardin de Gethsémani.

Arrivés à Smyrne, nous entrâmes dans une baie magnifique, un peu comme celle de Rio Janeiro, et je débouchai sur la colline fortifiée qui surplombe la ville. J'ai vu de la colline que les troupes défilaient en parade et je suis parti seul pour les voir. On m'a dit de laisser mon âne suivre son propre chemin. Il m'a amené à un endroit où se trouvaient une centaine de marches de pierre, presque perpendiculaires. J'ai eu un peu d'hésitation à descendre ces marches, mais il semblait savoir de quoi il s'agissait et je ne pouvais rien faire avec lui si ce n'était de m'accrocher à son dos. Je m'attendais à ce qu'il tombe, et cela aurait été ma fin. Il n'a cependant pas raté une marche, mais m'a emmené en toute sécurité jusqu'au fond. J'ai pensé au parcours à pas de pierre du général Putnam. S'il n'avait eu qu'un âne turc, il n'aurait pas été un héros.

Mon âne semblait en savoir plus que moi sur les rues de Smyrne et je lui ai laissé les rênes. Il m'a fait passer devant les sentinelles jusqu'au terrain de parade, car il semblait connaître le mot de passe, et à travers le défilé, ce qui était contraire au règlement. Lorsque nous sommes arrivés au centre du terrain, il a commencé des opérations très particulières, comme s'il avait été avec Barnum. Voici un âne qui aurait fait fortune pour un cirque. Les soldats approchaient par pelotons, lorsque l'âne commença à se tenir sur ses pattes de derrière, puis sur ses pattes de devant. Le rugissement du régiment qui avançait m'a convaincu que j'étais dans une situation délicate. Je suis descendu de son dos et j'ai marché seul du côté opposé, puis je me suis échappé par une porte. Depuis, je n'ai plus jamais entendu parler de cet animal obstiné.

De Smyrne à Constantinople, nous passâmes parmi les îles grecques célèbres, Rhodes et Chios, où vingt-deux mille Grecs furent tués par les Turcs, mais nous n'eûmes le temps de nous arrêter à aucune d'elles. A Constantinople, j'ai préféré prendre passage sur un bateau à vapeur de passage, plutôt que d'attendre le bateau du gouvernement. Je ne me suis arrêté ici que pour voir notre ministre, Carroll Spence, de Baltimore, puis je me suis précipité à travers le détroit de Marmoro et le Bosphore, jusqu'à la mer Noire, et j'y ai trouvé une immense flotte de transports, en provenance du port de Sébastopol. J'ai été ravi de voir côte à côte trois de nos clippers Boston, construits par Donald Mackay dans l'Est Boston, qui avait ramené de France les troupes françaises : la Grande République, le capitaine Limeburner, le monarque des mers, le capitaine Gardner, et la reine des clippers de l'océan, le capitaine Zerega. Les navires remplissaient la petite baie, la proue et la poupe touchant le rivage d'un côté et de l'autre. Personne n'aurait pu sortir en cas d'incendie.

Nous avons immédiatement envoyé des chevaux pour aller à Balaklava, et là j'ai été heureux de rencontrer mon vieil ami, le capitaine Furber, de la Black Ball Line et de l'Ocean Clipper, qui m'a donné une cabine et toutes les courtoisies de son navire. Il était venu pour les Français. Kennard est parti avec les Britanniques. Les chevaux et les accompagnateurs m'ont été fournis gratuitement par les généraux français.

Mon but en allant en Crimée était de spéculer sur les munitions de guerre, qui, je supposais, seraient vendues pour une simple bagatelle. Mais les armées emportèrent avec elles leur matériel – anglais, russe, turc, français, sarde – et il n'y avait donc aucune possibilité d'y faire des affaires. Les troupes britanniques étaient en lambeaux. Leurs nouveaux uniformes n'étaient pas arrivés et leurs chaussures étaient usées. Je suis monté à bord d'un des clippers et j'ai parlé du fait que les chaussures n'étaient pas arrivées. "Quoi!" s'écria le capitaine ; "Je suis chargé de chaussures ! Je suis ici depuis six mois." "Avez-vous prévenu le commissaire ?" "Oui." "Que pouvais-je faire?" Tout cela a ensuite été décrit par "Bull Run" Russell. Il était alors correspondant du London Times et a tellement dénoncé la mauvaise gestion de la guerre que des navires ont été envoyés avec des provisions, des uniformes et tout, une fois la guerre terminée.

Grâce à la courtoisie des officiers français, j'ai visité la ville de Sébastopol, à dix milles de Balaklava, et j'ai vu la batterie de vingt et un canons, le Redan et le Malakoff et, bien sûr, les ruines de la célèbre ville. . Je voyais les mâts des navires à l'entrée de la baie, la flotte coulée par les Russes pour bloquer le chenal. Ici, ils avaient traversé la nuit jusqu'au Star Fort du côté opposé, qui était fortement fortifié. Il aurait été presque impossible pour les armées alliées d'interférer avec les Russes. Ils étaient décidés à se battre jusqu'au bout.

du zouave français m'a organisé un banquet avec vingt officiers de toutes les armées, turques, françaises, anglaises, sardes et russes. J'ai fait quelque chose pour ranimer l'esprit de combat, et plusieurs fois j'ai failli les faire se battre autour de la table, surtout quand je posais une question qui amenait une réponse du général zouave du quatre-vingt-seizième régiment d'Alger. Il se leva et dit aux Anglais qui lui avaient contesté sa parole : « Vous dormiez à l'Alma, vous étiez en retard à Inkerman, en retard à Balaklava, vous avez fui le Redan et à Tchernaya. Bien entendu, cela a réveillé les officiers anglais, et nous avons dû jeter de l'huile sur des eaux troubles.

Il y avait deux princes parmi les Russes , et bien sûr ils étaient ravis de voir les alliés se battre entre eux. Ils m'ont aidé à attiser la querelle. Je leur ai fait admettre que les travaux de terrassement de Todleben étaient une nouveauté dans la guerre : des paniers de terre utilisés pour les forts à l'intérieur de Sébastopol, érigés à l'improviste et tenant ces armées à distance si longtemps. Au Redan, ce fut un massacre complet, deux mille personnes tuées. MacMahon, dans le Malakoff, vit aussitôt que ce n'était pas un fort proche et dit : « J'y suis , j'y reste ». En parlant de MacMahon, une chose très singulière a été suggérée. Rassemblez une demi-douzaine de visages de notables français – MacMahon, de Lesseps, Alexandre Dumas (*père et fils*), Victor Hugo, le président Faure, et ajoutez mon portrait, et vous pourriez à peine dire lequel était lequel.

Tennyson a donné à la charge de la brigade légère de Balaklava la puissance de son nom et de son génie, mais ce combat a été une affaire terriblement exagérée, en ce qui concerne le massacre. Un tiers seulement fut tué, dont près de la moitié des chevaux. Dans notre guerre civile, où un million d'hommes ont été tués, au prix d'un milliard de dollars, depuis les tirs sur Sumter jusqu'à Appomattox, des deux côtés, il y a eu de nombreuses accusations où le massacre était proportionnellement plus grand que cela. Prenez la charge de Pickett à Gettysburg, où une division entière fut fauchée, ou le commandement de Custer (avec Sitting Bull, dans les Black Hills), tous massacrés, à l'exception d'un homme.

CHAPITRE XVII

UNE FOIS DE NOUVEAU À LA MAISON ET PUIS UN RETOUR EN EUROPE

1856

De Crimée, je suis retourné en Angleterre et de là en Amérique. Wilson, de la White Star Line, souhaitait construire le plus grand clipper jamais construit en Angleterre. Il devait s'appeler George Francis Train, car j'avais eu dans mon envoi ou sous ma garde les quatre clippers les plus rapides du monde : Flying Cloud, quatre-vingt-six jours de New York à San Francisco ; Sovereign of the Seas, qui était en mon nom à la douane (2 200 tonnes), qui faisait trois cent soixante-quatorze milles à la voile en un jour, chose jamais connue auparavant par un voilier ; le Red Jacket, construit à Rockland, dans le Maine ; et le Lightning, construit par Donald Mackay à East Boston, qui naviguait de Liverpool à Melbourne en soixante-trois jours ; mais j'ai refusé les honneurs de la White Star.

Le lendemain de mon arrivée à New York, en juillet 1956 — j'étais absent depuis février 1953 — le Herald contenait seize colonnes, environ trois pages, de moi dans un seul numéro, un espace que je pense qu'aucun correspondant avant ou depuis – que ce soit en Inde, en Chine ou au Japon. J'étais arrivé en avance sur mon propre courrier. Les membres actuels du Herald n'ont aucune idée que l'homme qu'ils ont considéré comme un fou était suffisamment sain d'esprit pour faire une grande sensation dans leur journal en juillet 1956. L'actuel James Gordon Bennett n'avait alors que quinze ans. Frederick Hudson avait l'entière responsabilité du journal sous la direction de Bennett aîné. M. Bennett, voulant donner la priorité à son fils, a mis à la retraite M. Hudson, qui est parti vivre à la campagne et, en traversant une voie ferrée, a été tué. M. Bennett m'a réservé un accueil très aimable. Il m'a demandé si je souhaitais aller au Congrès. "Non J'ai dit. "Tu ne veux pas publier des livres ?" "Oui, mais je pars à l'étranger maintenant, car je n'ai pas fini mes affaires en Australie."

Ici, à vingt-sept ans, j'avais voyagé à travers le monde et vécu de grandes expériences commerciales. On m'avait surnommé, comme un terme moqueur, « la jeune Amérique ». J'ai gardé ce nom et je l'ai utilisé par la suite dans tous mes travaux de presse. Mais Freeman Hunt, du Merchants' Magazine, qui a édité mes livres, l'a changé en An American Merchant in Europe, Asia, and Australia, estimant que le titre Young America n'était pas assez digne. Ce livre était une série de lettres provenant de Java, de Singapour, de Chine, du Bengale, d'Égypte, de Terre Sainte, de Crimée, d'Angleterre, de Melbourne, de Sydney, etc. Il fut publié en 1957 à New York et à Londres.

De New York, je suis allé à Boston et j'ai échappé à ma première opportunité d'aller en prison en versant une caution de 80 000 $. George B. Upton représentait ma maison à Boston et était en Europe. Il était en voyage à ce moment-là et ses hommes lui ont ordonné de me faire arrêter pour tout intérêt que les Baring pourraient avoir, par le biais de crédits ouverts, dans notre entreprise. Le colonel Enoch Train et Donald Mackay ont signé la caution. On prétendait que j'avais gagné beaucoup d'argent et que je n'avais pas donné aux autres ce qui leur était dû. Je n'avais jamais utilisé le crédit des Baring en Australie et je leur ai rendu 50 000 $. En ce qui concerne Upton, j'avais payé 8 000 $ en espèces à mon partenaire, le capitaine Caldwell, lorsqu'il rentrait chez lui dans la veste rouge quelques mois seulement après son arrivée à Melbourne. C'était ma première fausse arrestation et poursuite judiciaire. À partir de ce moment-là, pendant de nombreuses années, j'ai continué à être emprisonné, pour aucun crime.

Après avoir examiné les comptes de 1957, Upton est venu me voir l'année suivante à New York, juste au moment où je partais à l'étranger, et m'a dit : « Nous sommes dans une situation difficile à Boston. Imaginez mon étonnement lorsqu'il m'a demandé si j'étais prêt à ce que le moindre compte qui me parvenait soit porté à mon crédit et utilisé pour l'aider. Considérant que j'avais été arrêté pour 80 000 $, j'ai trouvé cela étrange. Il m'a cependant accordé un crédit de 500 £ sur les Barings ; il semble que 6 000 $ m'aient été envoyés par la maison de Melbourne pendant mon absence. Dans la mesure où je n'ai jamais demandé depuis lors où en était mon compte avec Upton, j'aimerais que son fils examine les livres et voie ce qui peut m'être dû.

En 1956, j'ai emmené ma femme et mon bébé Sue à Paris. J'avais observé en Europe que les Allemands étaient plus prévoyants que nous dans l'apprentissage de nombreuses langues. Le brillant garçon allemand d'une ville de campagne apprend le français et l'anglais, puis est envoyé à Brême ou à Hambourg pour suivre la formation pratique des marchands dans les grandes maisons de transport. Ensuite, il est envoyé en Angleterre pour découvrir d'autres façons de faire des affaires. Alors peut-être qu'il établira une maison à New York. J'ai constaté que les commerçants allemands, partout dans le monde, étaient très en avance sur les nôtres, en raison de leur formation pratique et de leur maîtrise des langues. Voyant, au cours de mes voyages à travers le monde, que l'allemand était partout, je résolus d'apprendre des langues et je me rendis à Paris dans ce but.

Nous prenons chambre au Grand Hôtel du Louvre, rue de Rivoli, et je me rends aussitôt chez Galignani, du Messager, pour trouver des professeurs. Sous la direction d'un prêtre catholique, j'ai étudié l'italien et le français en même temps, ce qui peut expliquer pourquoi j'ai un peu d'accent italien dans mon français. Je n'ai jamais connu d'Italien capable de maîtriser l'accent français. J'ai aussi appris le portugais et l'espagnol. Cela m'a donné les quatre langues latines. En 1948, j'avais étudié l'allemand auprès de Gasper Bütts, venu en Amérique pendant la Révolution de 1948 avec Carl Schurz. Je devais pratiquer les textes et la prononciation allemands tous les jours, mais comme je n'ai jamais eu d'engouement pour cette langue, je ne l'ai pas continué. J'ai envoyé mes fils à Francfort-sur-le-Main pour apprendre l'allemand, puis au Collège Seelig de Vevey, en Suisse, en 1971, pour apprendre l'italien et le français. Ma fille Sue a été envoyée à Stuttgart et elle connaît parfaitement l'allemand et le français.

CHAPITRE XVIII

LES HOMMES QUE J'AI RENCONTRÉS À PARIS

1856-1857

Ma vie à Paris ressemble désormais à une romance dans ma mémoire. J'avais vingt-sept ans et je pensais avoir vu le monde entier, mais je découvrais à quel point j'en savais peu, comparé aux autres que je rencontrais. J'ai constaté, comme dans toutes ces villes étrangères, que souvent les notables de la société et de la vie publique ne se connaissaient pas. Chez le comte Arthur De La More, de l'état-major orléaniste, j'ai trouvé la plus grande hostilité envers l'Empereur. Un jour, nous étions assis à l'entresol, dans son appartement de la rue de Rivoli, en face des Tuileries, et il me demanda si je voyais cet homme se promener sur la véranda des Tuileries. J'ai dit que je pouvais, ce à quoi il a répondu : « Un de vos tireurs d'élite pourrait-il l'abattre d'ici ? Je levai les yeux avec surprise et crus voir le futur assassin de l'Empereur, mais je ne dis rien. Je lui ai dit que certains de nos hommes comme Daniel Boone et David Crockett auraient pu abattre un écureuil aussi loin qu'ils pouvaient le voir. Peu de temps après, la bombe Orsini fut tirée sur l'Empereur. C'est que Napoléon, bien que membre des Carbonari, était « revenu » sur l'ordre ; mais sa vie a été épargnée.

Le prince Galitzen de Russie m'a offert un dîner au Café Philippe, où j'ai rencontré quelques membres de la noblesse russe. Ces hommes étaient les plus intelligents que j'aie jamais vu. Tous étaient de bons linguistes, artistes, hommes d'État, soldats, hommes du monde. Chez le prince Czartoryski, j'ai rencontré des dirigeants polonais, encore révolutionnaires, qui complotaient contre la Russie. L'un d'eux, un homme d'environ quatre-vingts ans, m'a dit : « Quand j'étais adolescent, je suis allé à Saint-Pétersbourg, j'ai vu Alexandre et je lui ai parlé de la situation de la Pologne. Je lui ai demandé ce qu'il allait faire. Il m'a demandé ce que je voulais faire. Je devrais recommander : « Il y a deux manières de gouverner la Pologne, dis-je, par l'intérêt ou par la peur. La peur fut la politique adoptée. Quand j'avais quarante ans, je retournai à Saint-Pétersbourg. Nicolas était le tsar, et il répéta la même question. J'y répondis encore : « par intérêt ou par peur ». Quand j'avais soixante ans, j'ai rencontré un autre empereur, et la même question m'a été posée, et j'ai fait la même réponse. La Pologne est partagée", a-t-il ajouté. "et nous ne sommes plus qu'un souvenir."

Chez Léon Lillo, j'ai rencontré de nombreux Espagnols de la noblesse et de la famille régnante. Je pense encore que Lillo était le fils de la reine Cristina, et de son mari le duc de Rianzares, un simple soldat, d'une beauté physique, qu'elle avait retiré des rangs et fait duc. Je le rencontrais chez Lillo. Cristina, qui était alors probablement la femme la plus riche du monde, avait acheté la Malmaison, le palais de Joséphine. C'est grâce à cette connexion que j'ai rencontré Salamanca, le Rothschild espagnol, son banquier. Je parlerai plus tard de la manière dont j'ai obtenu les fonds nécessaires à la construction de l'Atlantic and Great Western Railway, reliant le chemin de fer d'Erie au chemin de fer de l'Ohio et du Mississippi.

Chez le marquis del Grillo, j'ai rencontré sa femme, la grande tragédienne italienne Ristori, que j'avais vue sur scène dans « Elizabeth ». J'ai rencontré chez le comte de Rouville des hommes importants du Second Empire, dont Persigny, ministre des Affaires étrangères, le comte de Morny, ministre de la Guerre, Walewski, le prince « Plon-Plon », et Mocquard, secrétaire particulier de l'empereur. . Au Gymnase de Triat, j'ai rencontré les hommes qui ont ensuite organisé la Commune. Chez Mme Winfield Scott, qui vivait alors à Paris, j'ai rencontré de nombreux Américains et chez Castle j'ai vu « Bohemia ».

En rencontrant toutes ces différentes personnalités, distinguées dans le grand monde parisien, j'acquérais les connaissances qui feraient de moi une bibliothèque ambulante des affaires politiques de l'Europe. Cela a compensé la perte d'une carrière universitaire. L'expérience pratique et l'observation étaient mon université.

Cette année 1956-1957 a été une période très importante dans ma vie à bien des égards. Je reçus une invitation à un bal aux Tuileries, gravée à la manière habituelle, sur une carte d'un pied carré, et portant l'énorme sceau du Second Empire. Pour la première fois de ma vie, j'apparus sous des plumes empruntées. J'ai loué ce que j'appelle un costume de valet et je l'ai payé quarante-cinq francs. En cela, j'ai été présenté. Ce n'était pas un costume civil ni militaire, mais une sorte d' affaire bâtarde, qui me servait de costume de cour. Bien sûr, ma femme est apparue en tenue de soirée convenable. Il y avait quatre mille personnes présentes, les plus hautes de la société parisienne, militaires et civils, ambassadeurs en insignes, officiers du régiment en leurs différents uniformes, et l'aristocratie en robes. Il y avait aussi des officiers algériens. Bien que les Tuileries soient très grandes, les quatre mille convives se retrouvent dans des salles très bondées.

Durant cette réception et ce bal, j'ai soudain senti une substance froide couler dans mon dos. En portant la main à mon cou, j'y trouvai une tasse de glace qu'un officier algérien avait laissé tomber, avec l'habituel « Pardon, monsieur ». Je lui ai assuré que tout allait bien, mais la glace m'a donné une impression résolument boréale.

Le bal se déroulait dans le style habituel du terrain, et je n'entreprendrai pas de le décrire. Après un certain temps, il y eut soudain le silence, au lieu du terrible bourdonnement. C'était le présage de quelque chose d'important, j'en étais sûr. Les bougies de cire des lustres brillaient brillamment et nous étions tous sur le *qui-vive* pour savoir ce qui allait arriver. En regardant vers les grandes portes pliantes au fond du couloir, une dame apparut. C'était l'âge de la crinoline, et elle devait avoir une circonférence de huit pieds. Elle était la favorite de l'Empereur, la Comtesse Castiglione. La sensation qu'elle produisait était formidable.

Je dois mentionner qu'avant que cela n'arrive, j'avais été présenté à l'Impératrice. Nous étions tous rangés par ordre diplomatique pour la présentation, et quand arriva mon tour, elle parut particulièrement courtoise, me disant en anglais : « Vous parlez très couramment français. A cela je répondis : « Quand je serai capable de parler français, Votre Majesté, aussi bien que vous parlerez anglais, je serai prêt à me fier à cette langue. En attendant, permettez-moi de vous demander de parler comme vous préférez. Tous ceux qui se présentèrent parurent surpris de me voir causer avec l'Impératrice, car il était, je crois, inhabituel qu'un étranger et un nouveau venu soient ainsi honorés. Elle était très aimable et m'a fait me sentir aussi chez moi que si j'avais été dans ma propre famille. L'introduction de la crinoline avait été faite par l'Impératrice avant la naissance du Prince Impérial. Les anti-impérialistes étaient occupés à bavarder sur l'événement à venir et laissaient entendre qu'il était impossible que l'empereur puisse devenir père d'un enfant.

Après que la comtesse Castiglione soit apparue de manière si audacieuse, en présence de toute la cour, l'impératrice est apparue dans un état d'esprit bien différent. Le lendemain, elle se rendit en Angleterre et devint l'hôte de la reine pendant trois semaines.

La guerre d'Italie faisait alors rage, et je désirais maîtriser la langue italienne, afin d'exécuter certains contrats que j'avais passés avec l'Empereur. McHenry était mon associé et je lui avais écrit que l'Empereur voulait immédiatement une demi-douzaine de bateaux à vapeur. Les Français avaient besoin de bateaux pour le transport des provisions. McHenry était à Londres et, dans ma lettre, je lui disais qu'il ne faisait aucun doute que la guerre serait finalement gagnée par la France et l'Italie. C'était juste après les grandes batailles de Magenta et Solférino. Il m'a renvoyé cette dépêche : « La paix est signée ». Vous pouvez imaginer ma surprise. Cela montre que les hommes les plus prudents font parfois des erreurs.

M. Seward, par la suite secrétaire d'État, était à Paris en 1956-1957, et je lui ai montré Paris autant que j'ai osé. Il y avait certains endroits où je ne me sentais pas autorisé à l'emmener, mais j'ai réussi à lui faire voir une grande partie de Paris qui lui aurait été scellée s'il avait entrepris de parcourir sans guide cette ville microcosmique.

M. Seward m'a beaucoup étonné un jour par une remarque montrant son détachement du grand monde de la pensée et du pouvoir européens. Je lui ai dit : « M. Seward, que souhaiteriez-vous voir M. Lamartine ? "Quel Lamartine ?" » demanda-t-il froidement, comme s'il pouvait y en avoir plus d'un. — Eh bien, Alphonse de Lamartine, dis-je. Il n'y a qu'un seul Lamartine en France et dans le monde. Il m'a demandé si je le connaissais. Je répondis que Lamartine donnait des réceptions deux fois par semaine, et que j'y avais assisté pendant l'hiver. Comme il y avait une réception ce jour-là, j'ai demandé à M. Seward s'il voulait y aller. Il a accepté l'invitation avec beaucoup de plaisir et nous y sommes allés ensemble.

Lamartine, on s'en souvient, épousa une Anglaise, une femme des plus charmantes et des plus charmantes ; mais il n'avait jamais appris à parler anglais. Il ressemblait à Hugo à cet égard et pensait que cela ne valait pas la peine de se débattre dans les subtilités et les difficultés de l'orthographe et de la prononciation. Mais Madame Lamartine parlait français très couramment et avec précision.

J'ai observé comme une règle invariable, d'un bout à l'autre du monde, que si une personne s'adresse à une autre dans une langue que la seconde personne ne comprend pas, celui qui parle croit pouvoir se faire comprendre en braillant simplement ses phrases comme un crieur public. M. Seward ne faisait pas exception à cette fragilité commune à l'humanité. Lorsqu'il vit que Lamartine ne comprenait pas son anglais, il mit la main sur sa bouche et cria à l'oreille de M. Lamartine. Le grand Français souriait à chaque décharge, mais ne pouvait répondre. Enfin, je dis : « M. Seward, M. Lamartine n'est pas sourd, mais il ne comprend pas l'anglais. Si vous permettez à Madame Lamartine ou à moi-même de vous interpréter, il n'y aura aucune difficulté. M. Seward a continué à crier pendant un certain temps, mais a finalement craqué. Madame Lamartine et moi avons ensuite traduit ses propos à Lamartine. Après cela, nous nous entendîmes à merveille, et une conversation des plus délicieuses s'ensuivit entre les deux hommes.

J'avais eu l'intention, en arrivant à Paris, de me rendre en Australie ; mais en parcourant les différents pays d'Europe, j'ai vu que l'ombre de la panique et de l'échec pesait sur tous. J'avais en effet pris de nombreuses dispositions pour retourner à Melbourne et j'avais obtenu une lettre de crédit du représentant à Londres de la Banque de Nouvelle-Galles du Sud pour 20 000 £ ; mais le projet échoua à cause des paniques et des désastres de l'année 57.

En 1958 – je peux le mentionner à cet endroit – j'avais quelques mois de loisirs entre mes mains et j'ai décidé d'offrir à ma femme et à sa belle-mère, Mme George TM Davis, un voyage à travers l'Europe. Nous avons parcouru la France, l'Italie, l'Autriche et l'Allemagne. A Livourne, nous sommes allés assister à une exposition spectaculaire sur la prise de Sébastopol. C'était un spectacle magnifique, réaliste à l'extrême. Personne ne fut étonné quand, à l'endroit même où la ville était prise et le fort détruit, un terrible éclat de lumière apparut. Immédiatement après, nous avons découvert que l'explosion était trop réelle. Le théâtre était en feu. Bien sûr, il y a eu une ruée folle vers les portes. La panique s'est ensuivie, et tandis que nous étions écrasés et piétinés par la presse, nous nous en sommes finalement sortis avec seulement de graves contusions. Le bilan officiel du lendemain matin faisait état de quarante morts et d'une centaine de blessés ; mais le gouvernement a étouffé les faits. Le nombre de morts et de blessés a largement dépassé ces chiffres.

Nous avons eu une expérience à Naples qui a illustré l'utilisation quotidienne par les Anglais de mots qui nous paraissent offensants. Nous étions à bord d'un des petits bateaux à vapeur sales qu'on trouvait dans cette partie de la Méditerranée, et, comme le temps était un peu mauvais, l'eau de cale avait été secouée pendant la nuit, et une odeur épouvantable se répandait dans tous les coins du navire. Un noble anglais était à bord, et le matin, voulant dire quelque chose d'agréable à la belle-mère de ma femme, il dit : « Madame, n'avez-vous pas remarqué une odeur épouvantable dans votre cabine hier soir ? Le sang de tous les Pomeroy était enflammé par cette prétendue indélicatesse. "Monsieur!" rétorqua Mme Davis en reculant avec beaucoup de hauteur. Je m'avançai immédiatement et lui dis : « Ma chère madame, ce monsieur ne voulait aucun mal. Les Anglais préfèrent ce mot « méchant » à quelque chose de plus raffiné et de moins choquant. Il ne voulait aucune insulte. L'Anglais expliqua ; mais la dame ne fut pas apaisée.

A Rome, je fus étonné de trouver une délégation qui m'attendait. Je n'arrivais pas à comprendre ce que signifiait le fait d'être salué comme un « libérateur ». Il y avait alors de nombreux « libérateurs » dans l'Italie ; et je supposais qu'ils m'avaient pris pour Mazzini, ou Garibaldi, ou Orsini, ou quelque autre chef du peuple. "Pour qui me prends-tu?" J'ai demandé. « Citoyen George Francis Train », ont-ils déclaré. C'en était trop pour ma crédulité. Pire encore, ils m'ont demandé de les accompagner. Je ne savais pas exactement où ils s'attendaient à ce que j'aille, ni ce qu'ils attendraient de moi une fois sur place. La situation était plutôt noire en Italie à cette époque, et je ne désirais pas être mêlé à des « révolutions », des mouvements de liberté ou des complots. Cependant, ils m'ont assuré que tout irait bien et j'ai consenti à y aller. J'ai traversé une ruelle sombre jusqu'à leur lieu de rendez-vous et on m'a raconté plus de choses sur la révolution que je ne voulais en savoir ou en retenir. Ce n'était pas une connaissance saine que de parcourir l'Italie avec un seul.

Mais ce qu'il y avait de curieux dans cette affaire, c'est qu'ici comme partout, on me considérait comme un chef de révoltes : Carbonari, La Commune, Chartistes, Fenians, Internationales, comme si j'étais prêt à toutes les diableries. Pendant quinze ans, cinq ou six gouvernements ont gardé leurs espions pour me surveiller en Europe et en Amérique.

De l'Italie, nous sommes passés en Autriche. A Vienne, nous avons eu l'occasion, grâce à la courtoisie de quelques amis proches de la cour, d'assister à une splendide célébration de l'Ordre de Maria Teresa, qui était le spectacle le plus magnifique et le plus beau que je pense avoir jamais vu. Nous sommes rapidement retournés à Londres, puis sommes venus en Amérique, où je devais reprendre ici mon travail sur des projets et des entreprises.

CHAPITRE XIX

CONSTRUCTION DU CHEMIN DE FER ATLANTIQUE ET GREAT WESTERN

1857-1858

Le grand projet d'un chemin de fer reliant les États de l'Est et du Moyen-Ouest me trottait dans la tête depuis quelques années. La fortune de la reine Maria Cristina, qui était alors la plus grande fortune que possède une femme au monde, me semblait offrir une solution au problème. Bien entendu, je n'avais aucune idée d'essayer d'utiliser sa fortune dans des projets personnels ou dans mon propre intérêt, mais j'ai tout de suite compris que je pourrais utiliser sa richesse oisive à l'immense avantage des États-Unis et, au contraire, en même temps, rendez-lui service.

La reine possédait une grande quantité de fonds dans l'ancienne banque des États-Unis que le président Jackson avait détruite, et James McHenry, qui était en relation avec moi dans de nombreuses entreprises, apprit qu'elle avait pris en garantie des terres houillères en Pennsylvanie. J'ai vu le duc de Rianzares, le garde Fernando Muñoz, dont Maria Cristina était tombée amoureuse et avait fait une grande de son royaume, et s'était finalement mariée en 1944. Il avait son quartier général chez Lillo, square Clary, et il me présenta au secrétaire de la reine, Salerne. J'ai suggéré aux Espagnols l'opportunité de traquer ces terres charbonnières de la Reine. McHenry avait déjà pris des dispositions pour que j'aille en Amérique avec son secrétaire adjoint, Don Rodrigo de Questa, qui ne connaissait pas un mot d'anglais. Les préliminaires furent arrangés et nous partîmes pour Liverpool et l'Amérique.

L'une des premières difficultés dans lesquelles tomba le pauvre de Questa en raison de son ignorance de l'anglais se produisit le premier jour de son départ de Liverpool. L'Espagnol, avec une hypothèse stupide commune aux Européens, pensait que lorsqu'il ne parvenait pas à trouver le mot exact qu'il cherchait dans une autre langue que la sienne, il lui suffisait d'utiliser le français. L'Espagnol a demandé au steward de lui apporter du poisson pour le petit-déjeuner. Il savait que le mot espagnol ne répondrait pas et ne pouvait pas penser au mot anglais, même s'il avait essayé de le maîtriser depuis un certain temps. Il se replie alors sur les Français et demande du « poisson ». Bien sûr, l'intendant pensait qu'il voulait du poison et a signalé l'affaire au quartier général, pensant qu'un suicide était envisagé.

De Questa aurait eu de sérieux ennuis sans la prévenance du steward, qui s'est souvenu que je voyageais avec lui et est venu me demander conseil. « Quand a-t-il demandé du poison ? J'ai demandé. "A l'heure du petit déjeuner", dit l'intendant. "Oh, alors, il veut simplement du poisson", et j'expliquai du mieux que je pus à un steward anglais le sens du mot français.

Les Anglais des classes ignorantes considèrent le français comme un ecclésiastique considère les blasphèmes, ou comme un missionnaire considère les charmes et les incantations murmurées d'une prêtresse « vaudou ». De Questa a finalement eu son poisson, mais il avait perdu l'appétit depuis longtemps. Cette aventure le découragea tellement qu'il refusa désormais de tenter de transmettre en anglais, en castillan ou en français aucun de ses désirs concernant la nourriture, mais recourut à la langue des signes primitive. Quand il voulait des œufs, il battait les bras ensemble et ricanait comme une poule qui vient de pondre un œuf. L'intendant, qui n'avait peut-être jamais vu deux pouces carrés de campagne de sa vie, crut imiter un coq et rit jusqu'à en avoir presque une crise. De Questa faillit mourir de faim. Il lui fallait enfin manger tout ce qu'il pouvait trouver, sans chercher à chercher ce qu'il voulait. Je lui ai expliqué que les coqs ne pondaient pas d'œufs !

Notre destination était Philadelphie. C'est là que les Espagnols qui vivaient dans la propriété de la reine Maria Cristina avaient leur quartier général. J'en ai trouvé deux, Christopher et John Fallon, vivant dans de belles maisons, avec une sorte de cour. Ils contrôlaient environ quarante mille acres de terres charbonnières appartenant à la reine. Ce vaste terrain était situé à un endroit auquel les Fallon avaient donné leur nom, Fallonville. J'ai immédiatement consulté plusieurs des meilleurs avocats de Philadelphie, parmi lesquels William B. Reed, plus tard ministre en Chine, et on m'a conseillé de me rendre immédiatement sur ces terres et de voir ce qui en avait été fait. J'ai pris rendez-vous avec John Fallon et nous sommes allés dans les mines. Je ne me souviens plus exactement où ils se trouvaient, mais je me souviens que nous avons traversé un désert, après avoir quitté le train qui nous emmenait de Philadelphie, et que nous avons fait un très long trajet en voiture. Une voie ferrée avait été construite à travers la forêt jusqu'aux mines, et elle me paraissait longue d'une quinzaine de kilomètres. J'apparaissais à John Fallon comme un étranger qui s'intéressait aux mines et aux mines de charbon en particulier, mais pas, bien sûr, comme représentant la Reine.

Dès mon retour à Philadelphie et après avoir rapporté ce que j'avais appris, mes avocats m'ont conseillé de retourner à Paris et de faire rapport à la Reine. De Questa et moi revînmes donc le plus tôt possible. McHenry m'a rencontré à Londres et nous sommes allés ensemble à Paris. Nous eûmes une conférence avec Lillo et avec Don José de Salamanca, banquier de la Reine, et il fut décidé que la Reine prendrait immédiatement possession active de son immense propriété. J'ai vu qu'il y avait beaucoup d'argent dans le pays et qu'il y avait une belle opportunité pour l'Atlantic and Great Western Railway, si je pouvais d'une manière ou d'une autre obtenir l'usage d'une partie de ce vaste domaine houiller.

Je vis aussi que mon lien avec l'affaire m'avait déjà donné un levier avec lequel je pouvais travailler utilement sur don José de Salamanque, et que c'était la meilleure carte à jouer.

Dès que possible, je me suis rendu à son bureau bancaire et j'ai demandé une conférence. J'en avais assez appris, dans mes relations avec les banquiers et les financiers , pour savoir qu'il faut les aborder du bon côté, du côté de l'argent, et non pas de celui d'un simple souhait. J'ai donc écrit sur ma carte que je désirais proposer un prêt de 1 000 000 $. Je suis vraiment venu comme emprunteur, mais les circonstances m'ont permis de jouer le rôle du prêteur. J'ai été admis immédiatement, mais si j'avais demandé directement un prêt, on m'aurait montré la porte. Dès que je fus en sa présence, je lui dis sans préface : « Je n'ai pas d'argent dans mes poches, et vous ne le souhaiteriez pas si j'en avais ; mais je veux vous montrer quelque chose.

"J'ai compris que vous vouliez me prêter un million", a déclaré l'Espagnol. "Je ne vois pas le million."

"Vous le ferez, quand je vous expliquerai", dis-je. "Je veux utiliser votre crédit." (Je savais qu'il n'en avait pas à Londres et qu'il ne pouvait rien y faire.) "Je propose de déposer auprès de vous 2 000 000 $ d'obligations de l'Atlantic and Great Western Railway pour 1 000 000 $ de vos billets."

Je savais que l'appât d'un crédit à Londres l'affecterait, car les banquiers espagnols avaient longtemps tenté en vain d'établir leur crédit dans la métropole financière du monde.

« Où est cette propriété ? Il a demandé.

J'ai dessiné pour lui un schéma de la propriété, expliquant son emplacement et ses relations avec d'autres propriétés et entreprises. Je lui ai parlé du chemin de fer Erie, qui se termine à Olean, et du chemin de fer de l'Ohio et du Mississippi, de Cincinnati à Saint-Louis. "Il n'y a aucun lien entre ces deux grandes autoroutes", dis-je, "et une autoroute qui les reliera s'avérera une source de fortune pour tous ceux qui sont associés au projet." J'expliquai qu'il n'y avait que quatre cents milles entre les deux et comment j'avais l'intention de combler cet écart. Entre les deux extrémités des chemins de fer achevés se trouvaient trois États riches. Cette route a depuis été réorganisée sous le nom de New York, Pennsylvania and Ohio, ou comme on l'appelle familièrement, la « Nyp. and O ». Près d'Olean existe maintenant une ville qui porte le nom de mon amie espagnole, Salamanque.

Mes arguments touchèrent Salamanque, mais ne le capturèrent pas. Ils ouvrirent cependant la voie à sa capitulation complète un peu plus tard. Ma prochaine étape fut d'aller à Londres et de conférer avec les Kennard, célèbres banquiers de cette ville. Nous nous sommes arrangés pour qu'un neveu des Kennard, fils de Robert William Kennard, alors membre du

Parlement et ingénieur de renom, m'accompagne en Amérique et parcoure tout le terrain de la route proposée.

Nous sommes arrivés à New York en octobre 1957 et, peu après notre arrivée, nous avons eu une conférence à l'hôtel St. Nicholas, à Broadway, avec les hommes les plus intéressés par la route proposée. Des cartes ont été exposées et les plans entièrement expliqués. Nous sommes ensuite partis pour Olean, où nous avons été accueillis par l'entrepreneur chargé de la route, dont le nom était Doolittle, par Morton l'ingénieur local et par le général CL Ward, le président de la route. Tout le groupe prit des chariots pour Jamestown, à soixante kilomètres de là. À ce stade, nous avons été accueillis par un comité nommé pour prendre soin de nous et nous montrer ce qui avait été fait et ce qui pouvait être fait. Tel a été le programme tout au long de notre progression de point en point. Parmi les hommes qui nous ont rencontrés à Jamestown se trouvait Reuben E. Fenton, qui venait d'être élu représentant au Congrès de ce district, et qui fut ensuite gouverneur et sénateur des États-Unis. Le tracé de la route a été suivi jusqu'à Dayton, Ohio, où il a été proposé de se connecter au chemin de fer de Cleveland et de Cincinnati.

A Mansfield, il y eut un grand rassemblement en l'honneur de l'occasion. Les comités des trois États, New York, Pennsylvanie et Ohio, étaient présents et il y eut des discours. J'ai prononcé un discours qui est imprimé intégralement dans "Spread-Eagleism", publié en 1958. Le juge Bartley, plus tard célèbre sur le banc fédéral, présida la réunion. J'ai demandé s'il n'y avait pas quelqu'un de l'Ohio présent qui pourrait nous dire clairement ce à quoi nous pouvions nous attendre. Le juge Bartley a appelé « M. Sherman ». Un homme grand et simple se leva. C'était John Sherman. Il a prononcé un discours clair, direct et énergique. Parmi les autres orateurs figuraient Robert E. Schenck, du célèbre "Emma Mine", récemment élu au Congrès, et le sénateur Benjamin F. Wade.

Juste avant la fin de la réunion, j'ai présenté Thomas Kennard, l'ingénieur civil, et j'ai dit à la foule que la route allait être construite et qu'elle bénéficierait de l'argent de la reine Maria Cristina d'Espagne et du grand banquier espagnol Salamanque. .

J'ai fait un rapport à Londres sur le travail accompli en Amérique et j'ai immédiatement commencé à acheter du matériel pour la route. J'ai cherché M. Crawshay Bailey, alors député et grand maître de fer gallois, et il m'a invité à dîner avec lui et sa femme. Il venait d'épouser une charmante jeune femme. Au dîner, j'ai constaté que Mme Bailey parlait très couramment le français et que M. Bailey n'en comprenait pas un mot. J'ai donc demandé au ferronnier la permission d'entretenir une conversation en français avec Mme Bailey. Cela le ravissait beaucoup, car il aimait voir sa femme maîtresse d'une langue dont il ne connaissait pas un seul mot. Cette flatterie subtile de son jugement et de son goût lui plut tellement que j'ai pu conclure avec lui un marché pour 25 000 tonnes de fer à 40 dollars la tonne - 1 000 000 dollars - en promettant les obligations de la dette de l'Atlantic and Great Western Railway, à deux pour un. . Ce fut le premier grand achat effectué après la panique de 1957.

Mon deuxième achat a été effectué auprès de la société Ebwvale, du Pays de Galles. Par l'intermédiaire du directeur Robinson, j'ai négocié 30 000 tonnes de fer à 40 dollars la tonne, soit 1 200 000 dollars, en promettant des obligations de la route à deux contre un, comme avec Bailey.

J'ai déjà parlé de Salamanque, du Rothschild espagnol, et de la façon dont j'avais essayé d'obtenir ses billets pour un million de dollars. J'ai finalement réussi à obtenir ce prêt, en promettant 2 000 000 $ de cautions routières en guise de garantie. À cette époque, aucun titre espagnol n'avait été négocié sur Lombard Street depuis des années. Il m'était très nécessaire que ces notes de Salamanque soient négociées. Je suis allé voir Mathew Marshall, Jr., de la Banque de Londres. Il était le fils du vieux Mathew Marshall qui avait signé les billets de la Banque d'Angleterre pendant cinquante ans. Je lui ai demandé à quel prix la banque accepterait 50 000 $ de billets de Salamanque. Il a répondu qu'ils ne seraient pas acceptés du tout. "Aucun journal espagnol ne peut être utilisé à Londres", a-t-il déclaré.

J'ai alors eu recours à un schéma que j'avais préalablement élaboré avec une certaine élaboration. J'ai demandé à Marshall s'il ne me ferait pas plaisir en me disant, en tant qu'ami, ce que vaudraient les billets à soixante jours du type que je détenais s'ils pouvaient être utilisés. Il a dit qu'ils devraient être traités à six pour cent. J'ai immédiatement télégraphié à McHenry, à Liverpool, ce qui suit : « Marshall ne touchera pas à ce journal à moins de six pour cent. Moseley » (le grand financier là-bas) « le fera-t-il à cinq pour cent ? McHenry a répondu que Moseley ne s'en occuperait pas à un prix inférieur au taux de Marshall, mais qu'il accepterait 50 000 $ à six pour cent.

Grâce à cela, quatre cents milles de chemin de fer furent construits, à travers trois grands États, ouvrant un vaste territoire et apportant la fortune à un grand nombre d'hommes. Mon accord avec McHenry était que je recevrais 100 000 £ de commission. Aucun papier n'a été signé, mais j'ai demandé à McHenry de me donner un papier réglant 100 000 $ sur ma femme, Willie Davis Train, ce qui a été fait. Après la construction de la route, Sir Morton Peto est venu d'Angleterre avec des banquiers londoniens, à l'invitation de McHenry. McHenry croyait qu'il était important de jouer le rôle d'un prince lorsqu'il s'agissait de donner un divertissement, et il invita les visiteurs à un banquet chez Delmonico, puis à la Quatorzième Rue et à la Cinquième Avenue. Cela lui a coûté 15 000 $.

Comme je n'avais pas encore obtenu ma commission, j'ai pensé que c'était le bon moment pour la récupérer et j'ai demandé à mon avocat, Clark Bell, maintenant au n°39 Broadway, de présenter et de faire valoir ma réclamation. McHenry avait tellement peur d'être arrêté alors que ces hommes riches étaient avec lui qu'il s'est immédiatement mis d'accord, me donnant ses notes à quatre mois pour le solde dû. L'or était très élevé à cette époque, soit 1,90 $, et comme les billets étaient sur Londres, j'ai découvert qu'ils pouvaient être négociés par l'intermédiaire des agents de McHenry, McAudrey & Wann. Il se trouve que ces agents avaient perdu environ 7 000 dollars sur les informations que je leur avais données sur le résultat de la bataille de Gettysburg ; j'ai donc accepté de leur rembourser la perte, s'ils encaissaient les billets immédiatement, ce qu'ils ont fait.

C'était en 1966, et une chose singulière s'est produite. Lorsque les billets sont arrivés à échéance à Londres le 6 mai, cette quantité relativement faible d'or a précipité une sorte de panique sur le marché instable de la journée. Tout s'est passé avec fracas. Moseley, le banquier de Liverpool, échoua pour une grosse somme ; Lemuel Goddard, de Londres, a suivi avec une perte bien plus importante ; Lunnon & Company a échoué pour un montant plus important ; McHenry pour quelques millions ; Sir Morton Peto pour d'autres millions ; et Overend, Gurney & Company pour un autre montant important. Cela m'a montré la véritable superficialité et le manque de substance du grand monde de la finance. Il est construit sur de la paille et du papier. Le secret de ses grands maîtres et de ses « Napoléons » n'est rien d'autre que ce que les autres joueurs appellent le « bluff ».

CHAPITRE XX

UNE VISITE EN RUSSIE

1857

L'année 1957 a été une période mémorable de ma vie à bien des égards. La grande panique de l'époque a balayé mes projets ambitieux comme s'ils avaient été autant de rêves et de visions. Mes contrats en Italie ont été détruits par la paix de Villa Franca et mes projets australiens ont été contrecarrés par la panique. J'étais donc prêt à entreprendre tout ce qui me paraissait prometteur ; mais, comme je n'avais rien sous la main dans l'immédiat, je profitai de mon loisir forcé pour voir davantage l'Angleterre et le continent européen.

J'étais à Liverpool au moment où le Niagara y arrivait dans le but de poser le câble de l'Atlantique, et je suggérai d'offrir un banquet au capitaine Hudson et au commandant Pennock, qui était mon cousin, ainsi qu'aux autres officiers, à l'hôtel Lynn's Waterloo. Cet ancien monument, lieu de villégiature des capitaines de navires américains pendant de nombreuses années, a été démoli il y a longtemps. A cette époque, une lettre parvint au capitaine Hudson du grand-duc Constantin de Russie, arrivé à Douvres sur son yacht, le Livadia, le remerciant d'avoir autorisé trois officiers russes à assister à la pose du câble.

Dans ce petit incident, j'ai vu une opportunité de visiter la Russie à titre semi-officiel, me permettant de voir ce pays avec un bien meilleur avantage. J'ai dit au capitaine Hudson que je voudrais porter sa réponse au grand-duc. Il répondit qu'aucune réponse n'était nécessaire et que, d'ailleurs, le grand-duc était rentré à Saint-Pétersbourg. Je lui ai assuré que la plus stricte courtoisie exigeait un accusé de réception de la lettre et que cela ne changerait rien pour moi que le grand-duc soit à Saint-Pétersbourg, puisque je comptais visiter cette ville. Je l'ai donc persuadé de me laisser répondre au prince russe. J'ai suggéré la formulation de la lettre. Le Grand-Duc fut informé que je visitais la Russie dans le but de voir la foire de Nijni Novgorod et que les États-Unis étaient toujours heureux de faire tout ce qui contribuait à récompenser la Russie pour sa longue amitié.

Je me rendis aussitôt à Londres, où je rendis visite au ministre américain, George M. Dallas. M. Dallas était très courtois, mais il souhaitait évidemment avoir l'occasion de remettre lui-même la lettre au Grand-Duc. Il a proposé de veiller à ce que la communication soit transmise rapidement et correctement. "Mais," dis-je, "je désire le prendre en personne." J'ai ensuite rendu visite à John Delane, qui a longtemps été rédacteur en chef du London

Times, et il m'a demandé de lui écrire des lettres de Russie. Puis j'ai quitté Londres pour La Haye.

J'ai rencontré à La Haye l'amiral Ariens, à qui j'avais été présenté par le capitaine Fabius du navire de guerre hollandais, quelques années auparavant, à Singapour. De Hollande, j'ai traversé l'Allemagne, visitant Stettin, où j'ai vu les débuts de ces grands chantiers navals qui envoient aujourd'hui sur les mers les navires les plus grands et les plus rapides. J'ai pris un bateau à vapeur de Stettin pour Saint-Pétersbourg.

Dans la capitale russe, j'ai immédiatement rendu visite à notre ministre, le gouverneur Seymour, du Connecticut. M. Seymour a fait la même suggestion que M. Dallas. Il désirait transmettre la lettre au Grand-Duc. Mais je ne devais pas être privé du triomphe final de mes projets. Je dis au ministre que j'étais venu de Liverpool et que mon intention était de remettre la lettre au grand-duc, si pour cela je devais parcourir tout l'empire russe. On m'informa que ce n'était pas la saison pour voir ce haut fonctionnaire, car il avait quitté la ville et se trouvait dans sa résidence de campagne, à Strelna.

Ma réponse à cette question a été, à la manière typique des Yankees : « Où est Strelna ? On m'a dit que c'était juste en dessous de Peterhof. Ensuite, on m'a conseillé de ne pas essayer de voir le Grand-Duc ce jour-là, car c'était samedi. Je résolus de me rendre immédiatement à Strelna, sans tenir compte des jours officiels, car j'avais découvert depuis longtemps que la seule façon de faire une chose de ce genre était de le faire immédiatement. J'ai reçu une équipe rapide et j'ai été emmené au palais du Grand-Duc.

Je trouvai la résidence située au milieu d'un immense parc forestier, et des sentinelles gardaient chaque avenue d'approche. Ceux-ci m'arrêtaient à chaque instant, mais à chaque défi, je montrais la lettre au Grand-Duc et lui racontais ma mission. J'ai été transmis encore et encore, jusqu'à ce que je sois à l'intérieur du palais lui-même. Ici, je fus accueilli par un monsieur vêtu de la longue redingote que les Russes aiment, et la poitrine couverte d'ordres militaires. Il m'offrit, dès que je lui aurais fait part de ma mission, de porter la lettre au grand-duc ; mais je dis simplement que mon intention était de le lui remettre en personne. Je commençais alors à craindre qu'il me faudrait un peu de temps pour me mettre en présence de ce haut dignitaire. Je m'attendais à être retardé de plusieurs jours, puis à me retrouver contre un secrétaire ou un aide de camp qui me ferait finalement rencontrer quelqu'un de très proche du Grand-Duc, mais non du Grand-Duc lui-même.

Ce monsieur à l'allure militaire me conduisit enfin dans une salle de réception aux proportions les plus spacieuses. Je m'assis et me préparai à attendre un secrétaire ou un aide de camp, quand, tout à coup, la porte s'ouvrit brusquement et, d'un pas rapide, un beau monsieur à l'air délicat s'avança vers moi. Je me levai et fis de nouveau l'explication fastidieuse que j'avais une lettre pour le grand-duc que je voudrais lui remettre en personne, et ainsi de suite, et ainsi de suite. Je m'attendais à recevoir la réponse que ce monsieur serait très heureux de me soulager de cette peine, et j'étais prêt à répondre assez sévèrement que je souhaitais remettre moi-même la lettre à Sa Grâce. Il dit, avec un sourire gracieux, qui jouait comme une faible lumière sur ses traits pâles, qu'il veillerait à ce que le grand-duc reçoive la lettre. "Mais," dis-je, "je dois le lui remettre moi-même." "Est-ce nécessaire?" » demanda-t-il avec son léger sourire. "C'est vrai", répondis-je aussi fermement que possible.

Il recula un peu et dit en s'inclinant : « Je suis le Grand-Duc. J'ai failli m'affaler sur la chaise avec surprise. Dès que j'eus retrouvé mon sang-froid, je lui remis la lettre, que je sentais maintenant comme une bien petite affaire pour tant de cérémonies et d'ennuis.

Pendant que j'attendais que le Grand-Duc lise la lettre, deux grands chiens sont entrés dans la pièce, venant de directions différentes, et ont immédiatement commencé à se battre. Le Grand-Duc dit quelque chose en russe, ce qui montrait qu'il savait au moins parler avec autorité. Les grosses bêtes, à queue tombante, s'éloignaient de sa présence comme des enfants fouettés.

Le grand-duc Constantin était un frère cadet du tsar et un homme aux multiples réalisations. Il parlait avec aisance et grâce sept langues, et son anglais était aussi grammatical et exact que le mien. Le Grand-Duc, aussitôt qu'il eut lu la lettre, appela son aide de camp, le colonel Greig, et lui dit que le colonel veillerait à ce que tous mes besoins soient immédiatement satisfaits, et il exprima le souhait qu'il puisse rendez-vous à mon retour de Nijnii. "J'aimerais savoir ce que vous, en tant qu'Américain, pensez de la Russie."

Le colonel Greig m'a emmené chez sa mère, la veuve de l'amiral Greig de la marine russe, qui habitait juste en face de Cronstadt. Nous avons été conduits en troïka, ou droshky, avec un cheval trottant au milieu et un de chaque côté, au grand galop. Ce fut le trajet le plus délicieusement exaltant que j'ai jamais fait, et je pense toujours que la troïka est le plus attrayant de tous les véhicules. Chez les Greig, j'ai été traité avec la plus grande considération et j'ai été invité à un banquet le premier soir de mon séjour. Quand je suis venu me préparer pour cette cérémonie, je me suis souvenu que je n'avais pas de vêtements de rechange avec moi, car j'étais sorti très pressé de Saint-Pétersbourg.

Face à ce dilemme, je me suis tourné vers le Colonel Greig et lui ai expliqué qu'il ne m'était pas possible d'assister au banquet car je n'avais pas de vêtements habillés avec moi. Il m'a regardé et m'a répondu : « Je pense que nous faisons à peu près la même taille. Supposons que vous essayiez un de mes costumes ? J'ai immédiatement accepté l'offre et j'ai constaté que son costume m'allait aussi bien que le mien. Le banquet fut une grande affaire, avec un vaste concours de « skis », « offs », « neffs », etc., petites étiquettes de mots par lesquels on peut dire un nom russe, même s'il était possible de ne pas le dire. dites-le à partir de son apparence générale et de son son sans eux.

Après quelques jours chez les Greig, je partis pour Moscou, où je fus reçu par le prince Dombriski, beau-frère de l'empereur. La vieille ville de Moscou m'a impressionné plus que n'importe quelle autre ville d'Europe. Cela semblait long pour un tout autre monde et pour une autre civilisation. Il y a là quelque chose de primitif et de préhistorique, d'élémentaire dans sa noirceur et dans sa grandeur. J'ai été étonné de trouver au Kremlin un portrait de Napoléon à la bataille de Borodino.

En allant de la capitale à Moscou par la ligne droite du chemin de fer, j'ai beaucoup entendu parler de la façon dont le tsar Nicolas avait construit la route. On raconte qu'il convoqua chez lui son entrepreneur et ingénieur en chef, Carmichael, et lui demanda de faire les spécifications de la ligne prévue entre les deux villes. Le tsar s'attendait avec confiance à ce qu'on le trompait sur toutes les questions de ce genre, et il était prêt à commettre une fraude dans cette entreprise. Carmichael a rédigé des spécifications élaborées, que Nicholas a immédiatement constatées comme étant tout à fait trop élaborées, et qui laissaient une place abondante aux « cueillettes ». Il se tourna vers Carmichael et lui demanda si les spécifications étaient correctes. Carmichael lui a assuré que oui. "Très bien, alors", dit Nicholas, "je les remettrai, tels qu'ils sont, au major Whistler." Le Major était l'oncle du célèbre artiste d'aujourd'hui. Whistler a construit la route selon les spécifications de Carmichael et a fait fortune, qui a été la fondation d'une demi-douzaine de domaines familiaux : les domaines Winans, Harrison, Whistler, et al.

J'ai observé un effet particulier de la méthode directe du tsar en construisant une route droite vers Moscou. Toutes les grandes villes, et même les villes prospères et importantes, sans exception, étaient restées à des distances variables de la voie ferrée. Aux petites gares du chemin, les Russes descendaient, allaient chercher de l'eau chaude dans des samovars et préparaient du thé, chacun portant une réserve de thé en briques, avec du sucre en pain carré dans ses poches.

Nijnii Novgorod J'ai découvert une ville merveilleuse. Là, sur la « Mère » Volga, comme l'appellent les Russes, j'ai vu l'origine de toutes les foires et expositions du monde, dans cette grande foire, où les nations d'un monde inconnu de l'Europe et de l'Amérique se réunissent pour commercer et troquer. Plus de 100 000 000 de roubles, soit environ 50 000 000 de dollars, changent de mains en six semaines. Là, le voyageur, trop indolent ou trop pauvre pour voir les tribus éloignées de la terre, peut voir venir à lui toutes ces races étranges et bizarres, sur les bords de la Volga. Ce fut pour moi une expérience merveilleuse et je considérai que cela valait également la peine de faire un tour du monde pour voir seul Nijnii Novgorod.

Quelque temps après, alors que j'étais en Angleterre, je reçus une lettre du baron Bruno, ambassadeur de Russie, à laquelle était jointe une lettre du colonel Greig, aide de camp du grand-duc Constantin. Il a dit que le Grand-Duc avait lu mon livre, Young America Abroad, avec intérêt. Le Grand-Duc, dit-il, était très satisfait de mes descriptions de la Russie, de ma révélation du fiasco de Crimée et de mes prédictions quant au développement futur et à la grandeur du pays. Il a ajouté que le Gouvernement russe souhaiterait que je visite la région de l'Amour, Petropauloffski et Vladivostok et que je lui fasse un rapport sur les perspectives de l'Extrême-Orient de la Sibérie.

Le gouvernement se proposait de prendre toutes les dispositions nécessaires pour que je puisse voyager dans le luxe et les loisirs ; mais je ne pouvais alors entreprendre une entreprise aussi étendue, d'ailleurs j'ai toujours préféré suivre mes propres idées plutôt que celles des autres. J'avais envie de poursuivre des pistes d'investigation originales, de parcourir de nouvelles routes de voyage et de commerce, d'explorer des coins du monde qui n'avaient pas été tracés par les myriades de pas des voyageurs. Je me suis toujours senti gêné lorsque j'essayais de mettre en œuvre les suggestions des autres. J'ai découvert qu'il n'y a qu'une seule voie pour moi, si je veux réussir, c'est de suivre mon propre conseil. Je dois être moi-même, sans entraves, sans entraves, sinon j'échoue. Si j'étais allé en Sibérie orientale pour le gouvernement russe, j'aurais peut-être réussi comme le gouvernement l'espérait ; mais les chances, je pense, auraient été contre moi. Si j'y étais allé de mon propre chef, j'aurais peut-être fait sensation en exploitant cette vaste et magnifique région, qui doit bientôt jouer un rôle extrêmement important dans l'histoire du monde.

CHAPITRE XXI

CONSTRUCTION DU PREMIER CHEMIN DE FER DE RUE EN ANGLETERRE

1858

En 1958, lorsque je visitais Philadelphie pour les affaires de la reine Maria Cristina d'Espagne, j'observais le réseau de tramways de cette ville, qui possédait alors peut-être le système de transport terrestre le plus parfait au monde. J'ai été frappé par l'idée de la grande commodité que ces chemins de fer doivent être pour les hommes d'affaires et pour tous les travailleurs, et je me suis demandé pourquoi Londres, avec tant d'habitants, n'avait jamais eu recours au chemin de fer urbain. À cette époque, il n'existait pas un pouce de « tramway » ou de tramway en Grande-Bretagne, ni ailleurs en dehors de New York et de Philadelphie. J'ai gardé l'idée dans mon esprit, avec l'intention de l'utiliser un jour, à mon retour en Angleterre.

Avant d'entreprendre les travaux de construction de tramways en Angleterre, j'ai été appelé à faire un peu de financement pour mon beau-père, le colonel George TM Davis. Le colonel Davis est venu me voir à Londres et a souhaité que je l'aide à organiser le chemin de fer Adirondack dans le nord de New York. Il avait été présenté à Hamilton et Waddell, qui bénéficiaient d'une concession de la législature de New York portant sur 600 000 acres dans les Adirondacks ; mais rien ne pouvait être fait à ce moment-là. Plus tard, en 1964, j'organisai la route des Adirondacks et rencontrai le général Rosecrans et Cheney, de Little Falls, à Astor House, dans le but de construire le chemin de fer. J'ai souscrit 20 000 $ pour moi et 20 000 $ pour ma femme, et j'ai reçu une grosse somme de mes amis. Un grand groupe d'entre nous est parti en calèche depuis l'hôtel United States de Saratoga pour traverser le pays en suivant la route proposée jusqu'à Lucerne. George Augustus Sala, qui était alors en visite dans ce pays, était avec nous, ainsi que le Dr TC Durant, président du Crédit Mobilier, et JST Stranahan, de Brooklyn. Ce fut le début de la route des Adirondacks, dont le colonel Davis était le président à sa mort en 1988. Mon projet était de construire la route traversant toute la forêt jusqu'à Ogdensburg, mais cela n'a jamais été réalisé. C'était quatre décennies avant que les colons millionnaires ne commencent à affluer là-bas, les Huntington, les Astors, les Webbs, les Rockefeller, les Woodruff, les Durant et autres.

Mes premiers efforts pour introduire les tramways en Angleterre furent faits à Liverpool. J'ai choisi cette ville parce que j'y étais depuis longtemps associée et parce que, comme c'était le premier port maritime du monde, j'avais la fausse idée qu'elle était progressiste. Mais j'eus bientôt raison quant à cette estimation de Liverpool. Je me suis souvenu, à l'heure du découragement, de la grande difficulté que j'avais eue des années auparavant, dans les années 50, à obtenir du gouvernement municipal qu'il nous permette d'avoir de l'éclairage et du feu sur les quais la nuit, afin de faciliter la gestion des très circulation qui était à la base de la prospérité de la ville. Lorsque j'ai proposé la construction d'un chemin de fer urbain, j'ai trouvé les dirigeants de la ville tout aussi étroits et tout aussi désespérément en retard sur leur temps qu'ils l'étaient en matière d'amélioration des installations de navigation . Ils n'envisageraient pas du tout la proposition.

Mais cela n'a pas arrêté mes efforts ni refroidi mon ardeur. Je sentais que le plan réussirait quelque part en Angleterre, et je commençai à regarder autour de moi pour voir où se trouvaient les meilleures chances de succès. Tout au long de l'année 1958 et jusqu'en 1959, j'ai travaillé sur mon plan initial. J'avais pris toutes les dispositions possibles pour la construction immédiate d'un chemin de fer, si seulement je pouvais obtenir qu'une municipalité m'accorde l'autorisation nécessaire.

Finalement, je me suis rendu compte que l'homme que je voulais était John Laird, le constructeur naval progressiste et énergique, l'homme qui a ensuite construit l'Alabama et d'autres bateaux confédérés, et qui était à l'époque président des commissaires de Birkenhead, juste en face. la Mersey face à Liverpool. Assurément, pensai-je, voici un homme suffisamment entreprenant pour apprécier cette chose, qui signifie tant pour les travailleurs et tous les hommes d'affaires. Je suis donc allé voir M. Laird et, après une longue conférence avec lui, j'ai demandé formellement aux commissaires l'autorisation de construire un chemin de fer de surface, ou « tramway », comme on l'appelle en Angleterre. Ma proposition était de tracer une piste longue de quatre miles, menant au parc Birkenhead. J'offris de tracer la route à mes frais, de paver une certaine proportion des rues où passait la ligne et de pratiquer des tarifs inférieurs à ceux que pratiquaient alors les omnibus. Si la ligne ne satisfaisait pas alors les autorités de la ville, je devais la supprimer à mes frais et remettre toutes les rues concernées dans le même ordre qu'au début de la route.

J'ai trouvé M. Laird aussi libéral que je m'y attendais et, grâce à son influence, le Conseil des commissaires a consenti à me laisser faire l'expérience. Je me mis immédiatement au travail et la route fut parcourue avec une grande célérité. Je pensais qu'il fallait qu'elle soit mise en service avant que les autobus et autres compagnies de transport ne suscitent trop d'opposition. Dès que les travailleurs découvriraient à quel point ce nouveau moyen de transport était confortable et bon marché, j'étais sûr qu'ils le défendraient si fermement qu'ils mettraient en échec les efforts des hommes des omnibus pour détruire la ligne.

Le "tramway" connut dès le départ un succès et devint aussi populaire que je l'espérais. Il y avait du monde à toute heure de la journée. La route est là aujourd'hui ; et j'ai appris récemment une chose curieuse à propos de cette ligne. Il y a douze ans, le caissier du restaurant du Mills Hotel n°1, M. Bryan, était le directeur du tramway que j'avais construit à Birkenhead il y a quarante-deux ans.

Un autre incident de cette période que je devrais rapporter ici. J'ai invité à Birkenhead la plupart des principaux journalistes et écrivains de Londres, en vue, bien entendu, d'une invasion projetée de la grande métropole. Pendant que ces hommes étaient ensemble, je suggérai l'organisation d'un club littéraire, et cette suggestion fut le germe à partir duquel naquit le Savage Club de Londres. Mon discours lors de l'ouverture du premier tramway du Vieux Monde figurera dans mon prochain recueil de discours.

Dès que j'ai terminé mon travail à Birkenhead, je suis allé à Londres et j'ai lancé une campagne pour les "tramways" dans cette métropole de 4 000 000 d'habitants. C'était une affaire complexe dès le début, et il me fallait faire une étude du gouvernement et des conditions, et surtout des préjugés des citoyens. La première étape était de s'adresser à chaque paroisse, car la paroisse là-bas est notre paroisse, et quelque chose de plus, car elle a une bien plus grande mesure de gouvernement domestique. Chaque paroisse devait autoriser tout tramway qui envahirait son enceinte ancienne et sacrée.

La plus grande difficulté était celle que je redoutais le plus depuis le début : l'opposition des « hommes des bus ». Il y a, ou il y avait à cette époque, 6 000 omnibus dans les rues de Londres, et chez chacun des conducteurs et chez tous ceux qui s'intéressaient aux profits de l'entreprise, mon projet de tramway avait un ennemi implacable. J'ai découvert que l'influence de ces hommes était énorme, car ils atteignaient les masses populaires d'une manière que je n'aurais jamais pu espérer faire. Leurs efforts étaient inlassables. Ils travaillèrent auprès des différents gouvernements paroissiaux, auprès de la population en général, auprès du gouvernement municipal et du Parlement lui-même. Je crois qu'ils avaient suffisamment d'influence pour porter la guerre jusque dans le cabinet et jusqu'au trône.

Cependant, comme je le raconterai bientôt, l'opposition des autobus ne s'est finalement pas révélée aussi terrible que je l'avais craint. Les coups les plus violents venaient d'une source plus élevée. Le « peuple », en Angleterre comme ailleurs, semble très puissant au début, au début de toute entreprise. S'y opposer semblerait inviter à la destruction. Mais en fin de compte, on découvre que le pouvoir réel est hébergé ailleurs, et chaque fois que ce pouvoir réel veut que quelque chose soit fait, le « peuple » n'existe pas. La fiction selon laquelle ils existent disparaît immédiatement dans l'atmosphère claire de « l'exigence ».

Le premier de ces pouvoirs réels que j'ai dû attaquer était le Conseil échevinal métropolitain. Je me suis présenté devant le conseil avec un modèle soigneusement préparé des tramways que j'avais proposés. C'était une sorte d'audience publique, et j'ai été interrogé très attentivement sur les projets d'exploitation de la route, sur l'effet que sa présence dans les rues étroites aurait sur la circulation, sur les risques d'accidents, etc. Il y avait là un noble seigneur qui, je le vis, luttait désespérément contre le projet. Il m'a observé attentivement et m'a posé des questions pointues. Lorsqu'il voulait être particulièrement efficace, comme c'est le cas des Anglais de sa classe, il laissait tomber son monocle, puis le réajustait soigneusement, avec de nombreuses contorsions et torsions de sourcils, et, lorsque l'unique verre était correctement ajusté, se fermait à moitié. l'autre œil et concentrer toute la flamme du monocle sur sa victime. Si la victime survit, tant pis pour elle, car elle sera alors soumise à un long discours traînant et à des « hems » et des « haws » qui briseraient le sang-froid d'un avocat de Philadelphie.

Nous nous sommes rapidement penchés sur le problème de la pose du tramway jusqu'à Ludgate Hill, là où la rue est extrêmement étroite. Sa Seigneurie m'a soigné avec son monocle scintillant. J'ai vu de quelle direction viendraient les tirs. Après avoir réajusté son monocle, afin d'améliorer la portée, il dit :

« Puis-je… ah… poser une question, M…. ah… Train ? Lorsqu'un Anglais veut se montrer sarcastique, ironique et tranchant, il trouve le moyen le plus facile à son esprit dans un prétendu oubli de votre nom.

"C'est pour cela que je suis ici, monseigneur," répondis-je aussi gracieusement que possible.

"Vous savez, bien sûr, à quel point Ludgate Hill est très étroite . Supposons que lorsque je descends au Mansion House dans ma voiture, un de mes chevaux glisse sur votre m-d rail et se casse la jambe - paieriez-vous pour le cheval?"

Cela fit sensation, car les Anglais aiment les seigneurs encore plus que nous, simples Américains. Dès que l'agitation eut cessé, je répondis d'une voix qui porta jusqu'au fond de la salle :

"Monseigneur, si vous pouviez me convaincre que votre foutu vieux cheval ne serait pas tombé si le rail n'avait pas été là, je devrais certainement le payer." Cette réplique captura si joyeusement l'assistance que la marée tourna autour de moi, au grand dam du noble seigneur. L'audience m'a permis d'obtenir l'autorisation de poser un tramway depuis Marble Arch à Oxford Street et depuis Hyde Park jusqu'à Bayswater, sur une distance d'un ou deux milles.

J'ai rapidement construit d'autres lignes également : une de la gare Victoria à l'abbaye de Westminster et au Parlement, et une autre du pont de Westminster à Kennington Gate en direction de Clapham. Ceux-ci ont été construits sur mon brevet d'une bride d'un demi-pouce.

Les omnibus, vaincus dans cette partie des combats, recoururent à des tactiques particulières mais efficaces. Dès que j'ai posé une partie de mes voies - ce qui a été fait dans les mêmes conditions que celles auxquelles j'avais posé la ligne à Birkenhead - les chauffeurs de bus ont essayé par tous les moyens possibles de détruire leurs véhicules sur les rails. Ils traversaient encore et encore et empruntaient les rails de la manière la plus imprudente, afin d'attraper et de faire tordre leurs roues. Ils réussirent très souvent, et il y eut beaucoup d'accidents de ce genre. L'excitation augmentait considérablement à chaque pied de piste posé. Mais les gens, comme à Birkenhead, étaient extrêmement favorables au tramway. C'était tellement pratique pour eux qu'ils se sont rangés à mon côté dans le combat. Les chauffeurs de bus, les compagnies et l'aristocratie étaient contre moi, l'un parce que mes tramways gênaient leurs affaires , l'autre parce qu'ils possédaient leurs moyens de transport privés et n'aimaient pas traverser les voies ferrées. J'ai habillé les conducteurs et les chauffeurs avec l'uniforme des volontaires, ce à quoi de nombreux soldats se sont opposés. Pendant ce temps, les voitures étaient bondées de passagers à toute heure, il y avait tout au long de la journée une affluence telle qu'on n'en voit à New York que pendant ce que nous appelons les « heures de pointe ».

Dans toute cette excitation et cette pression des voyages, les accidents étaient, bien sûr, inévitables. J'en redoutais un, car je sentais que ce serait le point crucial. Cela pourrait retourner contre moi le sentiment populaire, qui se dirige maintenant si fortement vers moi, car la « foule » (soi-disant) de Londres est tout aussi excitable et aussi ingouvernable que la « foule » de Paris, et ses préjugés sont plus profondément enracinés. . Finalement, l'accident redouté est arrivé. Un garçon a été tué et j'ai été arrêté pour homicide involontaire.

Afin d'apaiser l'opinion publique, j'ai payé les frais des funérailles du garçon et j'ai fait tout ce qui pouvait être fait pour payer matériellement sa mort. L'accident était tout à fait inévitable et le tramway n'en était pas responsable, mais il y avait beaucoup d'émotion, due principalement à l'agitation des chauffeurs de bus. Sir John Villiers Shelley, député , parent du poète, président du Metropolitan Board of Works et représentant du peuple omnibus, a mené la lutte contre moi. Nous avons eu une lutte formidable. Le projet de loi autorisant les tramways avait été soumis au Parlement et il fut maintenant rejeté par quelques voix. J'avais pour me représenter six des avocats les plus compétents d'Angleterre (par l'intermédiaire de Baxter, Rose et Norton, solicitors), mais l'influence des "bus men", aidée par le sentiment dans certains milieux contre moi à cause de mes discours en faveur du L'Union américaine était trop forte pour moi et j'ai dû abandonner le combat à Londres.

Je suis ensuite allé aux Potteries dans le Staffordshire, et là, après avoir repris le même genre de combats que j'avais eu à Londres, dans chaque nouvelle ville où j'avais entrepris de construire des chemins de fer, j'ai réussi à construire sept milles de voies ferrées à travers les usines de fabrication de vaisselle. pays. Ces traces sont là aujourd'hui.

Mon échec à Londres, auquel il fallait s'attendre, doit être compensé par ces succès à Birkenhead et dans le Staffordshire. J'ai le mérite d'avoir construit les premiers chemins de fer urbains en Angleterre, après avoir vaincu le plus redoutable de tous les ennemis du progrès : les préjugés britanniques. Je suis ensuite allé à Darlington, où Stephenson avait construit son premier chemin de fer, de Stockton à Darlington, en 1929, l'année de ma naissance, et j'y ai construit un tramway pour relier les deux chemins de fer à vapeur traversant cette ville.

Ma vie s'étend donc sur l'ensemble de la construction ferroviaire du monde. Le premier chemin de fer a été construit l'année de ma naissance et depuis lors, en soixante-treize ans, plus de 200 000 milles de chemin de fer ont été construits rien qu'aux États-Unis. J'ai eu une part dans une grande partie de ce grand travail. J'ai suggéré le chemin de fer qui relie Melbourne à son port et j'ai tracé la carte du système ferroviaire actuel en Australie il y a trente-neuf ans ; J'ai organisé la ligne qui relie les États de l'Est au grand Moyen-Ouest : l'Atlantic and Great Western Railway ; et j'ai organisé et construit le premier chemin de fer qui a percé le grand désert américain, a rapproché les côtes de l'Atlantique et du Pacifique et a conduit au développement du Far West.

Je peux également mentionner ici que j'ai construit un tramway à Genève, en Suisse, qui est toujours en service ; et une à Copenhague, qui prouvait qu'il y avait au moins quelque chose de solide dans « l'État du Danemark ». D'autres chemins de fer, comme ceux de Sydney et de Melbourne, en Australie, que j'ai suggérés, sont passés des lignes à chevaux aux lignes de tramway. J'ai également suggéré l'extension de la route de Bombay, en Inde, qui fut le premier chemin de fer de toute l'Asie.

Il peut être intéressant de noter que lorsque j'ai commencé à construire des tramways, je suis allé aux États-Unis et j'ai obtenu les plans des routes de Philadelphie et de la ligne de la Troisième Avenue de New York. C'est donc sur le modèle des routes américaines que furent construits ces chemins de fer étrangers.

On dit parfois qu'il est remarquable que l'on sache peu de choses sur mes liens avec ces grandes entreprises, car elles étaient grandes et ont fait époque.

Mais mes réalisations en Angleterre, dans le travail pionnier de construction de tramways, sont une question d'histoire enregistrée. Un compte rendu de mon travail là-bas se trouve dans un livre du Dr Albert Shaw, rédacteur en chef de la Review of Reviews, Municipal Government in Great Britain, ainsi que dans d'autres livres qui traitent de la vie industrielle de l'époque.

CHAPITRE XXII

L'ANGLETERRE ET NOTRE GUERRE CIVILE - BLOCUS EN COURS

J'ai déjà parlé de l'antagonisme ressenti à mon égard dans certains quartiers anglais à cause de mes discours en faveur de l'Union fédérale américaine à l'heure de son danger. L'amour de la patrie a toujours été plus fort en moi que l'amour de l'argent, et je n'ai laissé échapper aucune occasion de défendre la cause de l'Union et de prouver aux Anglais des classes supérieures qu'ils se trompaient en supposant que la Confédération pouvait réussir. Ceux qui n'étaient pas en Angleterre à cette époque, alors que le Sud était dans la première vague de ses succès et qu'il semblait probable que l'Angleterre et la France iraient au secours du Sud, n'avaient pour but que de se renforcer en affaiblissant la puissance du Sud. Les États-Unis ne peuvent apprécier l'étendue ni la puissance de la sympathie britannique pour la Confédération. L'élément anglais qui prenait parti pour le Sud avait une influence considérable. J'avais déjà ressenti personnellement sa puissance à travers l'échec de mes projets de tramway.

Dès que j'ai observé l'évolution de l'opinion britannique, je suis allé dans les salles publiques et j'ai parlé en faveur de l'Union, et j'ai essayé de montrer que le droit et la force étaient tous deux du côté du Nord et que, quels que soient les succès remportés par le Nord, Si le Sud gagnait au début de la guerre, il serait inévitablement écrasé sous le poids du reste du pays. Je ne me suis pas limité à des discours de ce genre. J'ai attaqué les hommes qui faisaient du commerce pendant la guerre en envoyant des forceurs de blocus dans les ports du Sud, en violation des règles de la guerre. J'étais donc en relation avec Lord John Russell d'une part et avec l'empereur Louis Napoléon de l'autre, aux jours critiques de l'affaire Mason-Slidell et de la discussion sur les « droits belligérants » du Sud.

Avant de prendre part à cet effort désespéré visant à endiguer le courant de l'opinion britannique et à vaincre les efforts des commerçants britanniques pour gagner de l'argent en vendant des marchandises de contrebande de guerre au Sud, j'ai placé ma femme et mes enfants à bord d'un bateau à vapeur pour New York. afin de les éloigner des scènes troublées. Ce combat devait me coûter l'opportunité de faire une fortune d'environ 5 000 000 $, en bouleversant mes projets de tramway.

Je peux mentionner ici qu'en 1958, pendant la guerre d'Italie, j'ai acheté le London Morning Chronicle pour l'empereur français, en le payant 10 000 $ et en mettant Thornton Hunt, fils de Leigh Hunt, à la tête de la rédaction, avec un salaire de 2 000 $ par mois. année. C'était un quotidien ; et comme l'Empereur voulait aussi un hebdomadaire, je lui arrangeai l'achat du London

Spectator au même prix, et nommai Townsend (je crois que c'était le nom) comme rédacteur, avec un salaire de 2 000 dollars par an. Une fois la guerre terminée, ces journaux nous ont naturellement échappé, et le Chronique m'a attaqué de la manière la plus sauvage dans la discussion sur le tramway, prenant le parti des conducteurs d'omnibus. Il m'a de nouveau attaqué pour avoir dénoncé le blocus imposé aux ports britanniques. J'avais donné les noms des hommes intéressés, les marques des cargaisons et la destination des expéditions, dans une lettre que j'écrivais au New York Herald. Ces hommes pensaient avoir assassiné la République des États-Unis.

Le sentiment contre moi était si intense à un moment donné que j'anticipais une tentative de me tuer. De fortes influences furent exercées sur moi pour arrêter un journal que j'avais créé à Londres, avec mon secrétaire particulier, George Pickering Bemis, comme directeur, dans le but de diffuser des nouvelles et des opinions correctes sur la guerre civile. Soit dit en passant, le secrétaire Seward envoya 100 $ par l'intermédiaire de son secrétaire particulier, MJC Derby (qui fut ensuite lié à la maison D. Appleton and Company et écrivit ses souvenirs sous le titre Cinquante ans parmi les auteurs, les livres et Publishers), pour aider à la tenue de ce journal. La tension intense m'a pesé à tel point que j'ai eu une crise d'insomnie et j'ai failli perdre la raison par moments. Je n'allais pas armé, mais je comptais pour me défendre sur une petite canne que je portais sous le bras, saisie par le bout devant de manière à me permettre de la faire tourner instantanément au cas où je serais attaqué par l'arrière.

En août 1962, j'ai observé qu'un navire appelé Mavrockadatis se comportait de manière suspecte et j'en suis venu à la conclusion qu'il s'agissait d'un forceur de blocus. Je croyais qu'il était chargé de provisions pour les confédérés et que dès qu'il serait en pleine mer, il se dirigerait vers un port du sud ou vers un rendez-vous avec un navire confédéré. J'ai décidé de faire échouer ce projet et j'ai pris le bateau pour St. John's, Terre-Neuve, qui, je suppose, n'était que sa destination apparente. Bien entendu, je me suis inscrit sous un nom d'emprunt, prenant pour l'occasion le nom "Oliver".

Il s'est avéré que j'avais tort. Le navire a poursuivi sa route comme indiqué et nous sommes arrivés à St. John's, à Terre-Neuve, plutôt que dans un port du Sud. Cela a interrompu mon programme, car j'avais prévu, dès mon arrivée dans un port du Sud, de me rendre directement à Richmond et de voir si quelque chose pouvait être fait pour mettre fin à la guerre. Comme je n'aurai peut-être plus l'occasion de revenir sur ce projet que j'avais en tête depuis quelque temps, j'en parlerai ici. J'avais convenu avec le président et avec M. Seward d'aller à Richmond pour voir ce qui pouvait être fait.

Mon idée était que les dirigeants du Sud ignoraient totalement le pouvoir et les ressources du Nord ; ils avaient imaginé, en raison de la grande réputation militaire des soldats du Sud, qu'il serait relativement facile de battre les troupes du Nord sur le terrain ; et qu'en dernier lieu l'Angleterre et la France viendraient à leur secours. J'étais sûr de pouvoir convaincre Jefferson Davis et d'autres dirigeants du Sud que toutes ces opinions étaient erronées. Je pensais qu'il serait simple de prouver qu'ils ne pouvaient compter sur l'aide ni de l'Angleterre ni de la France, puisque ces deux nations ne s'uniraient pas et qu'aucune d'elles n'entreprendrait seule cette tâche. Je pensais aussi pouvoir leur donner une telle preuve des grandes ressources du Nord, tant en hommes qu'en moyens, qu'ils reconnaîtraient l'inutilité de la lutte. Une autre idée que j'avais en tête était que je pourrais impressionner les Sudistes en leur suggérant que, s'ils abandonnaient la compétition à ce stade, ils pourraient obtenir des conditions bien meilleures que celles que le Nord victorieux se contenterait d'offrir après une longue et pénible guerre. Mais ce n'était pas le cas. Stanton a entendu parler de nos projets et a envoyé Montgomery Blair négocier avec les dirigeants du Sud, dont le résultat est trop connu.

J'ai atterri à Terre-Neuve, plutôt que dans le Sud, comme je l'ai dit, avec tous mes projets immédiats contrecarrés. Mais j'ai repris le cours de ma vie exactement là où j'en étais. J'étais à Terre-Neuve juste un jour et j'ai écrit l'histoire de cette colonie de la Couronne à partir des informations que j'ai glanées au cours de cette brève visite. Je le republierai un jour. J'ai observé à St. John's, comme ailleurs, que les gens sont façonnés par leur métier. Ces gens étaient physiquement la création de pêcheries. J'ai remarqué le poulamon marié au merlu et le requin marié à l'espadon. Les poissons de la mer, dont ils se nourrissaient et dont ils vivaient et étaient, étaient tous représentés dans leurs traits, depuis la sardine jusqu'au cachalot.

De St. John's, à Terre-Neuve, je me suis rendu à Boston, en passant par St. Johns, au Nouveau-Brunswick, en m'arrêtant à Portland, dans le Maine, pour une brève visite. À Portland, j'ai été accueilli par BF Guild au nom de Curtis Guild, propriétaire du Boston Commercial Bulletin, qui venait d'être créé. Guild publiait mes discours syndicaux et devait dépenser 1 000 $ par semaine – le Bulletin était un journal hebdomadaire – pour en faire la publicité ainsi que pour mes autres écrits. J'ai publié mon Histoire de Terre-Neuve dans son journal, recevant pour cela 10 $ par chronique, la seule rémunération que j'ai jamais reçue d'un journal ou d'un autre périodique pour mon travail. J'ai vu récemment un avis annonçant le décès de BF Guild, à l'âge de quatre-vingt-neuf ans. Je ne savais pas qu'il était si vieux.

J'ai découvert que j'étais revenu dans mon pays comme l'Américain le plus populaire dans la vie publique. J'ai été accueilli partout par de vastes foules de gens qui m'ont acclamé et ont exigé des discours sur la situation en Angleterre et sur mes expériences là-bas. À Boston, j'ai été accueilli par un rassemblement formidable, et cela ressemblait à une procession tandis que nous remontions State Street jusqu'à Revere House. J'ai été placé dans les chambres qui avaient été occupées par le prince de Galles, aujourd'hui roi Édouard, lors de sa visite à Boston deux ans auparavant.

Je ne suis pas resté longtemps à Boston avant d'avoir des ennuis en essayant d'éclairer les gens sur la guerre. Il y avait une grande assemblée à Faneuil Hall, où Sumner devait parler, et j'y suis allé pour voir ce qui se passait. Sumner n'était pas un orateur très efficace devant des auditoires mixtes et n'aurait pas pu rester debout pendant vingt minutes dans les couloirs de Londres, où l'on accorde la plus grande liberté de débat et où chaque orateur doit être prêt à répondre rapidement et avec précision. toute question qui pourrait lui être adressée, ou de répondre avec acuité et d'indiquer toute réplique qui pourrait me venir de la foule qui lui fait face.

J'ai donc été très étonné d'entendre Sumner défier n'importe qui dans l'auditoire de réfuter ses arguments. Je savais, bien sûr, que le gantlet ainsi légèrement abandonné n'était qu'une simple figure oratoire, mais en Angleterre, il aurait été repris immédiatement et Sumner aurait été mis en déroute. La tentation était trop forte pour moi. Je me levai, au grand étonnement et à l'embarras apparents de l'orateur et du comité présent sur l'estrade, et dis : « M. Sumner, lorsque vous aurez terminé, j'aimerais dire un mot. » Les acclamations qui ont accueilli mon acceptation du défi lancé gaiement ont été cordiales.

Dès que Sumner eut fini, je montai sur la plate-forme. C'est là que j'ai eu les plus grandes difficultés avec le comité, qui semblait déterminé à réprimer toute tentative de réponse au héros et au dieu des classes supérieures de Boston. Au moment où j'ai commencé à parler, le comité a fait signe au groupe et la musique a noyé ma voix. Quand le groupe s'est arrêté, j'ai recommencé, mais le comité a essayé de m'arrêter. J'ai agi comme mon propre policier et j'ai dégagé la plate-forme, lorsqu'une nouvelle ruée s'est précipitée sur moi, et tout s'est effondré hors de la scène. J'ai ensuite été arrêté et emmené à la mairie. La foule semblait résolument avec moi, même si tout ce qu'elle savait de mes sentiments était que j'étais opposé à faire de l'abolition immédiate de l'esclavage une condition préalable à la fin de la guerre (c'est-à-dire, sur le programme de Lincoln, l'Union, avec ou sans esclavage).

En quelques minutes, une foule de plusieurs milliers de personnes se pressait autour de l'Hôtel de Ville pour exiger à haute voix que je sois mis en liberté. J'ai calmé les gens en leur faisant savoir que je préparais une proclamation destinée au peuple américain. Cette proclamation, intitulée « Dieu sauve le peuple », a été publiée par Guild dans le Bulletin – et j'aimerais en obtenir une copie, car j'ai perdu la mienne. Cette arrestation ne m'a pas beaucoup gêné.

J'ai passé un contrat avec Guild pour donner des conférences dans le Nord et l'Ouest, et ma première conférence a été donnée à l'Academy of Music de New York. Le sujet général était la question de l'abolition, dans la mesure où elle concernait la guerre entre les États. Lors de cette réunion, Cassius M. Clay, du Kentucky, fut nommé président, mais le public n'apprécia pas cela et un gros chou fut lancé sur scène depuis la tribune. J'ai alors pris moi-même en charge la réunion et, marchant jusqu'au bord de la scène, je lui ai dit : « Je vois que vous n'aimez pas M. Clay ; mais il devrait avoir une chance équitable. Si M. Guild veut bien organiser une réunion à Cooper Institute demain soir, je débattrai avec M. Clay, et vous pourrez ensuite me tirer dessus des choux ou des dollars en or, comme vous voudrez. Je propose le sujet de discussion suivant : L'esclavage américain comme tremplin vers la barbarie africaine. à la civilisation chrétienne ; c'est donc une institution divine. M. Clay a accepté.

Le lendemain soir, au Cooper Institute, un large public remplissait la salle, de porte en scène ; 1 300 $ ont été retirés au box-office. Les journaux du lendemain matin ont consacré deux à quatre colonnes à la discussion, et le Times de Londres a considéré qu'il était suffisamment important, même pour les Anglais, de donner un long compte rendu et des commentaires éditoriaux. Il dit que les honneurs du débat étaient pour moi et donna un échantillon de ma répartie qui, dit-il, avait balayé M. Clay.

M. Clay avait évoqué dans son discours un entretien qu'il avait eu avec le président Lincoln, qui hésitait alors à publier la proclamation d'émancipation. M. Clay a déclaré : « J'ai dit au président que je n'utiliserais pas mon épée pour défendre Washington à moins qu'il ne publie une proclamation libérant les esclaves. » Ma réponse fut : « Il est juste de supposer que, pour que le major-général Cassius M. Clay incarne son épée, le président publiera la proclamation. » Il y eut de grands rires. Le président a publié sa proclamation trois mois plus tard.

J'ai reçu l'autre jour une carte postale de Clay, désormais nonagénaire, dans son château armé du Kentucky.

J'étais à Washington après ce débat, qui a eu lieu en septembre 1962, et j'ai été chaleureusement accueilli par le président et les membres de son cabinet. J'avais évidemment beaucoup entendu parler de la liberté d'expression de M. Lincoln et je ne fus donc pas étonné de l'entendre raconter plusieurs anecdotes caractéristiques. En fait, trois des hommes les plus éminents des États-Unis à cette époque s'efforçaient de se surpasser en plaisanteries : le président, le sénateur Nesmyth de l'Oregon, et le sénateur Nye.

M. Seward m'a invité à un dîner dans sa résidence, la maison historique où plus tard l'assassin a tenté de le tuer, où le général Sickles a tué Philip Barton Key et qui, ces dernières années, a été occupée par James G. Blaine. La plupart des membres du cabinet étaient présents. On m'a demandé de décrire quelques-unes des scènes de mes récents voyages et on m'a parlé de dîners chinois, à leur grand amusement. Ensuite, je leur ai raconté une histoire alors courante à propos de Wendell Phillips, l'abolitionniste. Phillips était une fois à Charleston, en Caroline du Sud, et est rentré tard dîner à son hôtel. Alors qu'il s'approchait de la porte, celle-ci fut maintenue ouverte par un esclave nègre . Phillips a déclaré avec hauteur qu'il n'avait jamais permis à un esclave de le servir et qu'il ne le ferait pas maintenant. "Depuis combien de temps es-tu esclave ?" » a demandé M. Phillips. Le nègre répondit : "Je n'ai pas le temps d'en parler maintenant, avec seulement cinq minutes de dîner en fourrure." M. Phillips dit à l'esclave de quitter la pièce, qu'il ne le laisserait pas le servir à table ; il s'attendrait à lui-même. "Je ne peux pas faire ça, hein ; je suis responsable de l'argent sur la table, hein !"

De grands rires ont accueilli cette histoire. Au milieu du tumulte, la porte s'ouvrit à la volée et le secrétaire Stanton apparut, le visage blanc d'émotion. D'une voix étranglée, à peine audible et qui n'aurait pas été entendue si tous les nerfs de notre corps n'avaient pas été tendus pour capter les paroles capitales que nous attendions, il dit : « Une bataille fait rage à Antietam ! Dix mille hommes ont été tués, et les rebelles marchent probablement maintenant sur Washington !"

Il y a eu un silence et nous n'avons plus raconté d'histoires ce soir-là. Il est remarquable que presque toutes les grandes batailles aient été longtemps en jeu dans la balance de la victoire. Aucune des deux parties ne savait si elle avait gagné quelque temps après la fin des combats. Il en était ainsi à Antietam, et cela avait été le cas à Bull Run ou à Manassas. La vraie nouvelle arriva lentement.

Je n'ai pas pris part à la guerre sur le champ de bataille, car dès que j'ai examiné les causes de la guerre et sa continuation, j'ai compris qu'il s'agissait d'une guerre contractuelle. Je suis revenu dans ce pays avec la ferme intention de servir. On m'avait assuré d'un haut-commissariat ; mais il ne pouvait pas prendre part en toute conscience à une lutte dans laquelle des milliers de vies étaient sacrifiées à l'avidité. Telle était ma conviction honnête et telle était ma ligne de conduite.

CHAPITRE XXIII

CONSTRUIRE LE CHEMIN DE FER UNION PACIFIQUE

1862-1870

Lorsque les Anglais ont démoli mes chemins de fer en Angleterre, j'ai prononcé un discours dans lequel je leur ai dit que je construirais un chemin de fer traversant les montagnes Rocheuses et le grand désert américain, ce qui ruinerait les anciennes routes commerciales traversant l'Égypte vers la Chine et le Japon. J'ai alors fait remarquer que cette route serait beaucoup plus courte dans le temps que l'ancienne route et que l'Europe traverserait bientôt l'Amérique pour atteindre l'Orient. Ce n'était pas une idée nouvelle, née en ce moment d'un sentiment de ressentiment. J'avais proposé cet itinéraire à travers l'Amérique dix ans plus tôt, à Melbourne, en Australie.

New York, à l'époque comme aujourd'hui, nous, Américains, considérions comme le point de départ de toutes les grandes entreprises, et c'est à New York que je suis venu. J'ai immédiatement fait appel aux dirigeants du monde de la finance – le commodore Vanderbilt, le commodore Garrison, William B. Astor, Moses H. Grinnell, Marshall O. Roberts et d'autres, et je leur ai franchement fait part de mes projets. L'un d'eux m'a dit :

"Train, vous avez suffisamment de réputation maintenant. Pourquoi faire quelque chose qui pourrait la gâcher ? Vous êtes connu dans le monde entier sous le nom de Clipper-Ship King. C'est assez de gloire pour un seul homme. Si vous essayez de construire un chemin de fer à travers le désert et au-dessus des Montagnes Rocheuses, le monde vous traitera de fou. »

Et c'est tout ce que j'ai reçu de ces messieurs ! Pas un mot d'encouragement, pas un centime des fonds versés – seulement l'avertissement que le monde, comme eux, me traiterait de fou.

Insensible à cet accueil froid, je poursuivis résolument ma tâche et entrepris d'organiser le grand chemin de fer. Le Congrès a accordé la charte nécessaire en 1962. Il autorisait la construction d'une route allant du fleuve Missouri à la Californie, avec une émission de 100 000 000 $ d'actions et 50 000 000 $ d'obligations, à émettre en sections, la première section devant être au taux de 16 000 $ le mile ; et le dernier à 48 000 $ le mile, avec 20 000 000 d'acres de terrain en sections alternées ; et 2 000 000 $ à souscrire, dix pour cent devant être versés au trésor public d'Albany.

Mes amis de Boston ont pris le stock, mais je n'ai pas réussi à obtenir l'argent nécessaire pour poursuivre la route à Philadelphie, Baltimore et New York. À ce moment-là, alors que les choses semblaient un peu sombres, une idée m'est venue qui a éclairci le ciel. Elle rendait la construction de la grande ligne une certitude. A Paris, quelques années auparavant, je m'étais beaucoup intéressé aux nouveaux modes de financement imaginés par les frères Émile et Isaac Perrère. Ces hommes astucieux et ingénieux, constatant que les anciennes méthodes ne pouvaient pas être utilisées pour répondre à de nombreuses exigences des temps modernes, en inventèrent de toutes nouvelles qu'ils organisèrent en deux systèmes connus sous le nom de Crédit Mobilier et de Crédit Foncier - ou systèmes de crédit basés sur la propriété personnelle. et la terre. Le gouvernement français avait soutenu ces systèmes des Perrères, et le baron Haussmann y avait eu recours dans sa grande entreprise de reconstruction et de rénovation de la capitale française, pour en faire la plus belle ville du monde. J'ai décidé d'introduire ce nouveau style de finance dans ce pays.

J'ai découvert qu'un projet de loi avait été adopté en Pennsylvanie en 1959, pour Duff Green, accordant l'autorité pour l'organisation de la « Pennsylvania Fiscal Agency », qui, après examen, j'ai vu qu'elle pourrait être utilisée à mes fins. J'ai acheté cette charte pour 25 000 $. Le projet de loi avait été « élaboré » par la législature de Pennsylvanie par un homme nommé Hall et d'autres membres de la douane de Philadelphie. Afin de le rendre adapté à nos usages, j'ai souhaité que son titre change et j'ai demandé au législateur de changer le titre en « Crédit Mobilier d'Amérique ». L'affaire s'est déroulée sans problème et j'ai payé 500 $ pour que cela soit fait. Lorsque j'ai mentionné à William H. Harding, du Philadelphia Inquirer, que la modification du titre de la charte m'avait coûté 500 $, il m'a dit qu'il aurait pu le faire pour 50 $. À l'époque, je ne connaissais pas autant les méthodes législatives en Pennsylvanie que plus tard. La somme que j'ai payée pour la charte était composée de 5 000 $ en espèces et de 20 000 $ d'obligations du Crédit Mobilier. Je devais disposer de 50 000 $ pour organiser l'entreprise. Je pense qu'il vaut la peine d'attirer l'attention ici sur le fait qu'il s'agit du premier soi-disant « Trust » organisé dans ce pays.

N'ayant pas réussi à trouver des fonds ailleurs, je suis allé à Boston et j'ai réussi à lancer l'entreprise. Mon propre abonnement de 150 000 $ était la pinte d'eau qui faisait démarrer la grande roue de la machinerie. Je donne ici — car c'est une question d'intérêt historique, puisque la construction de cette route a marqué l'ouverture d'une ère nouvelle aux États-Unis — la liste des abonnés qui furent mes copartenaires dans l'entreprise :

Lombard et amis   100 000 $

Oakes et Oliver Ames   200 000

Sydney Dillon	100 000 $	
Cyrus H. McCormick	100 000	
Ben Holliday	100 000	
John Duff	100 000	400 000
	———	
Glidden & Williams	50 000	
Joseph Nickerson	100 000	
Fred Nickerson	50 000	
Boulanger et Morrill	50 000	
Samuel Hooper et Dexter	50 000	
Prix Crowell	25 000	
Bardwell et Otis Norcross	75 000	400 000
	———	
Williams et Guion	50 000	
William H. Macy	25 000	
HS McComb, Wilmington, Del.	75 000	
Train George Francis, par l'intermédiaire du colonel George		
TM Davis, fiduciaire de ma femme et de mes enfants	150 000	300 000

**Maison de George Francis Train de 1863 à 1869 ,
n° 156 Madison Avenue, New York.**

J'avais offert un intérêt pour la route à d'anciens marchands bien établis de New York et d'autres villes : les Gray, les Goodhue, les Aspinwall, les Howlands, les Grinnell, les Marshall et Davis, Brooks & Company ; et même à certains nouveaux venus, comme Henry Clews, qui acceptaient de les installer « au rez-de-chaussée », si je puis utiliser une expression du petit monde de la finance. Mais ils avaient peur. C'était trop gros. Seuls deux d'entre eux, William H. Macy et William H. Guion, feraient le point.

Il y eut une réunion des actionnaires dans le bureau de Gibson à Wall Street, dans le but d'élire un conseil d'administration. À cette époque, l'importance de la route était désormais reconnue et les chefs des grandes lignes menant à l'Ouest souhaitaient activement obtenir le contrôle de la charte. Ils y avaient leurs représentants, et je compris dès le début qu'on tenterait de s'emparer de l'Union Pacific Railway comme trophée d'une de ces puissantes lignes de l'Est. Heureusement, comme je le savais parfaitement, ils n'étaient pas assez puissants, dans les circonstances, même avec un front unique, pour atteindre leurs objectifs.

William B. Ogden occupait le fauteuil et un calcul hâtif m'a convaincu que les hommes rassemblés dans le petit bureau représentaient probablement 200 000 000 $. Parmi les grandes lignes principales représentées, je me souviens maintenant de la Baltimore et de l'Ohio, de la Pennsylvanie et de la New York Central. C'est des forces de ces derniers que vint la foudre.

Dès que la réunion fut ouverte et que le président en expliqua le but, un monsieur se leva et commença à parler d'une voix sifflante et grinçante. Mais il avait une façon de dire ce qu'il voulait, et de le dire avec astuce, adroitement et très efficacement. Je voyais qu'il avait l'habitude de gagner à la manière shakespearienne : « par des détours, trouvez votre direction ». Il a dit que comme tout était prêt pour l'élection d'un conseil d'administration, il suggérerait que le président nomme un comité de cinq personnes qui devrait ensuite nommer un conseil de trente membres. J'ai vu que c'était une décision adroite de confier le contrôle du comité à l'une de ces grandes routes et, bien sûr, celui de l'Union Pacific. Le président a immédiatement nommé cinq hommes, dont trois représentants du New York Central.

Je me suis tourné vers un monsieur assis à côté de moi et lui ai demandé qui était l'homme à la voix sifflante qui venait de prendre place . "C'est Samuel J. Tilden", dit-il.

Les choses se passèrent désormais comme je l'avais prévu. Bien entendu, les trois membres du comité du New York Central ont nommé un conseil d'administration du New York Central. Ils pensaient avoir gagné le match de manière discrète et efficace. Mais j'avais dans ma poche le pouvoir qui pouvait renverser tous leurs projets. En fait, j'avais offert la présidence de la route à Moses Taylor, fondateur de la City National Bank, désormais contrôlée par M. Stillman, et à AA Low, père de l'actuel maire de New York. Mais tous deux s'étaient moqués de moi, trouvant absurde que je puisse prétendre avoir autant de pouvoir. J'ai ensuite dressé ma propre liste d'officiers et nommé John A. Dix comme président et John J. Cisco comme trésorier. Ensuite, j'ai prononcé un bref discours dans lequel j'ai dit que j'avais entre mes mains le contrôle de la route.

Le vote a été demandé par le président, et sur les 2 000 000 $ d'actions représentées, l'influence centrale de New York a voté 300 000 $ et moi, le vote de 1 700 000 $. Cela a complètement surpris les personnes présentes et elles ont quitté le bureau alors que des rats s'envolaient d'un navire en perdition. J'étais indigné et j'ai crié : « Vous vous retrouvez encore aux coins de Wall Street et vous me traitez de « foutu Copperhead » ; mais n'oubliez pas que je vous ai jeté dans la rue pour 200 000 000 $! Et c'est pour ça qu'on m'a traité de « fou » !

Je suis allé dans l'Ouest à l'automne 1963 pour inaugurer le premier kilomètre de voie ferrée à l'ouest du fleuve Missouri. Aucun des réalisateurs n'était avec moi ; J'étais entièrement seul. J'ai prononcé un discours à Omaha dans lequel je prévoyais que la route serait achevée d'ici 70 et dans lequel je prédisais le grand développement d'Omaha et du Nord-Ouest. Ce discours a été imprimé dans le monde entier et j'ai été dénoncé comme un fou et un visionnaire. J'avais, disait-on, prophétisé l'impossible. Et pourtant chaque mot de ce discours était vrai, tant quant aux faits que quant à ses prophéties. J'en donne ici quelques extraits, tel qu'il a été publié dans l'Omaha Republican du 3 décembre 1963, et tel qu'il a été republié dans ce journal et dans d'autres à plusieurs reprises depuis :

L'Amérique est la scène, le monde est le public d'aujourd'hui. Tandis qu'un acte du drame représente le grondement du canon sur le Rapidan, le Cumberland et le Rio Grande, sonnant le glas de la guerre rebelle, la scène suivante enregistre le grondement du canon des deux côtés du Missouri pour célébrer la la plus grande œuvre de paix qui ait jamais attiré les énergies de l'homme. Le grand chemin de fer du Pacifique est commencé, et si vous connaissiez aussi bien que moi l'homme qui s'occupe de l'affaire, vous n'auriez aucun doute quant à son achèvement rapide. Le président fait preuve de bon jugement en localisant la route où le Tout-Puissant a placé la station de signalisation, à l'entrée d'un jardin de sept cents milles de long et vingt de large.

Avant le premier siècle de la naissance de la nation, nous pouvons voir dans le dépôt de New York une étrange affiche du chemin de fer du Pacifique.

" *Les passagers européens à destination du Japon sont priés de prendre le train de nuit.*

" *Passagers pour la Chine par ici.*

" *Les frets africains et asiatiques doivent être clairement marqués : Pour Pékin via San Francisco.* "

L'immigration affluera bientôt dans ces vallées. Dix millions d'émigrants s'installeront dans cette terre dorée dans vingt ans.

J'avais prédit que le chemin de fer serait achevé en 1970. Le 10 mai 1969, la « pointe d'or » fut enfoncée à Ogden, dans l'Utah. Parmi les journaux du monde entier qui m'avaient ridiculisé en le traitant de fou ou de visionnaire à cause de mon discours à Omaha en 1963, il y avait la Hongkong Press, qui disait que l'on pensait généralement en Chine lors de ma visite là-bas en 1955-1956 que J'étais un peu "off", et ce discours, qui prédisait un chemin de fer à travers les montagnes Rocheuses, prouvait clairement que j'étais à la fois visionnaire et fou . Lors de mon voyage autour du monde en 1970, après l'achèvement de l'Union Pacific Railway, je suis entré dans le bureau du journal de Hong Kong et j'ai demandé le rédacteur en chef. A sa sortie, je lui ai demandé de me montrer le dossier de son papier contenant mon discours d'Omaha. Il l'a sorti et nous nous sommes tournés vers la colonne. « Connaissez-vous Train ? » il m'a demandé. "Eh bien, je m'appelle Train," dis-je, "et il semble que vous ne me connaissiez pas à Hong Kong en 1955-1956. Je viens de traverser les montagnes Rocheuses par cette route."

L'énorme importance de l'Union Pacific Railway est maintenant trop connue pour que je puisse faire ici d'autres commentaires. Il suffit de dire que c'est grâce à ma suggestion, à mes plans et à mon énergie que cette puissante autoroute traversant le continent, brisant les anciennes routes commerciales du monde et renversant le courant du commerce de ses anciennes voies orientales à travers la vaste étendue du continent américain, a été créée.

NOTE. — Albert D. Richardson, dans son livre autrefois célèbre Beyond the Mississippi, écrivant sur le développement d'Omaha et du Nord-Ouest, dû à la construction de l'Union Pacific Railway, dit : « Voici George Francis Train, à la tête d'une grande entreprise. appelé Crédit Foncier, organisé pour le commerce des terres et des stocks destinés à la construction de villes le long de la voie ferrée allant du Missouri à Salt Lake, cette société avait été dotée par la législature du Nebraska de presque tous les pouvoirs imaginables, à l'exception de celui de reconstruire les derniers États rebelles. construisait de jolis cottages à Omaha et ailleurs à l'ouest.

"M. Train possédait personnellement environ cinq cents acres à Omaha, ce qui ne lui coûtait que cent soixante-quinze dollars l'acre - un investissement des plus prometteurs. C'est un Américain remarquable et original, qui a accumulé des expériences merveilleuses et variées dans son court métrage.

Jeune orphelin, employé pour balayer la salle des comptes, il accéda à la tête d'une grande maison de navigation de Boston ; puis créa une succursale à Liverpool ; il organisa et dirigea ensuite une importante affaire de commissions en Australie, et étonna ses voisins ; époque de prix fabuleux, avec des tapis de Bruxelles, des comptoirs en marbre et un déjeuner de champagne gratuit tous les jours dans son bureau d'affaires. Ensuite, il fit le tour du monde, écrivit des livres de voyage, combattit les préjugés britanniques contre les tramways et occupa son temps libre. par les discours de guerre américains enflammés et audacieux à nos cousins des îles, jusqu'à ce qu'il dépense une fortune et profite des délices d'un mois dans une prison britannique.

"De là, il est retourné en Amérique, a donné des conférences partout et maintenant il essaie de construire une ceinture de villes à travers le continent. Au moins un projet magnifique. Combinant curieusement une grande sagacité avec un enthousiasme fou, un homme qui aurait pu construire les pyramides, ou avoir été enfermé dans une camisole de force pour excentricités, selon l'époque où il a vécu, il constate sèchement que depuis qu'il gagne de l'argent, on ne le traite plus de fou. Il ne boit pas d'alcool, ne fume pas de tabac, parle sur des souches comme ! un Niagara incarné, compose des chansons sur commande à l'heure aussi vite qu'il peut les chanter, comme un improvisateur italien, se souvient de chaque histoire drôle de Joe Miller à Artemus Ward, est un acteur né, est intensément sérieux et a le sens le plus absolu. et une foi franche en lui-même et en son avenir.

[Au moment où Richardson m'a vu à Omaha, en 1964, un autre journaliste réputé, William Hepworth Dixon, rédacteur en chef du London Athenæum, m'a rendu visite alors qu'il voyageait avec Sir Charles Dilke, qui écrivait sur Grande-Bretagne. Je lui ai présenté Richardson.—GFT]

CHAPITRE XXIV

LE DÉVELOPPEMENT DU FAR WEST

1863-1870

Une grande partie de mon travail qui a le plus contribué au développement de ce pays a été réalisée dans la grande région du Nord-Ouest, alors un pays sauvage, sans piste et inhabité sauf par des sauvages. Bien entendu, la principale réalisation en Occident a été la construction de l'Union Pacific Railway, qui a conduit à la création et à la construction d'autres chemins de fer et à la prospérité actuelle de l'ensemble du secteur.

Mais cette entreprise n'était qu'un début. Je ne considérais cela que comme le lancement d'une centaine d'autres projets qui, si j'avais pu les mener à bien, auraient transformé l'Occident en quelques années et anticipé de plus d'un siècle son état actuel de richesse et de puissance. génération complète. L'un de mes projets était la création d'une chaîne de grandes villes à travers le continent, reliant Boston à San Francisco par une magnifique autoroute de villes. La croissance rapide de Chicago, qui doit sa grandeur à sa situation sur cette route naturelle du commerce, montre que ce n'était pas un rêve vain ; et au développement d'Omaha, qui doit sa prospérité directement à l'Union Pacific Railway et aux autres entreprises que j'ai organisées dans l'Ouest. La plupart de ces projets ont été mis en échec par une panique financière, par le manque de coopération de la part de ceux-là mêmes qui étaient les plus intéressés par leur succès, et par des événements que je décrirai dans les chapitres suivants de ce livre. Certains d'entre eux ont cependant réussi, et j'ai pu accomplir un travail considérable qui a contribué à la conquête et à la construction de l'Occident.

Lorsque je suis allé à Omaha pour inaugurer la construction de l'Union Pacific Railway, le 3 décembre 1963, il n'y avait qu'un seul hôtel dans cette ville. C'était la Herndon House, une affaire respectable, aujourd'hui le siège de l'UP. Je fus étonné que des hommes énergiques, entreprenants et riches n'aient pas saisi l'occasion d'ériger un grand hôtel à cet endroit, qui avait déjà donné toutes les promesses d'une croissance rapide et immédiate. Mais ce qui m'a directement suggéré de construire un tel hôtel pour mon propre compte, c'est un petit incident survenu lors d'un petit-déjeuner que je donnais par hasard à Herndon House.

J'avais invité un certain nombre d'hommes éminents, représentants au Congrès et autres, à prendre le petit déjeuner avec moi dans cette maison, car je désirais leur présenter certains de mes projets. Le petit-déjeuner était un repas occidental typique, composé de poulets des prairies et de truites du Nebraska. Pendant que nous étions assis, un de ces cyclones soudains et toujours inattendus sur les plaines s'est levé, et l'hôtel a tremblé comme une feuille dans la terrible tempête. Notre table était très près d'une fenêtre dans laquelle se trouvaient de grandes vitres qui, je le craignais, ne pourraient pas résister à la force formidable du vent. Ils frémissaient sous le stress du temps, et j'ai appelé un serveur noir costaud à notre table pour qu'il se tienne le dos large contre la fenêtre. Cela s'est avéré une sécurité contre la tempête extérieure ; mais cela a précipité une tempête intérieure.

Allen, le directeur du Herndon, et un homme à l'esprit politique, a vu dans cet incident une atteinte aux droits des nègres . Il s'est précipité vers la table et a protesté contre cet acte comme étant un outrage. Je ne pouvais pas me permettre d'entrer en querelle avec lui à ce moment-là, alors je me suis contenté de dire : « Je suis à peu près de la taille d'un nègre ; je prendrai sa place. J'ai alors ordonné à l'homme de s'éloigner de la fenêtre, j'ai pris son poste et j'y suis resté jusqu'à ce que la fureur de la tempête se calme. Ensuite, j'étais prêt pour Allen.

Je suis sorti devant la maison et, désignant une grande place vacante en face, j'ai demandé à qui elle appartenait. On m'a donné le nom du propriétaire et j'ai immédiatement envoyé un messager pour lui en toute hâte. Il est arrivé peu de temps après et j'ai demandé son prix. C'était 5 000 $. Je lui ai rédigé et remis un chèque du montant, et je lui ai pris sur-le-champ un acte de propriété.

Ensuite, j'ai demandé un entrepreneur capable de construire un hôtel. On m'a amené un homme nommé Richmond. "Pouvez-vous construire un hôtel à trois étages en soixante jours sur ce terrain ?" ai-je demandé. Après quelques hésitations, il a dit que ce serait simplement une question d'argent. "Combien?" J'ai demandé. "Mille dollars par jour." "Montrez-moi que vous êtes responsable de 60 000 $." Il l'a fait, j'ai sorti une enveloppe et j'ai dessiné au dos un plan approximatif de l'hôtel. « Je vais à la montagne, dis-je, et je voudrais que cet hôtel de 120 chambres soit complet à mon retour dans soixante jours.

A mon retour, l'hôtel était terminé. Je l'ai immédiatement loué à Cozzens, de West Point, New York, pour 10 000 $ par an. Il s'agit du célèbre Cozzens's Hotel d'Omaha, qui a fait l'objet de plus d'écrits, je suppose, que presque toute autre hôtellerie jamais construite aux États-Unis. C'est encore aujourd'hui le lieu de spectacle d'Omaha.

L'achèvement de l'Union Pacific Railway en 1969 fut l'occasion de ma visite en Californie et en Oregon. À San Francisco, j'ai donné un banquet à des hommes éminents de la finance et de la politique et j'ai profité de l'occasion pour faire référence aux efforts qui avaient été déployés là-bas, me semblait-il, pour aider les États sécessionnistes. Je répondais au toast de « l'Union » et j'avais déclaré que si j'avais été le général fédéral commandant en Californie à l'époque, j'aurais pendu certains hommes, dont certains étaient présents. C'était un coup assez chaud, et je ne m'étonnais pas du ressentiment des hommes auxquels je parlais. J'ai cependant été étonné par les excellents résultats que j'ai reçus de la presse municipale le lendemain matin. J'ai lu les comptes rendus et les commentaires de mon discours alors que je me préparais à faire reprendre ma voiture spéciale vers l'Est cet après-midi. J'étais très indigné, mais je ne savais pas exactement quoi faire.

A ce moment précis, un homme s'est approché de moi et m'a dit qu'il aimerait que je fasse une conférence ce soir-là au théâtre. C'était le directeur, M. Poole. J'ai vu l'occasion qui s'offrait à moi et j'ai accepté, refusant cependant son offre de 500 dollars en or et acceptant de prendre la moitié des recettes brutes pour une série de conférences. J'ai donné vingt-huit conférences devant des maisons bondées et j'ai reçu, pour ma part, 10 000 $ en or. Je n'ai pas épargné mes critiques, mais je les ai écorchés vifs.

Mes conférences faisaient de moi l'homme le plus remarquable de la côte du Pacifique et je recevais des dépêches de félicitations ou des invitations à prononcer des conférences et des discours presque à chaque heure de la journée. J'ai accepté un chèque de cinq cents dollars pour me rendre à Portland, dans l'Oregon, pour prononcer le discours du 4 juillet, et le Gussie Tellefair a été envoyé à ma rencontre et m'a emmené jusqu'au Columbia en état. Le discours a été prononcé devant un large public d'Oregoniens, de trappeurs et d'alpinistes, certains d'entre eux portant les costumes les plus pittoresques que j'aie jamais vus.

Je mentionne cette visite à Portland parce qu'elle m'a donné l'occasion de faire plusieurs choses importantes. J'ai visité les célèbres Dalles du fleuve Columbia et j'ai vu les Indiens harponner le saumon. Je leur ai demandé ce qu'ils faisaient et on m'a répondu qu'ils préparaient leurs réserves pour l'hiver. Je me rendis à l'endroit où les braves harponnaient le poisson et demandai à l'un d'eux de me laisser m'essayer au lance-poisson. M'étant un peu habitué au lancer du harpon, je m'aperçus que je maniais assez habilement l'arme de l'Indien et réussis à débarquer 200 saumons en deux heures. Bien sûr, les poissons couraient en masse, mais ces deux heures de travail m'auraient rapporté 1 000 $ si j'avais pu emporter la capture à New York.

J'ai été le premier homme blanc, je crois, à avoir extrait le saumon du Columbia, et je me suis alors demandé si les Indiens pouvaient constituer une réserve de poisson pour l'hiver, pourquoi les hommes blancs ne pourraient-ils pas faire la même chose ? J'ai alors suggéré la mise en conserve du saumon, qui s'est depuis développée en une si grande industrie et a fait du saumon Quinnat le poisson roi du monde, plaçant le saumon de Colombie dans presque tous les foyers de la civilisation.

Un autre fait peut être enregistré ici. Mon discours du 4 juillet avait été un tel succès qu'on m'a demandé de prononcer un autre discours à Seattle, sur Puget Sound, qui était alors un village en difficulté. J'accompagnais une délégation ou un comité de l'Est qui cherchait un bon emplacement pour le terminus du Northern Pacific Railway, projeté après le grand succès de l'Union Pacific. Lorsque nous avons dépassé l'endroit où se trouve aujourd'hui Tacoma, j'ai été attiré par son apparence et j'ai dit : « Voilà votre terminus. Le comité a choisi l'endroit et Tacoma y a été fondée.

Un incident amusant clôtura cette partie de mon voyage. Je suis allé de Seattle à Victoria, en Colombie-Britannique, et j'ai été étonné de trouver la ville dans l'agitation la plus folle . Les troupes étaient sur les quais, et dès mon débarquement, je constatai que l'on s'intéressait le plus à moi. Enfin, comme ils me voyaient marcher seul, un des fonctionnaires s'approcha et me dit : « Pourquoi, es-tu seul ? "Bien sûr," répondis-je. « Vous attendiez-vous à ce que j'amène une armée avec moi ? J'ai dit cela en plaisantant, ne sachant pas à quel point cela touchait à sa question. Il m'a alors pris à part et m'a dit : « Lis cette dépêche. » J'ai ouvert la dépêche et j'ai lu : « Le train est en chasse.

J'ai vu ce que cela signifiait et comment les bonnes personnes avaient été trompées. Le Hunt était le navire sur lequel je suis arrivé, et l'opérateur télégraphique de Seattle, sachant que j'avais été avec les Fenians et que j'avais semé beaucoup de troubles en Californie, pensait qu'il s'amuserait avec les Canadiens. Les habitants de Victoria s'attendaient à ce que j'arrive avec une bande de Fenians !

Je n'ai pas souri, mais j'ai décidé de pousser la plaisanterie un peu plus loin. En entrant dans le bureau télégraphique, j'ai déposé le télégramme suivant pour Dublin, en Irlande. "En Angleterre, en Irlande." La plaisanterie m'a coûté 40 $ en péages, mais je l'ai beaucoup apprécié.

CHAPITRE XXV

LA PART QUE J'AVAIS DANS LA COMMUNE FRANÇAISE

1870

Ma participation à la Commune en France, dans les années 70, était le fruit du hasard. Je suis arrivé à Marseille à un moment très critique de l'histoire de cette ville. C'est l'heure où est née la Commune, ou, comme beaucoup l'appelaient là-bas, la « République Rouge ». J'étais en train de faire un tour du monde, voyage au cours duquel j'ai éclipsé tous les exploits de voyage antérieurs et j'ai fait le tour du monde en quatre-vingts jours. Cela servit à Jules Verne, deux ans plus tard, de base à son célèbre roman Le Tour du monde en quatre-vingts jours. Tout le voyage avait été mouvementé, mais j'en parlerai dans un chapitre ultérieur.

L'Empire français était tombé et la République s'était élevée pendant ma fuite rapide ; Et maintenant, l'une des entreprises les plus sombres et les plus désespérées connues dans l'histoire était en marche : la tentative de transformer la France et le monde en un système de « communes », érigées sur les ruines de tous les gouvernements nationaux.

J'arrivai à Marseille par le Donai, de la ligne de la Messagerie Impériale, le 20 octobre 70, et me rendis aussitôt au Grand Hôtel du Louvre. Imaginez mon étonnement lorsque j'y fus reçu par une délégation et, pour la troisième fois, salué comme « libérateur ». Le titre vide de sens de libérateur, si facilement conféré par les races latines excitables, était devenu pour moi plutôt une plaisanterie. Les révolutionnaires australiens qui voulaient me nommer président de leur république de papier étaient sérieux et auraient fait quelque chose de remarquable s'ils en avaient eu l'occasion, avec suffisamment d'hommes derrière eux ; mais je n'avais pas vraiment confiance en les Italiens et je n'avais pas non plus le moindre désir de travailler pour leur cause.

Les acclamations avec lesquelles me reçut le peuple des rues de Marseille heurtèrent d'abord ma sensibilité et me parurent un simple écho de la petite affaire de Rome. Cependant, je fus bientôt convaincu de la profonde sincérité de ces révolutionnaires et destiné à prendre une part active et honnête à leur cause. Il est remarquable de voir à quel point un léger incident peut bouleverser tout le cours de la vie d'une personne. J'avais eu l'intention de me rendre le plus rapidement possible à Berlin et d'examiner l'armée prussienne victorieuse ; mais me voilà au moment même de mon arrivée sur le sol français, impliqué dans les problèmes et les luttes du peuple français, précipités par l'armée prussienne, ayant pour objectif de détruire une grande partie de l'œuvre de la conquête allemande.

Lorsque le comité révolutionnaire m'a salué comme « libérateur », j'ai pensé qu'ils m'avaient pris pour quelqu'un d'autre et j'ai demandé aux dirigeants s'ils ne l'avaient pas fait. « Non », ont-ils répondu ; "Nous avons entendu parler de vous et souhaitons que vous rejoigniez la révolution." Il semblait qu'ils avaient suivi mes rapides progrès à travers le monde et m'avaient dit qu'ils savaient quand j'étais à Port-Saïd et qu'ils s'étaient préparés à me recevoir dès mon atterrissage à Mars eilles.

« Six mille personnes vous attendent désormais à l'Opéra », dirent-ils.

"Attends pour moi?" Ai-je demandé, incrédule. "Depuis combien de temps attendent-ils et qu'attendent-ils ?"

"Ils sont rassemblés depuis une heure et ils veulent que vous leur parliez au nom de la révolution."

"Eh bien," dis-je en prenant immédiatement une décision, "je ne peux pas faire attendre ces braves gens. J'irai avec vous." J'avais décidé de me fier à l'inspiration du moment, lorsque je me trouverais face à face avec ce public français volatile.

Dès mon entrée dans l'opéra, rempli de gens excités depuis la scène jusqu'aux premières loges, j'ai été possédé par l'esprit révolutionnaire français. Le feu et l'enthousiasme du peuple m'ont balayé. J'étais désormais « communiste », membre de leur « République rouge ». Je l'ai ressenti dès que j'ai rejoint cette foule enthousiaste et extatique, car c'était vraiment une foule à l'époque, et les foules ont été les germes de tous les grands mouvements nationaux en France.

Une sorte de comité, préparé pour l'occasion, s'est immédiatement saisi de moi et nous avons marché ou nous sommes précipités à travers la foule, dans l'allée et sur la scène. Environ 250 personnes, les plus importants acteurs de l'agitation, je suppose, étaient debout, toutes applaudissant à haute voix. Alors que je montais sur scène, devant le public, retentit un éclat d'acclamations de « Vive la République ! » « Vive la Commune ! » et beaucoup criaient mon nom avec un accent français et un « n » nasal. C'était irrésistible. Je me suis avancé sur le devant de la scène et j'ai essayé de parler, mais pendant plusieurs minutes, je n'ai pas pu prononcer un mot qui puisse être entendu à un pied de distance, le vacarme des cris et des acclamations était si écrasant.

Quand les cris cessèrent, je dis aux gens que j'étais à Marseille pour un voyage autour du monde, mais comme ils m'avaient appelé à participer à leur mouvement, je serais heureux de rembourser, en mon nom, une petite partie de l'immense dette de gratitude que mon pays avait envers la France pour Lafayette, Rochambeau et de Grasse. J'ai répété une partie de la Marseillaise, qui remue toujours les Français au plus profond, et quelques vers du poème de Holmes sur la France :

"Arrachez le bâton de Condé de la tranchée, Réveille-toi, gros Charles Martel; Ou donner la main d'une femme à serrer L' épée de La Pucelle !"

J'ai également insisté pour que la France ne cède pas un pouce de son territoire aux rapaces Prussiens.

L'excitation de l'heure emporta tout devant elle, et la foule dehors, au nombre d'au moins 20 000 personnes, fut finalement rejointe par les 6 000 personnes à l'intérieur, et toute la masse, faisant une grande et bruyante procession, m'escorta jusqu'à mon hôtel où j'avais pris le bus. toute la suite d'appartements avant. Le lendemain matin, j'étais attendu par un comité de révolutionnaires. Ils disaient qu'ils voulaient un chef militaire et que Cluseret était l'homme de la situation. Il serait capable de diriger les forces de la Ligue du Midi.

Cluseret se trouve alors en Suisse, où il s'est réfugié après que les troupes l'ont chassé de Lyon sur ordre de Gambetta. C'était le Gustave Paul Cluseret qui avait participé à notre guerre civile, servant dans les états-majors de McClellan et de Frémont, et qui fut plus tard chef militaire de la Commune de Paris. Nous envoyâmes en Suisse et invitâmes le général Cluseret à nous rejoindre à Marseille. À notre grande surprise, il nous a fait savoir qu'il aurait besoin d'une force de 2 000 hommes armés ! Cela a réglé Cluseret, en ce qui me concerne.

Quelques jours plus tard, on m'a apporté à l'hôtel une carte portant le nom de « Tirez » et la mention que M. Tirez occupait la chambre 113 dans le même hôtel. Je suis monté dans cette pièce et j'y ai trouvé un individu splendide avec une grande moustache militaire. "Etes-vous M. Tirez ?" J'ai demandé. "Je suis le général Cluseret", dit-il. "Je pensais que vous vouliez 2 000 hommes armés ?" J'ai dit. "Vous pouvez probablement me donner plus que ce chiffre", dit-il avec un sourire. "Vous semblez commander tout et tout le monde ici." "Nous verrons", dis-je. Je lui ai demandé de m'accompagner au Cirque ce soir-là.

Il y avait au moins 10 000 hommes dans ce gigantesque amphithéâtre. J'ai fait un bref discours et j'ai dit que je voulais leur faire une surprise. " Vous voulez un chef militaire. Je vous en ai apporté un. Voici votre chef : le général Gustave Paul Cluseret. " Il a été accueilli par des acclamations formidables.

Nous organisâmes aussitôt un quartier général militaire et nous préparâmes à prendre possession de la ville. Dans cet effort, nous avons été aidés par les vues libérales du préfet, M. Esquiros, républicain, et plus tard par l'incapacité du nouveau préfet nommé par Gambetta, M. Gent. Le lendemain, nous marchâmes vers les fortifications militaires avec une grande masse d'hommes. Le général Cluseret et moi étions bras dessus bras dessous lorsque nous franchissions les portes. J'ai observé l'officier chargé des canons à l'entrée sur le point de donner un ordre, ce qui, je le savais, signifiait une volée qui nous entraînerait dans l'autre monde. Je m'élançai et saisis l'officier par le bras. "Viens me voir à l'hôtel", lui murmurai-je à l'oreille. L'ordre de tirer n'est pas donné, nous pénétrons dans les fortifications et en prenons possession au nom de la Commune, de la « République Rouge ».

Le lendemain, 150 hommes de la Garde mobile se présentèrent à l' hôtel et réclamèrent le général Cluseret. J'ai dit aux policiers qu'il n'était pas présent, mais ils ont insisté pour envahir mes appartements. Je leur ai alors dit qu'ils ne seraient pas autorisés à franchir le seuil vivants. J'étais armé d'un revolver et trois de mes propres secrétaires étaient armés de la même manière. J'ai dit au premier officier à la porte qu'il y avait quatre hommes à l'intérieur et que nous tirerions sur quiconque tenterait d'entrer ; nous pensions pouvoir en tuer au moins deux douzaines. La Garde tint un bref conseil dehors, et j'entendis bientôt leurs pas militaires résonner dans le couloir. Ils avaient abandonné la recherche de Cluseret.

Le lendemain matin, j'ai vu de ma fenêtre une armée défiler dans la rue. J'ai cru que c'était notre armée, je suis sorti sur le balcon et j'ai commencé à crier "Vive la République !" et "Vive la Commune !" avec les gens dans la rue ; mais il y eut un silence inquiétant dans les rangs des troupes. Ils n'ont pas répondu à ces sentiments révolutionnaires. Ensuite, j'ai vu le nouveau préfet, M. Gent, l'homme de Gambetta, en voiture, avec l'armée. Soudain, j'ai entendu un coup de feu et Gent est tombé au fond du véhicule. Quelqu'un avait tenté de le tuer, mais il avait raté son coup, et le préfet ne se souciait plus de se faire remarquer.

Les troupes s'arrêtèrent juste devant l'hôtel, et je vis que les officiers regardaient avec colère le drapeau de la Commune qui flottait au balcon. Des ordres furent donnés et cinq hommes, un peloton d'exécution, sortirent des rangs et s'agenouillèrent, leurs fusils à la main, prêts à tirer. Je savais que leur objectif était de me tirer dessus. Je ne sais pas pourquoi, mais je sentais que si cela devait se produire, je mourrais de la manière la plus dramatique possible. Il y avait deux autres drapeaux sur le balcon, aux couleurs de la France et de l'Amérique. Je saisis les deux et les enroulai rapidement autour de mon corps. Puis je me suis avancé et je me suis agenouillé devant le balcon, dans la même posture militaire que les soldats en dessous de moi. J'ai alors crié aux policiers en français :

« Feu, feu, misérables lâches ! Feu sur les drapeaux de la France et de l'Amérique enroulés autour du corps d'un citoyen américain, si vous en avez le courage !

Un ordre fut donné, trop bas pour que je puisse le comprendre, mais les soldats agenouillés laissèrent tomber leurs fusils, puis se relevèrent et rejoignirent les rangs. Un autre ordre fut crié le long de la ligne, et les troupes continuèrent leur marche dans la rue, hors de vue.

La tentative d'assassinat du préfet a eu un effet inattendu sur l'opinion publique marseillaise. Cela a retourné les Français capricieux contre la Commune. J'ai conseillé au général Cluseret de se rendre immédiatement à Paris. Je lui ai même acheté un uniforme doré. Son histoire ultérieure, en tant que chef militaire de la Commune à Paris, sa capture, son procès, sa libération et sa retraite en Suisse, sont bien connus.

A cette époque, je crois que le cours de la guerre aurait pu être inversé en faveur de la France par un mouvement rapide comme ceux dont les Boers mobiles ont fait bon usage en Afrique du Sud, peut-être par une attaque sur les arrières des armées allemandes. La France était remplie de soldats allemands, mais l'Allemagne n'était pas gardée ; et je croyais alors qu'un corps de cavalerie légère, comme les Algériens par exemple, aurait pu créer une telle diversion par un raid rapide vers l'arrière qu'il aurait repoussé les Allemands vers le Rhin, ou même vers Berlin. J'étais étonné par l'énorme quantité de munitions de guerre et par les masses de troupes encore disponibles dans le sud de la France. C'est le leadership, et non les troupes, qui manquait à la France.

Je quittai Marseille pour Lyon, après que les troupes eurent tenté de me tirer dessus au balcon de l'hôtel, et j'étais accompagné de Crémieux, l'un des dirigeants de la Ligue du Midi. Au moment où nous quittions Marseille, un homme, portant ostensiblement le ruban de la Légion d'honneur, entra dans notre compartiment. Je le fis aussitôt passer pour un espion et me mis à causer à haute voix avec Crémieux. Mon appréciation de son caractère s'est justifiée d'une manière désagréable à Lyon. A peine étions-nous entrés dans la banlieue de cette ville que notre ami quitta le compartiment et descendit du train.

Lorsque le train s'est arrêté en gare, je suis sorti du compartiment avec Crémieux et j'ai été confronté à six baïonnettes. Nous avons tous deux été placés en état d'arrestation. Immédiatement, je me souvins du petit bout de papier dans ma poche qui, s'il était découvert, pourrait trahir Cluseret, et je le saisis en toute hâte et le portai à ma bouche. L'officier du groupe de soldats s'est précipité pour m'arrêter, mais il était trop tard. Le glissement avait disparu. Je l'avais avalé.

« C'était l'adresse du général Cluseret ! cria l'officier.

"Bien sûr", dis-je. "Et il est allé au rendez-vous avec mon petit déjeuner !"

Les soldats nous conduisirent, Crémieux et moi, à la Bastille, à Lyon, et j'y fus retenu treize jours. Quand je suis entré dans la cellule, j'étais très fatigué, je me suis assis contre le mur et j'ai appuyé ma tête contre celui-ci. En un instant, je reconnus la respiration d'un homme tout près de moi, et j'aperçus une fissure dans le mur contre laquelle un espion de la cellule voisine tendait l'oreille pour capter les paroles compromettantes qui pourraient s'échanger entre Crémieux et moi. C'était le vieux truc de l'Inquisition ; mais cela n'a pas servi les objectifs de ces derniers acteurs.

Mon secrétaire, M. Bemis, venu de Marseille par un train plus tardif, n'a pas pu me trouver à Lyon. Il a passé une semaine à me chercher. À la fin de cette période, ma femme, qui était à New York, télégraphia à la légation américaine à Paris pour demander si la nouvelle selon laquelle j'avais été tué était vraie. On rapportait actuellement en Amérique que les militaires m'avaient abattu à Marseille. M. Bemis se rendit immédiatement à la Garde mobile, sympathisante de la Commune, organisation dont le général Cluseret avait été chassé par Gambetta. La Garde a envoyé une députation de 150 officiers auprès du préfet de la ville, qui a ordonné ma libération immédiate. On fit appel à Gambetta, et il ordonna que je lui sois envoyé à Tours par train spécial.

Je suis allé à Tours avec style. J'avais été empoisonné à la Bastille de Lyon, et j'en étais malade, ayant perdu trente livres de chair en treize jours. Je fus accueilli à Tours par le secrétaire de Gambetta, M. Ranc, devenu député, qui me dit que je pourrais voir le dictateur à quatre heures. "Pourquoi pas maintenant?" J'ai demandé. — Parce qu'il n'est pas possible à M. Gambetta de travailler avant d'avoir dîné. J'ai trouvé que ces fonctionnaires français aimaient autant leur dîner que les fonctionnaires anglais. A l'heure dite, M. Ranc me conduisit au palais de la préfecture, et je fus aussitôt admis chez Gambetta.

J'ai tout trouvé dans la confusion. La préfecture était remplie d'hommes qui attendaient le bon plaisir du dictateur. Dans les premières antichambres, je vis des hommes qui attendaient depuis trois semaines ; dans les pièces voisines se trouvaient ceux qui attendaient depuis deux semaines ; et dans la troisième salle je trouvai des officiers de l'armée et de la marine, qui attendaient depuis une semaine. Tandis que je passais d'un air posé au milieu de cette foule, on me prenait pour un grand personnage, et j'entendais murmurer que je devais être l'ambassadeur d'Espagne ou le nonce apostolique.

Gambetta était assis à son bureau dans une grande pièce joliment meublée. Il n'a pas fait le moindre signe qu'il se rendait compte de ma présence. Il ne tourna même pas son visage vers moi. Je n'ai appris que plus tard que le distingué Italo-Français avait un œil de verre et pouvait me voir aussi bien de biais que de face. Mais j'en avais assez de rester là, silencieux, et j'étais déjà las de ma longue incarcération. J'ai décidé, après avoir côtoyé ce personnage étrange, alors au sommet de la marmite bouillonnante de la politique française, que la meilleure solution pour moi était de faire preuve d'audace.

— Lorsqu'un étranger distingué vient vous voir, monsieur Gambetta, je pense que vous pourriez lui offrir une chaise.

Le grand homme sourit et me fit signe de m'asseoir avec une grande gentillesse. J'ai pris une chaise et j'ai dit :

"M. Gambetta, vous êtes le chef de la France et j'ai l'intention d'être président des États-Unis. Vous pouvez m'aider et je peux vous aider."

Il me regarda avec un regard curieux, mais ne sourit pas.

"Envoyez-moi en Amérique et je pourrai vous aider à obtenir des munitions de guerre et à gagner la sympathie et l'assistance des Américains."

Je savais bien sûr qu'il allait de toute façon me renvoyer hors de France et je voulais écarter son projet.

Le dictateur sourit encore et dit : « Vous avez envoyé Cluseret à Paris et lui avez acheté un uniforme pour 300 francs.

— Vous n'êtes qu'assez bien informé, monsieur Gambetta. J'ai payé l'uniforme 350 francs.

"Cluseret est une canaille", dit-il.

"Les Communards vous appellent ainsi", répondis-je.

Il termina notre entretien en me disant quelques paroles agréables, en me faisant sortir de la pièce et en me renvoyant hors de France sur-le-champ.

Je me rendis directement à Londres, puis à Liverpool, et m'embarquai pour New York à bord de l'Abyssinia, qui, curieusement, fut plus tard le navire pionnier de la ligne de bateaux entre Vancouver et Yokohama, après avoir été acheté par le Canadien Pacifique.

CHAPITRE XXVI

UN CANDIDAT À LA PRÉSIDENTE

1872

J'ai passé de nombreux jours en prison. Une prison est un bon endroit pour méditer et planifier, pour peu qu'on soit patient dans un tel endroit. Une grande partie de mon travail a été pensée et réalisée alors que je vivais dans les quinze prisons dont j'ai été locataire. C'est dans une prison de Dublin, appelée Four Courts' Marshalsea, que le sentiment de confiance dans la possibilité de devenir un jour président des États-Unis s'est définitivement manifesté. C'est également dans cette prison que j'ai projeté Train Villa, qui devait être construite à Newport. Comme ma vie dans cette villa, qui à son époque était l'une des plus célèbres et des plus luxueuses d'Amérique, était une sorte de prélude à ma campagne pour la présidence, je peux à juste titre dire ici ce que j'ai à en dire dans ce livre.

Train Villa, la résidence d'été de George Francis Train à Newport de 1868 à 1872.

J'avais depuis longtemps désiré une belle résidence au bord de la mer, et ainsi, alors que j'avais presque terminé les travaux effectués en relation avec l'Union Pacific Railway, et qu'il semblait y avoir devant moi une période de loisirs relatifs, j'ai projeté cette maison. Mes plans ont été élaborés avant mon arrivée à la prison de Dublin. Ma femme a construit la villa ou a commencé à y travailler alors que j'étais encore dans la mer des Maréchaux. Le terrain sur lequel il se trouve s'étend sur environ deux acres et demi dans la plus belle région de Newport. Afin que mes garçons puissent faire du sport à la maison, j'ai fait construire un bâtiment pour le billard et le bowling. C'était, je crois, la première résidence à Newport qui possédait un endroit spécial de ce genre, même si, bien sûr, beaucoup avaient des tables de billard. Un beau cottage a également été construit pour mon beau-père, le colonel George TM Davis. Ce chalet a été vendu récemment pour 50 000 $ aux Dolans de Philadelphie.

La Villa elle-même a dû coûter 100 000 $, mais la vérité est que je n'ai jamais su combien d'argent a été consacré à sa construction et à sa décoration. On m'appelait riche et je n'avais jamais, à aucun moment, pensé aux simples détails de l'argent. Ce que je voulais, je l'ai eu. À cette époque, c'était la substance de mon système économique en matière personnelle. Nous y vivions dans un style seigneurial, nous divertissant si généreusement et librement que la Villa est devenue une maison d'hôtes gratuite pour tout Newport. Je me souviens aussi que ma subsistance me coûtait plus de 2 000 $ par semaine. Maintenant, j'arrive à vivre avec 3 dollars par semaine au Mills Hotel, ou Palace, comme je l'appelle. Ici, je suis plus content qu'à Newport. Il me semble que j'économise 1 997 $ par semaine. Nous avons produit, à Newport, six voitures lorsque nous sommes allés en voiture ; mais c'était une démonstration contre laquelle j'ai toujours opposé mon cœur. Cela semblait n'être qu'un simple gaspillage.

Depuis mon arrivée, Train Villa, comme on l'appelle encore aujourd'hui, a été louée par certaines des personnalités les plus éminentes du monde à la mode. Parmi ceux qui y ont vécu se trouvent les Kernochan, les Kips, le gouverneur Lippitt de Rhode Island, certains Vanderbilt et les Mortimer. Actuellement, il est occupé par George B. de Forest. Il était autrefois loué 5 000$ pour trois mois ou la saison. Il ne nous a jamais payé deux pour cent de son coût et a finalement été vendu par l'administrateur, le colonel Davis.

La Villa a été autrefois transformée en prison, même si je n'étais pas le captif dans ce cas-là. Dans la célèbre affaire du Crédit Mobilier, en 1972-1973, un homme qui était mon invité à l'époque a été arrêté et, comme les hommes du Crédit Mobilier alors à Newport n'ont pas pu verser la caution d'un million de dollars, comme l'exigeaient , un arrangement fut conclu avec le shérif par lequel la Villa devint temporairement une prison, où mon invité était enfermé.

J'étais tellement sûr de pouvoir être élu président en 1972 que j'ai télégraphié de San Francisco que j'arriverais à Newport un certain jour et que je souhaitais que des dispositions soient prises pour un banquet « présidentiel ». Même si ce banquet n'a pas marqué la fin de la campagne, il a été le dernier coup de trompette dans mes aspirations présidentielles.

En fait, ma carrière politique a été brève. Mon intention était de le prolonger au moins pendant un mandat présidentiel ; mais le peuple ne le voulait pas.

Avant 1969, 1970, 1971 et 1972, je n'avais pris aucune part active à la politique, même si je m'étais intéressé à diverses campagnes et à de nombreuses grandes questions publiques de l'époque. J'ai déjà évoqué l'offre que m'ont faite les révolutionnaires australiens de me nommer leur président. C'était peut-être la première fois que quelque chose de politique entrait dans ma vie. Cette offre n'était en aucun cas une tentation pour moi et j'ai refusé d'y réfléchir, sans un seul regret poignant.

En 1965, les Fenians, après que j'eus épousé la cause générale des Irlandais, comme des opprimés de tous les pays, me demandèrent d'assister à leur première convention, qui devait se tenir à Philadelphie. Ils voulaient que je leur parle. C'est ce que j'ai fait, mais je n'ai pris aucune part active aux travaux de la convention ou de la faction. J'avais déjà assisté à la Convention démocrate à Louisville en 1964, lorsque j'étais mandataire du Nebraska, et j'avais espéré que le général Dix soit nommé président et l'amiral Farragut vice-président, mais je n'ai pas été autorisé à prendre mon siège.

Alors que j'étais au Four Courts' Marshalsea, à Dublin, en 1968, James Brooks, du New York Express, m'a fait savoir que les démocrates présents à la convention étaient prêts à nommer Salmon P. Chase si j'acceptais de prendre le poste. deuxième place sur le ticket. Cela ne me convenait pas du tout, et j'envoyai une dépêche à Brooks que je prendrais seulement la première place, et que comme Chase était mon ami, il pourrait prendre la seconde place. Cela a mis fin aux négociations.

Mais la graine de l'ambition avait été semée bien avant et elle a germé dans la vieille prison irlandaise. Dès que je suis sorti de prison, j'ai commencé ma campagne pour la présidence des États-Unis et, en 1969, j'ai lancé un programme comprenant 1 000 discours à 1 000 congrès. Il m'a semblé qu'avec l'effet que j'avais toujours eu sur les gens dans mes discours et dans mes contacts personnels, et avec le bilan de grandes réalisations en faveur du progrès du monde, notamment en ce qui concerne le développement de ce pays, je devrait réussir. Je supposais qu'un homme ayant mes antécédents, et sans tache sur ma réputation ni défaut dans mon caractère, serait reçu comme un candidat populaire.

Je n'avais pas le moindre doute sur mon élection ; et, avec cette sublime confiance en moi, je me suis lancé dans la campagne avec une énergie et un feu qui n'avaient peut-être jamais caractérisé un candidat à la présidentielle. Je suis entré dans la campagne comme dans une bataille. J'ai forcé le combat à chaque étape de la ligne, attaquant férocement Grant et son « népotisme », d'une part, et Greeley, et l'esprit de compromis et de troc que je pensais que sa nomination représentait, d'autre part.

En 1969, j'avais prononcé vingt-huit discours en Californie et quatre-vingts sur la côte du Pacifique. J'ai également emprunté l'Union Pacific Railway, à bord du premier train empruntant cette ligne, et j'ai pris la parole dans de nombreux endroits du pays. L'année suivante, en 1970, je me suis mis sérieusement à la tâche de faire directement appel au soutien du peuple et j'ai commencé une série de discours publics sur les questions d'actualité. Mais le travail de cette année a été interrompu par mon voyage autour du monde en quatre-vingts jours, qui a occupé la fin de l'année, du 1er août à Noël.

En 1971, j'ai lutté durement de janvier à décembre, faisant au total 800 discours au peuple et ayant parlé directement, jusqu'à cette époque, à environ 2 000 000 de personnes. Bien entendu, ma campagne s'est déroulée entièrement de manière indépendante. Je n'étais ni le candidat ni l'instrument complaisant d'un parti ou d'une faction. J'ai fait ma course comme quelqu'un qui venait du sein du peuple et qui représentait les intérêts les plus élevés du peuple. C'est justement ici que l'échec est survenu. Je pensais connaître un peu le peuple et j'étais convaincu qu'il préférerait un homme indépendant, qui avait accompli quelque chose pour lui, à un homme qui n'était qu'un instrument de son parti, un distributeur de favoritisme auprès de ses amis et de sa famille. ou à quelqu'un qui n'était qu'un simple cheval de chasse. Mais je me suis trompé. Le peuple, comme l'a dit Barnum, adore se laisser tromper et est tout à fait prêt à rendre hommage au chef politique et au spoiler.

Un aspect remarquable de ma campagne était qu'au lieu de disperser de l'argent pour diffuser des émissions, pour attirer les foules ou gagner des votes, j'ai fait payer l'entrée pour entendre mes discours. J'ai parlé à des publics qui ont payé pour m'entendre leur parler en mon propre nom et en leur nom. En trois ans de travail actif – avec l'interruption de mon voyage autour du monde en 1970 – j'ai perçu 90 000 $ de frais d'entrée. Malgré ces accusations, j'ai parlé à plus de personnes et j'ai eu un plus grand public pour m'écouter que n'importe quel autre orateur au cours de cette campagne houleuse.

Il y avait une autre chose remarquable dans ma campagne. Je possédais un énorme pouvoir sur le public. Tant que je pouvais les atteindre avec ma voix, leur parler ou leur serrer la main, je pouvais les tenir ; mais dès qu'ils furent hors de ma portée, ils s'éloignèrent de moi et retombèrent sous l'emprise des chefs politiques.

J'ai réalisé que ma chance d'obtenir l'investiture était perdue bien avant la réunion de la Convention libérale-républicaine de 1872 à Cincinnati. Je n'ai pas été étonné du résultat de cette convention, sauf que je ne m'attendais pas à la nomination de Greeley, que je considérais comme une trahison politique, un mouvement délibérément calculé dans l'intérêt de Grant. Mais j'avais encore, en vain, peut-être, l'espoir que le peuple comprendrait la futilité de soutenir Greeley et de me placer en tête de liste.

Je me souviens maintenant des scènes qui se sont déroulées au Convention Hall lorsque Carl Schurz a nommé Horace Greeley. En dehors des acclamations de ceux qui ont participé à la supercherie, la nomination a été accueillie dans un calme inquiétant. Soudain, de la tribune, près de l'endroit où j'étais assis, vint une voix fine, chevrotante et perçante, comme le cri d'un voyant du désert ou d'un Jérémie errant : « Vendu, par Dieu, mais la marchandise n'a pas été livrée ! "

Ces mots sonnaient alors comme une déclaration de malheur ; mais il s'est avéré que ce n'était pas le cas. La « transaction » a été réalisée et les « marchandises » ont été livrées. Grant a été élu et Greeley, trahi, a pris sa retraite, un homme au cœur brisé.

Avant de terminer ce chapitre sur la présidence, je souhaite enregistrer ici un service distinct que je crois avoir rendu à cette ville et à ce pays au cours de ma campagne. C'est moi, et non les journaux de New York, qui ai été le premier à dénoncer ce qu'on appelle le « Tweed Ring ». J'ai commencé seul le combat contre ce cercle de politiciens corrompus, et je l'ai poursuivi pendant plus d'un an avant qu'un journal new-yorkais ou tout autre journal ne s'intéresse à la question. Les journaux de New York, en fait, ont refusé de publier mon discours dénonçant cette bande de pilleurs publics, et il a été publié dans le Lyons, NY, Republican , le 22 avril 1971. Le discours lui-même a été prononcé bien avant que Tweed ne soit accusé de détournement de fonds publics.

Alors que j'étais sur le quai, une voix m'a demandé : « Qui est la bague ? J'avais attaqué le « ring » dans chaque déclaration publique à New York. J'ai répondu : « Hoffman, Tweed, Sweeney, Fisk et Gould. Plus tard, dans le même discours, j'ai dit : « Tweed et Sweeney vous taxent de la tête aux pieds, tandis que leurs chevaux vivent dans des palais », puis, utilisant pour effet certaines des méthodes de la Commune française, j'ai crié : : "Au lampadaire ! Tous ceux qui sont en faveur de suspendre Tweed à un lampadaire, dites oui !" Il y a eu une énorme explosion de « oui ».

Dans d'autres discours, je suis entré dans les détails et j'ai donné les sommes dont les habitants de New York avaient été pillées et les sommes qui avaient été payées en pots-de-vin pour obtenir une influence visant à apaiser les soupçons du public et pour acheter l'immunité contre toute révélation et la possibilité de nouveaux vols. .

Ma campagne pour la présidence n'a donc pas été entièrement vaine. C'était quelque chose qui semblait inévitable, vers lequel je semblais poussé par les circonstances et le destin ; et je peux me reposer sur la conscience qu'il a accompli un bien permanent.

CHAPITRE XXVII

DÉCLARÉ FUN

1872-1873

À peine sorti de la course à la présidentielle, je me suis retrouvé en prison. Je passais facilement d'un genre de vie à l'autre. En fait, la dernière chose que j'ai faite dans le cadre de ma campagne politique a été la cause indirecte de mon admission aux Tombeaux. Les Tombeaux ont l'honneur d'être la quatorzième prison qui m'héberge pour la méditation.

En novembre 1972, je prononçais un discours devant Henry Clews à Wall Street, en partie pour calmer la foule, lorsqu'un journal m'a été mis dans la main. J'y ai jeté un coup d'œil, pensant que cela me concernait, et j'ai vu que Victoria C. Woodhull et Tennie C. Claflin avaient été arrêtées pour avoir publié dans leur journal de Brooklyn un récit d'un scandale concernant un célèbre ecclésiastique de cette ville. L'accusation était « d'obscénité » et ils avaient été arrêtés à la demande d'Anthony Comstock. J'ai immédiatement dit : « C'est peut-être de la diffamation, mais ce n'est pas de l'obscénité.

Cette affirmation, ainsi que ce que j'ai rapidement fait pour établir sa vérité, m'a conduit en prison, avec pour résultat que six tribunaux successifs – craignant de me traduire en justice pour « obscénité » – m'ont déclaré « fou » et m'ont empêché de jouir de mon plaisir. propriété à Omaha, Nebraska, qui vaut maintenant des millions de dollars.

De Wall Street, je me suis précipité vers la prison de Ludlow Street, où j'ai trouvé Victoria C. Woodhull et Tennie C. Claflin dans une cellule d'environ huit pieds sur quatre. J'étais indigné que deux femmes, qui n'avaient fait que publier une rumeur courante, fussent traitées de la sorte, et j'ai pris un morceau de fusain et j'ai écrit, sur les murs nouvellement blanchis à la chaux de la cellule, un couplet suggérant la bassesse de cette attaque contre leur réputation. . Il suffit de dire ici que l'opinion publique fut si excitée que ces femmes furent bientôt libérées ; mais je m'enfonçai de plus en plus profondément dans les travaux des tribunaux.

George Francis S'entraîner avec les enfants à Madison Square.

Afin de prouver que la publication n'était pas obscène, à en juger par les normes chrétiennes de pureté, j'ai publié dans mon journal, appelé The Train Ligue, trois colonnes de citations de la Bible. Chaque vers que j'ai utilisé était pire que tout ce que ces femmes ont publié. J'ai été immédiatement arrêté sous l'accusation d'« obscénité » et emmené aux Tombeaux. Je n'ai jamais été jugé pour cette accusation, mais j'ai été détenu comme fou, puis renvoyé, sous interdiction de folie déclarée, et je le suis resté pendant trente ans. Bien que le public fît semblant d'être contre moi, il était très désireux d'acheter l'édition de mon journal qui contenait ces extraits de la Bible. Le prix du journal est passé de cinq cents l'exemplaire à vingt, quarante, soixante cents et même jusqu'à un dollar. En quelques jours, il se vendait subrepticement à deux dollars l'exemplaire.

J'ai été placé dans la cellule de Tweed, numéro 56, dans le « Row des Assassins », dans les Tombeaux, où à cette époque se trouvaient vingt-deux hommes emprisonnés sous l'accusation de meurtre. Je suis devenu le vingt-troisième habitant de cette horrible « rangée ». Il est remarquable qu'aucun de ces hommes n'ait été pendu. Tous ont été soit acquittés, soit jugés et condamnés et s'en sont tirés avec des conditions de service variables.

Ce n'était pas une sélection, mais c'était au moins un groupe d'hommes célèbres dans « le couloir des meurtriers ». De l'autre côté du couloir étroit, juste en face de ma cellule, se trouvait Edward S. Stokes, qui avait tué James Fisk, Jr. À côté de moi se trouvaient John J. Scannell et Richard Croker, qui ont tous deux joué un rôle important dans l'administration municipale ces dernières années. Il y avait aussi le célèbre Sharkey, qui aurait pu avoir des ennuis pires que n'importe lequel d'entre nous, mais qui s'est échappé grâce au courage et à l'ingéniosité de Maggie Jordan. Maggie avait à peu près la même taille que son amant et a changé de vêtements avec lui dans la cellule. Un matin, le gardien a découvert qu'il y avait une femme dans sa cage à la place de Sharkey. Pour autant que je sache, c'était la dernière fois que j'entendais parler de Sharkey.

Mon objectif principal en prison n'était pas de sortir, mais d'être jugé pour obscénité. J'avais été arrêté pour cette infraction et j'avais décidé que je serais soit acquitté, soit condamné. Mais je n'ai jamais eu de procès à ce jour. Je ne crois pas qu'un tribunal du pays coure le risque de tenter de condamner un homme pour publication d'obscénités pour avoir cité un ouvrage de morale standard lu dans toute la chrétienté.

Quoi qu'il en soit, on m'a proposé cent possibilités d'évasion, toutes les possibilités imaginables, à l'exception de celle honnête et directe d'un procès équitable avec jury. Des hommes ont proposé de me sauver ; deux fois j'ai été mis en examen sur des poursuites intentées par des femmes ; mais je ne profiterais pas de ce chemin vers la liberté. Plusieurs fois, j'ai été laissé seul au palais de justice ou dans des couloirs ou dans d'autres endroits où l'accès à la rue était facile, entièrement sans gardes, dans le vain espoir de repartir avec ma liberté. J'ai été libéré par les tribunaux; et on m'a offert la liberté si je signais certains papiers qu'on m'apportait, mais j'ai invariablement refusé de les regarder. Dans tous les cas, je me suis contenté de faire demi-tour, de prendre ma place dans la cellule et d'attendre que justice soit rendue.

En 1973, j'ai finalement été emmené devant le juge Davis du tribunal d'Oyer et Terminer. William F. Howe, décédé cette année, était l'un de mes avocats, et Clark Bell en était un autre. Howe a soutenu, premièrement, qu'il ne pouvait évidemment rien y avoir d'obscène dans la publication d'extraits de la Bible, et, deuxièmement, s'il y en avait, que j'étais fou au moment de la publication. Le juge a dit à la hâte qu'il demanderait au jury de m'acquitter si la défense adoptait cette position. M. Bell a alors demandé qu'un simple verdict de « non coupable » soit rendu ; mais le juge a insisté sur le fait que la forme était « non coupable, pour cause d'aliénation mentale ». Ce verdict a été rendu.

Je me levai aussitôt et dis : « Je proteste contre toute cette procédure. J'ai été quatre mois en prison et je n'ai pas eu de procès pour le délit dont je suis accusé. Je sentais que j'étais dans le même sort que Paul. La Bible et l'Église ne pouvaient sûrement pas me condamner pour avoir cité l'Écriture ; et j'avais fait appel à César ; mais César refusa, par pure lâcheté, de m'entendre et de me juger. Je n'ai même pas été écouté lorsque j'ai fait cette protestation, et j'ai crié, pour que tout le monde m'entende : « Votre Honneur, je propose votre mise en accusation au nom du peuple !

La sensation était énorme. "Asseyez-vous!" rugit le juge. Il pensait évidemment que j'allais l'attaquer. Un ordre m'incluant à l'asile d'État pour aliénés a été émis et j'ai été ramené aux Tombeaux. Mais je ne suis pas allé à l'asile. Une autre ordonnance d'habeas corpus m'a fait sortir de prison, et j'ai finalement tourné le dos aux Tombeaux, devenu fou par décision judiciaire. J'espère que les tribunaux, dans la mesure où je suis leur pupille, et ce depuis trente ans, m'ont protégé dans mes droits et ont sauvegardé ces intérêts à Omaha où quelques millions de dollars dépendent de la question de ma santé mentale.

Dès que j'ai été sorti des Tombeaux, je suis descendu en ville, j'ai pris un bain, j'ai pris un bon repas, j'ai mis de meilleurs vêtements et j'ai acheté un billet pour l'Angleterre. Je suis allé rejoindre ma famille à Homburg, car mes fils étaient alors en Allemagne et étudiaient à Francfort.

Cette affaire Woodhull-Claflin eut des conséquences considérables. En plus de m'avoir laissé pendant trente ans sous l'emprise de la cour, cela a touché bien d'autres personnes. Je ne parlerai ici que de l'un d'entre eux, l'éditeur d'un journal de Tolède, qui a imprimé une partie des articles que j'avais imprimés à New York. Il a été poursuivi et son journal et sa presse ont été saisis. Le pauvre garçon m'a demandé de lui faire une conférence dans son intérêt. Je n'ai pas pu le faire, mais je l'ai aidé à réunir de l'argent pour acheter une nouvelle presse à imprimer. C'était en août 83, lorsque j'étais à Vevay, en Suisse.

Un morceau de papier sans valeur est finalement tombé entre les mains d'un autre homme, qui a entrepris de me poursuivre en justice et, avec l'aide des tribunaux, m'a gardé dans la prison de Charles Street, à Boston, pendant un certain temps. J'ai été arrêté pour cette ancienne dette d'un autre homme et le juge Devins et cinq autres juges du Massachusetts m'ont refusé l'autorisation constitutionnelle d'habeas corpus. Le montant de la dette n'avait cessé d'augmenter et s'élevait à 800 $ en 1989. Finalement, je me suis présenté devant le juge McKim, et il a immédiatement rejeté l'affaire comme étant sans fondement.

Cela a mis fin à mes expériences en prison. Était-il approprié que Boston, où j'avais vécu et travaillé ; où j'avais conçu la construction des plus grands navires que le monde ait connu jusqu'alors ; où j'avais projeté et organisé le service de clipper vers la Californie et ouvert une nouvelle ère dans le commerce du transport mondial, et où j'avais organisé l'Union Pacific Railway pour développer l'Occident tout entier et rapprocher les continents, cela devrait me mettre en prison pour une petite dette que je ne devais pas, comme en quelque sorte une preuve de sa gratitude ?

Mon expérience carcérale a été plus variée que celle du criminel le plus confirmé et le plus endurci ; et pourtant je n'ai jamais commis de crime, ni trompé un être humain, ni menti. J'ai été emprisonné dans presque toutes les sortes de prisons imaginées par l'homme. J'ai été dans les commissariats de police, dans les Marshalseas en Angleterre et en Irlande, dans les prisons communes de Boston, à la Bastille de Lyon, à la préfecture de Tours en tant que prisonnier de Gambetta, dictateur de la France, et dans les célèbres vieux tombeaux de New York. York. J'ai bien utilisé les prisons. Ils ont été pour moi comme des écoles, où j'ai réfléchi et appris davantage sur moi-même, et le moi d'un homme est le meilleur objet d'étude pour quiconque. J'ai également fait des prisons la source d'idées fructueuses, et c'est à partir d'elles que sont nés bon nombre de mes projets et innovations les plus surprenants et les plus utiles. Et donc ils n'ont pas été des prisons pour moi, pas plus qu'ils ne l'étaient pour Lovelace :

"Les murs de pierre ne font pas une prison, Ni les barreaux de fer d'une cage ; Les esprits innocents et tranquilles prennent Voilà pour un ermitage.

CHAPITRE XXVIII

LE TOUR DU MONDE EN QUATRE-VINGT, SOIXANTE-SEPT ET SOIXANTE JOURS

1870, 1890, 1892

J'ai fait le tour du monde en quatre-vingts jours en 1970, deux ans avant que Jules Verne n'écrive son célèbre roman, Le Tour du Monde en Quatre-vingts Jours, fondé sur mon voyage. Depuis, j'ai fait deux tours du monde, l'un en soixante-sept jours et demi, et l'autre en soixante. Le dernier voyage constitue toujours le record du tour du monde.

J'ai toujours été un voyageur, agité dans mes premières années, et jamais opposé à visiter de nouvelles scènes et à expérimenter de nouvelles sensations. En Australasie, j'avais profité de toutes les occasions de découvrir le nouveau monde des mers du Sud et, plus tard, j'avais visité toutes les régions de l'Orient que je pouvais atteindre par tous les moyens au cours de mes divers voyages dans cette partie du globe. J'avais parcouru l'Europe à fond, de la Crimée à Nijnii Novgorod, de la Volga à la Tamise, de l'Espagne à la Finlande. Lorsque j'ai quitté l'Australie, j'avais l'intention d'établir une grande entreprise à Yokohama et, lorsque cela aurait été fait, j'avais l'intention de traverser le Pacifique, ceinturant ainsi le globe ; mais mon premier effort pour faire le tour du monde a été empêché par la guerre en Crimée, et j'ai donc fait demi-tour et suis rentré chez moi, comme déjà décrit, en passant par la Chine, l'Inde, l'Égypte et l'Europe.

L'envie de voyager m'a puissamment possédé en 1969, juste après que le pic doré ait été enfoncé lors de l'achèvement de l'Union Pacific Railway, grâce auquel la Californie et New York se sont rapprochées l'une de l'autre après plusieurs jours de voyage. La circonférence du globe avait été réduite. Je voulais, bien entendu, être le premier homme à utiliser le grand avantage ainsi donné au voyage en effectuant le tour du monde le plus rapide.

Après avoir terminé ma tournée de conférences sur la côte Pacifique au printemps et à l'été 1970, je me suis préparé à un tel voyage, en calculant soigneusement qu'il pourrait être effectué dans un délai de quatre-vingts jours, même avec les inévitables pertes dues aux mauvaises connexions dans différents ports. Je voulais emmener mes fils, George et Elsey, avec moi, mais au dernier moment, ils ont été empêchés de partir. J'ai découvert il y a seulement quelques jours, en accusant ma fille Sue de les garder à Newport, que leur mère leur avait donné dix aigles royaux chacun pour qu'ils n'y aillent pas. J'ai quitté San Francisco le 1er août 1970. Sur le même navire se trouvait Susan B. King, que j'ai trouvée à San Francisco en train d'attendre de naviguer, car elle était fatiguée de la façon dont ses affaires se déroulaient à

New York et souhaitait faire un long voyage pour se reposer et se divertir. Elle avait 30 000 $ avec elle, qu'elle a dit qu'elle essaierait d'investir de manière rentable pendant le voyage. Elle était alors une femme assez vieille, comme on estime généralement son âge.

J'arrivai à Yokohama à temps et me rendis immédiatement à la capitale japonaise, le nouveau siège de l'empereur, Tokyo. Je peux enregistrer ici une chose très curieuse. Je crois que j'étais le dernier homme – le dernier étranger, du moins – à avoir participé à une vieille coutume nationale du Japon, selon laquelle des personnes de sexe opposé se baignaient ensemble, sans maillot de bain. On considérait alors, dans ce pays de bonnes mœurs et de bon sens esthétique, que cette coutume n'impliquait aucune irrégularité. Les mœurs et les coutumes y étaient ouvertes et libres comme en Grèce, quand Athènes était « l'œil de la Grèce » et le centre de la civilisation mondiale. Je me suis rendu dans l'un des bains publics pour expérimenter une sensation résolument nouvelle. J'avais le droit de me baigner avec des vieillards et des femmes, des jeunes hommes et des jeunes filles, et personne, sauf peut-être moi-même, n'éprouvait le moindre degré d'embarras ou de fausse pudeur.

Mais le fait qu'un étranger se baignait de cette manière avec des femmes et des jeunes filles japonaises a provoqué à Tokyo un émoi auquel je ne m'attendais pas. Il paraît que, peu de temps auparavant, des Anglais étaient entrés dans un des bains publics et s'étaient montrés très offensants. Cela avait appris aux Japonais qu'ils ne pouvaient pas faire confiance aux étrangers, et ils avaient déjà presque décidé d'exclure les étrangers de leurs bains ou de séparer les sexes. Mon expérience fut donc la dernière, comme je le crois. Après cela, les sexes n'étaient plus autorisés à se baigner ensemble.

J'ai observé que les Japonais utilisaient de petits emballages en papier pour le thé, ce qui facilitait la manipulation du thé. Je rappelai alors la coutume des Chinois de comprimer le thé pour le transporter en caravane jusqu'à la grande Foire de Nijnii Novgorod. J'ai pensé que c'était une opportunité et j'ai suggéré à Susan B. King d'investir ses 30 000 $ à bon escient dans l'envoi à New York d'une cargaison de thé emballée dans de petits paquets de papier, et ce, si elle voulait l'essayer. , je donnerais ses lettres à des hommes de Canton qui pourraient arranger l'affaire pour elle. Elle a entrepris le projet et j'en ai rédigé une description pour l'Anglin's Gazette, à Yokohama. Le thé a été expédié à New York et traité au siège de Demorest. Le thé était conditionné en paquets d'une demi-livre et d'une livre. C'était bien avant que Sir Thomas Lipton n'emploie cette méthode de présentation des thés.

A Saigon, en Cochinchine française, j'ai rencontré le navire américain Alaska ; et de ce port s'embarqua sur un navire de la ligne Messagerie Impériale pour Marseille. Le reste du voyage s'est déroulé sans incident, à l'exception de la diversion, juste avant notre départ de Singapour, de la nouvelle de la chute du Second Empire, de la défaite de Louis Napoléon à Sedan et de l'établissement de la république.

J'ai déjà rapporté, dans le chapitre sur la Commune en France, mon arrivée à Marseille et mes expériences dans la brève période de mon séjour. Après avoir été arrêté et libéré, et avoir eu mon entretien avec Gambetta à Tours, je suis passé rapidement à New York et j'ai terminé mon tour du monde en quatre-vingts jours.

Mon deuxième voyage a eu lieu en 1990. Je l'ai planifié alors que j'étais en prison à Boston pour une dette que je n'avais pas contractée. Il y avait eu des efforts remarquables de la part des journalistes pour réaliser un voyage record, et Miss Bisland avait fait le tour en soixante-dix-huit jours, tandis que Nellie Bly avait réussi à faire le voyage en soixante-treize jours. J'ai proposé au colonel John A. Cockerill, du New York World, qui avait envoyé Nellie Bly en voyage, de faire le tour en moins de temps ; mais il ne se souciait pas de bouleverser le propre record du monde. J'ai ensuite télégraphié à Radebaugh, propriétaire du Tacoma Ledger, que s'il récoltait 1 000 $ pour une conférence à Tacoma, je ferais un tour du monde en moins de soixante-dix jours. Il m'a dit de venir.

Alors que je partais vers l'ouest , pour naviguer sur l'Abyssinia, j'ai reçu message après message de Radebaugh. Au lieu des 1 000 $ que j'avais demandés, 1 500 $ avaient été souscrits au moment où j'arrivais à Chicago, et à St. Paul, le montant était passé à 3 500 $. J'ai rapidement atteint Tacoma et j'y ai donné une conférence devant un immense public, gagnant 4 200 $, la somme la plus élevée jamais payée pour une seule conférence, et j'ai navigué dans le Pacifique le 18 mars. J'étais accompagné de SW Wall, rédacteur en chef du Ledger. Lafcadio Hearn, l'éminent écrivain, était sur le même navire, en route vers le Japon. Il était si malade qu'il ne quitta pas sa cabine pendant le voyage.

Nous avons atteint Yokohama en seize jours et, dès mon arrivée, j'ai télégraphié à la légation américaine à Tokyo pour me procurer un passeport. Il m'avait toujours fallu trois jours pour obtenir un passeport, mais j'ai dit qu'il me fallait l'avoir immédiatement, et je l'ai obtenu. En sept heures, j'étais en route pour Kobe, par voie terrestre, soit trois cents milles à travers le Japon. J'ai pris le navire allemand pour Nagasaki, d'où, après un court délai, j'ai navigué pour Hong Kong. Bien entendu, un voyage de ce genre ne présente que peu d'intérêt. Il s'agit simplement de se précipiter d'un navire à l'autre dès qu'on arrive au port, ou de prendre des trains, ou d'affréter des bateaux pour combler les lacunes, ou de marchander avec les capitaines de navire ou les directeurs ferroviaires pour obtenir des logements supplémentaires à des prix très élevés.

Mon retard le plus long fut à Singapour, où j'ai perdu quarante heures. La deuxième perte de temps la plus longue s'est produite à New York – c'est merveilleux à raconter – où j'ai été retardé de trente-six heures, alors que quatre chemins de fer se disputaient l'honneur de m'emmener à travers le continent pour un voyage record. Je suis arrivé samedi et j'ai dû affréter une voiture spéciale (qui coûtait 1 500 dollars) et je n'ai pu repartir que lundi matin. J'ai failli être retardé d'une journée à Calais, en France, mais j'ai réussi à affréter un bateau pour me faire traverser la Manche. Comme ce bateau transportait le courrier britannique, j'ai été soulagé de cette dépense par le gouvernement britannique.

À Portland, j'ai connu un retard très ennuyeux de cinq heures, entièrement dû à une mauvaise gestion. Cela a allongé de manière inattendue mon voyage à la toute fin et m'a tellement irrité que j'ai refusé d'assister à un banquet que les gens m'avaient préparé. J'ai continué jusqu'à Tacoma dès que j'ai pu trouver quelque chose pour me transporter, et j'y suis arrivé exactement soixante-sept jours, treize heures, deux minutes et cinquante-cinq secondes après mon départ. La durée réelle du voyage était de cinquante-neuf jours et sept heures. Sept jours et cinq heures avaient été perdus. C'était alors le tour du monde le plus rapide. Il a été battu depuis par moi-même.

Comme j'avais commencé mon deuxième voyage depuis un point de la côte du Pacifique, il y avait une grande rivalité entre les villes en croissance de cette section quant à l'honneur d'être le point de départ de mon troisième voyage en 1992, au cours duquel j'ai éclipsé tous les records précédents. J'avais déjà annoncé que cela était facile à faire, car les bateaux à vapeur du Pacifique étaient beaucoup plus rapides qu'ils ne l'étaient lors de mon précédent voyage et que les liaisons dans les différents ports étaient bien meilleures. Sir William Van Horne avait également écrit qu'il voulait que je fasse un autre tour du monde, à bord d'un des navires rapides de la route du Canadien Pacifique, les célèbres Empresss, qui seraient bientôt mis en ligne vers Yokohama. La nouvelle ville de Whatcom, sur Puget Sound, à l'extrême nord-ouest de Washington, a réuni la somme nécessaire au voyage, et c'est de là que je suis parti en reprenant l'Empress of India à Vancouver.

Le récit de ce voyage ne serait nécessairement qu'un coup d'œil panoramique sur une étroite ligne autour du monde. J'ai fait Yokohama en onze jours, j'ai été à Kobe, au Japon, en treize et à Shanghai en quinze. Ici, j'ai eu quelques difficultés à trouver un bateau à vapeur rapide pour Singapour, mais j'ai réussi à monter à bord d'un bateau allemand rapide, le Friga, qui m'a amené à Singapour à temps pour attraper le Moyune, le dernier des navires rapides pour le thé, et sur lui j'ai a navigué jusqu'à Port-Saïd, en passant par le canal de Suez. À Port-Saïd, je suis monté à bord de l'Ismaila pour Brindisi, en Italie. Puis je me précipitai de nouveau à travers l'Europe et pris le Majestic à Liverpool pour New York. J'ai trouvé à bord une entreprise distinguée, comprenant l'ambassadeur John Hay, DO Mills, Lady Stewart, Mme Paran Stevens et le sénateur Spooner.

Dîner au Mills Hotel offert par George Francis Train.

Je suis arrivé à New York à temps, j'ai eu un très léger retard par rapport à celui de mon deuxième voyage et j'ai traversé le continent en avion jusqu'à Whatcom. Le voyage entier, donnant un tour complet du globe, fut fait en soixante jours.

Je n'attache pas, je l'espère, à ces trois voyages plus d'importance qu'on ne leur doit. Dans chacun d'eux, successivement, j'avais battu tous les records de voyage précédents ; et c'était quelque chose dans l'intérêt de toutes les personnes qui voyagent, car cela montrait ce qu'il était possible de faire en cas de stress et cela stimulait de plus grands efforts pour réduire les longs mois et jours consacrés aux voyages d'un pays à l'autre. Mais ce n'étaient, à mon avis, que de simples incidents dans une vie qui a de meilleures choses à montrer. L'un de ces voyages, celui dans lequel j'ai « mis une ceinture autour de la terre » en quatre-vingts jours, a l'honneur d'avoir donné l'idée d'un des romans les plus intéressants de la littérature. C'est au moins quelque chose.

Mais je fais ce bref récit de mes voyages, à la fin de mon autobiographie, principalement parce que je les considère comme quelque peu typiques de ma vie. J'ai vécu vite. J'ai toujours été un partisan de la vitesse. Je suis né dans un monde lent et je souhaitais huiler les roues et les engrenages, afin que la machine tourne plus vite et, en même temps, à de meilleures fins. J'ai suggéré des navires plus grands et plus légers, pour raccourcir les déplacements sur l'océan. J'ai construit des tramways pour que les travailleurs du monde entier puissent gagner quelques minutes de leurs journées de labeur impitoyable et avoir ainsi un peu de temps libre pour se divertir et se perfectionner. J'ai construit de grandes lignes de chemin de fer – l'Atlantique, le Great Western et l'Union Pacific – afin que le continent puisse être traversé plus rapidement par les hommes et le commerce, et que ses terrains vagues puissent fleurir comme la rose. Je souhaitais ajouter un stimulant, un aiguillon, un aiguillon – si nécessaire – pour que le vieux monde lent puisse avancer plus vite, « et atteindre l'âge d'or », avec plus de loisirs, plus de culture, plus de bonheur. C'est pourquoi j'ai mis des navires plus rapides sur les océans et des moyens de transport plus rapides sur terre.

Mes propres tours du monde rapides sont donc typiques de ma vie. Ainsi, leur récit semble le compléter convenablement par un « Bon voyage » à tous.

www.ingramcontent.com/pod-product-compliance
Lightning Source LLC
LaVergne TN
LVHW040517200726
843493LV00017B/1320